TOD IM DRACHENZUBER

Helmut Gotschy wechselte 2007 nach über drei Jahrzehnten erfolgreichen Musikinstrumentenbaus zur Schriftstellerei. Ein Stipendium ermöglichte ihm das Studium des kreativen Schreibens. Er ist verheiratet, hat drei Kinder und lebt in einer ehemaligen Mühle in Süddeutschland.

HELMUT GOTSCHY

TOD IM DRACHENZUBER

Kriminalroman

emons:

Lust auf mehr? Laden Sie sich die »LChoice«-App runter, scannen Sie den QR-Code und bestellen Sie weitere Bücher direkt in Ihrer Buchhandlung.

Bibliografische Information der Deutschen Nationalbibliothek
Die Deutsche Nationalbibliothek verzeichnet diese Publikation in der Deutschen Nationalbibliografie; detaillierte bibliografische Daten sind im Internet über http://dnb.d-nb.de abrufbar.

MIX
Papier aus verantwortungsvollen Quellen
FSC® C083411

Umschlagmotiv: mauritius images/Tim Gainey/Alamy
Umschlaggestaltung: Nina Schäfer, nach einem Konzept von Leonardo Magrelli und Nina Schäfer
Umsetzung: Tobias Doetsch
Gestaltung Innenteil: César Satz & Grafik GmbH, Köln
Lektorat: Saskia Römer
Druck und Bindung: CPI – Clausen & Bosse, Leck
Printed in Germany 2019
ISBN 978-3-7408-0510-4
Originalausgabe

Der ist ein Narr mit töricht Blut,
Der einem Menschen Unrecht tut,
Weil er dadurch gar manchem dräut,
Der sich dann seines Unglücks freut.
Wer seinem Freunde Böses tut,
Der all sein Hoffen, Vertrauen und Mut
Allein gesetzet hat auf ihn,
Der ist ein Narr und ohne Sinn.

Aus »Das Narrenschiff«, Sebastian Brant, 1457–1521

Prolog

Mirko drehte seine letzte Runde. Putin trottete hinter ihm her und beschnüffelte neugierig jeden Stein, dann und wann hob er ein Bein. Bis auf die Vogelstimmen aus dem nahen Illerwald war es ruhig. Die Pferde dösten in ihren Wagen oder standen auf der Wiese. Ihre Nüstern dampften. Nichts rührte sich. Mirko genoss diese Stunden, diese Ruhe, diese friedfertige Stille. Im Inneren des Wiblinger Klosterhofes huschte eine Katze zwischen den Buden vor der Basilika entlang und jagte eine Taube. Ansonsten war es auch dort still. Nach und nach wurde es hell. Mirko sah auf sein Smartphone, gleich sechs. Er überquerte den Platz, ging durch den Torbogen und betrat den Brauhof. Dort standen die Buden der Schnapsbrenner, Bierbrauer und Metmacher. Dicht gedrängt dazwischen lockten am Tag die Händler mit handgemalten Aufschriften wie »Original Katharer Fladenbrot«, »Berlichinger Grützwurst« oder »Bingener Kräutersud« die Gäste an. Eine Wildschweinräucherei hatte sich frech vor einen Stand gepflanzt, der vegane Gemüsepasteten und milchfreie Schokolade anbot. Mirko fragte sich jedes Mal, wenn er hier vorbeikam, wer sich so etwas freiwillig antat, und ließ seinen Blick über die vom Tau glänzenden Biergarnituren schweifen, die locker ein mittelgroßes Bierzelt hätten füllen können und unter denen sich die Spatzen um Brotkrumen zankten.

Putin riss ihn aus seinen Überlegungen. Er schlug an und zerrte an der Leine. Mirko tätschelte den Dobermann am Hals. »Ruhig, Putin, alles gut, du riechst ein Gespenst.«

Doch Putin gab keine Ruhe. Er zog in Richtung Drachenzuber und fing an zu bellen. Nun wurde Mirko doch neugierig. Er blieb stehen und suchte die Umgebung mit seinen Augen ab. »Ganz ruhig, Putin, alles gut«, wiederholte er. Aber der Hund zeterte weiter.

Dann sah Mirko, dass bei dem mittelalterlichen Bad etwas nicht stimmte. Die Leinenbahnen an der Vorderfront klafften ein Stück weit auseinander. Mirko blickte sich um. Niemand war zu sehen oder zu hören, sie waren allein. Er band Putin an die Metallbank bei dem jungen Ahorn mit den roten Blättern, denn er wusste, dass der Hund kaum zu bändigen sein würde, sobald es etwas zu erkunden gab. Anfangs protestierte Putin noch, doch als Mirko ihm den Kopf tätschelte, beruhigte er sich, spitzte die Ohren und sah seinem Herrchen nach. Der strich über seinen Kinnbart, zog eine schlagstocktaugliche Maglite aus der Gürtelschlaufe und ging, ohne sich noch einmal umzuschauen, zum Bad. Komisch, dachte er, warum gibt es heutzutage immer noch Menschen, die dafür bezahlen, barfuß über rohe Holzplanken zu tappen, um fast nackt in ein Holzfass zu steigen, das kaum größer als ein Whirlpool ist, und das auch noch vor fremden Leuten?

Als er nur noch einen Schritt davon entfernt war, winselte Putin. Mirko sah zu seinem Hund und hielt den Finger vor die Lippen. Putin verstummte, er ließ sich wieder nieder, hielt aber die Vorderläufe in den Kies gestemmt. Als Mirko direkt am Spalt der Leinenbahnen stand, schob er sie mit seiner Lampe noch etwas weiter auseinander und knipste das Licht an. Er konnte nichts Ungewöhnliches entdecken, nichts an den Wänden, außer Regalen mit Tüchern und Steingutkrügen, und nichts in den Ecken, außer einem schweren hölzernen Rührstab, einer Art Kelle. Alles schien in Ordnung. Erst als er den Lichtstrahl nach unten lenkte und den Bretterboden ableuchtete, fielen ihm ein paar Wasserflecken auf; der Größe und den Abständen nach waren es Fußabdrücke. Sie führten vom Becken weg und endeten genau dort, wo Mirko stand. Er pfiff leise durch die Zähne und drehte sich zu seinem Hund um. Der stand jetzt aufrecht da und sah mit vorwurfsvollem Blick herüber, als wollte er sagen: »Na, hast du's endlich kapiert?«

Mirko hob den rechten Daumen. Putin ließ sich sichtlich zufrieden nieder und wischte dabei mit der Zunge über seine Schnauze.

Mirko schritt die Vorderfront des Holzverschlages ab, der ihm bis zur Hüfte reichte. Der gesamte Aufbau war aus Balken und mit grob gesägten Fichtenbrettern zusammengezimmert und erinnerte ihn an die Datscha seiner Großeltern im Wald nördlich von Rijeka. Er spähte um die Ecke, wo ein paar Stufen zu einer Seitentür führten. Die Tür stand eine Handbreit offen. Erneut sah er sich im gesamten Brauhof um, stieg dann hoch und betrat das Innere des Drachenzubers. Dort roch es nach Badewasser, Kräuteressenzen und noch etwas anderem – etwas Undefinierbarem.

Er ging langsam weiter. Ein paar frühe Sonnenstrahlen, die durch den Spalt der Leinenbahnen drangen, blendeten ihn. Er wandte den Kopf zur Seite und tastete sich so weit vor, bis er den Beckenrand zu fassen bekam. Und dann sah Mirko, was Putin schon von Weitem gewittert hatte. Im Wasser schwamm ein lebloser Körper in einer dunklen rötlichen Brühe. Mirko spürte, wie sein Magen rebellierte und sein Puls gegen die Schläfen hämmerte. Er hielt die Luft an, bis seine Lungen zu platzen drohten. Schnell wandte er sich um, atmete mehrmals tief ein und aus, schloss die Augen und suchte seine Mitte, so wie sie es ihm während der Ausbildung beigebracht hatten.

Mit dem Rücken zum Zuber zog er sein Smartphone aus der Tasche. Trotz der Atemübung zitterten seine Hände immer noch, und er hatte Mühe, die Kurzwahl der Veranstalter zu finden. Nach einer endlos scheinenden Warteschleife wurde er zu einem Stellvertreter weiterverbunden. Nach fünfzehn Klingeltönen brach die Leitung ohne Mailbox zusammen. Mirko kratzte sich am Ohr und versuchte es noch einmal. Wieder nichts. Er hatte keine Wahl! Immer noch war er kaum in der Lage, die Tasten für die 110 zu treffen.

Nachdem er den Leichenfund gemeldet hatte, ging er wieder ins Freie, setzte sich neben seinen Hund und tätschelte ihm den Hals. »Gut gemacht, Putin, das hast du gut gemacht.« Zum Dank leckte Putin ihm die Hand.

Mirko suchte nun jeden Winkel des Brauhofs ab, um eventuell irgendwelche Hinweise zu finden, die den grausigen Fund erklären würden. Aber da war nichts. Alles war genauso wie am Tag zuvor. Mirko überlegte, wie viel Zeit seit seinem Notruf wohl verstrichen war, zehn Minuten? Um auf Nummer sicher zu gehen, zog er nochmals sein Handy hervor und durchsuchte das Nummernverzeichnis. Schnell hatte er gefunden, was er suchte, und drückte auf »Kula«.

EINS

Konrad Bitterle lehnte in seinem Klappstuhl. Er hatte die Beine von sich gestreckt und tippte die Spitzen seiner Gummistiefel gegeneinander. Dieses geduldige und entspannte Warten mit der Aussicht auf einen Fang war das wahre Vergnügen beim Angeln und gab der ganzen Sache erst den rechten Sinn. Er sog die würzige Morgenluft mit den leicht moorigen Nuancen des Ufers tief in die Lungen und ließ den Blick auf dem Schwimmer ruhen.

Da! Nun hatte er sich schon zum zweiten Mal bewegt. Bitterle beugte sich nach vorne, kniff die Augen zusammen und starrte aufs Wasser. Der Schwimmer tauchte für einen Moment unter und kam wieder hoch. Er legte sich quer und ruckelte in die Tiefe. Kurz darauf fluppte er nach oben und blieb zur Seite geneigt und unbeweglich liegen. Dem Ulmer Kriminalhauptkommissar war das nicht geheuer, er spulte die Leine auf. Bis auf ein winzig kleines Fitzelchen war der Köder abgefressen, und die Spitze des Hakens ragte bedrohlich aus diesem Teigrest. »Mistiges Weißfischgelumpe«, brummte er und meinte damit die grätenreichen Rotaugen und Brachsen, von denen es in dem Altwasserarm der Donau nur so wimmelte. Für sie war sein Köder nicht gedacht!

»Trotzdem krieg ich dich, wart's nur ab!« Er formte erneut einen Batzen Teig um den Haken, schob den Schwimmer ein paar Zentimeter höher und warf die Angel wieder aus, diesmal jedoch weiter links, ein paar Handbreit vor den Seerosen.

Inzwischen war die Sonne über die Sträucher am gegenüberliegenden Ufer gestiegen, und das Licht funkelte auf der Wasseroberfläche. Die grellen Reflexe blendeten Bitterle, und er wandte den Blick Richtung Schilf. Direkt vor ihm schwebte ein Libellenpärchen. Es flog einen Stängel an, klammerte sich dort fest und ordnete seine Flügel, die türkis- und smaragdfarben schillerten.

Während Bitterle die beiden beobachtete, dachte er an die noch vor ihm liegenden Jahre, die er bis zur Rente hatte – fünf waren es, vielleicht sogar weniger. Er träumte davon, dann nur noch an diesem Ufer zu sitzen, tagsüber zu fischen und am Abend bei dem einen oder anderen Hefeweizen und seiner Jazzplattensammlung gemächlich vor sich hin zu altern.

Wie langweilig, meldete sich jedoch gleich darauf eine andere Stimme, der er nach einem tiefen Seufzer recht geben musste. Was mache ich, wenn ich alle Platten wieder und wieder gehört und durch die Programmhefte von damals geblättert habe? Wenn ich die Autogrammkarten der einstigen Stars sortiert und mich der Erinnerung an den Händedruck von Albert Mangelsdorff hingegeben habe? Wie oft mache ich das? Einmal, zweimal? Und dann? Jeden Tag in die Friedrichsau ins Aquarium oder hierher zum Angeln? Das würde doch genauso zur lieblosen Routine werden wie jetzt die Bürotage in Söflingen.

Warum mussten die uns von der Kripo auch ausgerechnet dorthin versetzen, ins ehemalige Bildröhrenwerk von Telefunken? Logistische Maßnahme hin oder her. Er seufzte. Ich werde mich wohl damit abfinden müssen, so wie ich mich mit den anderen Dingen auch abgefunden habe. »Was auch kommt, es kommt nichts Besseres nach – und was gegangen ist, ist eh weg.« Bitterle überlegte, von wem dieser Sinnspruch stammte, aber er kam nicht drauf.

Was ihm aber wirklich fehlte, war die Nähe zum Münster und zum Wochenmarkt. Wie einfach war es doch noch bis vor Kurzem gewesen, sich dort ein paar Schnapper frische Luft zu holen, um wieder klar denken zu können. Immer dann, wenn ihm die Decke an seinem alten Arbeitsplatz, dem Neuen Bau mit dem steilen Dach, auf den Kopf zu fallen drohte, hatte es ihn nach draußen gezogen. Wenn er zu lange ohne Inspiration in seinem Büro vor sich hin gebrütet hatte, dann war er kurzerhand die paar Schritte über die Neue Straße gegangen, um in den Ulmer Trubel einzutauchen. Dabei waren ihm beim Blick auf den Turm oft die besten Ideen gekommen, egal ob der mit seinen über hundertsechzig Metern Höhe mal wieder an den Wolken kratzte, ob mehr als die Hälfte davon im Nebel verschwunden war oder ob bei Alpenblickwetter die Schwindelfreien von fast ganz oben den unten Gebliebenen zuwinkten.

Vor allem die Markttage vermisste er. Was gäbe er nicht dafür, wieder über die alten Herren schimpfen zu können, die in ihren rentnerbeigen Allwetterjacken mit den Dutzenden Klettverschlusstaschen, den Baumarkt- oder AOK-Basecaps und ihren Einkaufswägelchen den Durchgang versperrten, sich dabei über dies und jenes beschwerten und partout nicht zur Seite weichen wollten; die blind und taub waren für all das, was rings um sie herum passierte. Auch hätte er die Unentschlossenen in Kauf genommen, die sich nicht zwischen zwei Rettichbündeln entscheiden konnten und den Betrieb aufhielten, oder die ganz Dreisten, die alles zigmal befingern mussten, um dann schließlich doch zum nächsten Stand zu trotten, um dort mit ihrer Skepsis einen letzten Rest an Aufmerksamkeit zu erheischen.

Doch was ihm am meisten fehlte, war der Bratwurststand an der Ecke zur Platzgasse. Zweimal pro Woche hatte sich Bitterle dort sein Mittagessen geholt. Er hatte sich geschmeichelt gefühlt, wenn ihn der Besitzer mit »Ah, unser Münsterplatz-Columbo« begrüßt und ihm ohne lange Warterei eine Wurst im Semmel in die Hand gedrückt hatte, natürlich wie immer groß und kross und außerdem mit viel Senf. Auch das Gebimmel des Porzellan-Glockenspiels vermisste er. Immer zur Mittagszeit, Punkt zwölf, öffneten sich die Türchen an der Hausecke des Haushaltswarengeschäfts, und fröhliche Melodien klimperten über den Platz – man konnte es bis vor zur Hirschstraße hören; ein Moment, in dem Bitterle kurz innehalten und lauschen konnte, um anschließend wieder etwas besser gelaunt hinter seinem Schreibtisch zu verschwinden, um Mordfälle zu lösen. Aber das war vorbei. Endgültig.

Mit einem Mal war Bitterle wieder im Hier und Jetzt. Im Wasser tat sich etwas. Sein Schwimmer zog ganz langsam einen Kreis und verschwand dabei immer wieder für den Bruchteil einer Sekunde unter der Wasseroberfläche. Da bist du ja endlich, dachte er und langte in Zeitlupe nach seiner Angel. Bitterle schloss behutsam den Spulenbügel und rollte vorsichtig so viel von der Leine ein, dass sie nur noch in einem leichten Bogen auf dem Wasser ruhte. Er ließ die Korkpose nicht aus den Augen.

Nur noch Sekunden, und sie würde mit einem Ruck abtauchen und unter der Wasseroberfläche verschwinden. Und genau auf diesen Moment hatte Bitterle gewartet. Er würde die Angel hochreißen und seinem Opfer den Haken ins Fischmaul treiben. Ein Moment höchster Konzentration. Tatsächlich. Der Schwimmer tauchte ab. Bitterle hielt den Atem an. Gleich hab ich dich, dachte er, senkte die Rute und spulte zwei Umdrehungen weiter, bis sich die Leine beinahe spannte. In diesem Moment vibrierte sein Handy in der Brusttasche. Es fühlte sich an wie eine gefangen gehaltene Hornisse. Er ignorierte das Signal und sah gespannt aufs Wasser, fixierte dabei den Schwimmer, der immer weiter in die Tiefe gezogen wurde. Es vibrierte wieder. Bitterle ließ es vibrieren, hielt für einen Augenblick die Luft an, stand auf und trat bis fast ans Ufer. Das Handy gab keine Ruhe. Er tat noch einen kleinen Schritt vor, zählte im Geist auf drei und riss mit einem Ruck die Angel hoch. Bitterle freute sich auf den Kampf, den Widerstand, den der Fisch leisten würde, um seine Freiheit zu behalten.

Doch da war kein Widerstand, nicht die geringste Gegenkraft, sodass Bitterle das Gleichgewicht verlor und ausrutschte. Er landete mit dem Hintern auf dem Boden, ein Bein blieb an einer Wurzel hängen, mit dem anderen geriet er ins Wasser und spürte, wie es im Stiefel feucht und kalt wurde. Gleichzeitig schoss der Schwimmer durch die Luft und verfing sich samt Haken im Weidengestrüpp hinter ihm. Er baumelte leer und abgefressen am Ende der Angelschnur. Im letzten Moment nahm Bitterle eine mächtige, gelblich grüne Schwanzflosse wahr, die durch die Seerosenblätter wühlte und mit einem Platschen zwischen den Stängeln verschwand. Der Karpfen war weg. Bitterle fluchte, für den Bruchteil einer Sekunde war er abgelenkt gewesen.

Und schon wieder summte diese Hornisse. Er riss das Handy aus der Jacke und blickte genervt aufs Display. Kula! »Kruzifix, was zum Teufel ist denn los? Ich habe frei. Frei! Verstehst du?«, blaffte er seine Kollegin an.

»Ich störe wohl?«

»Du kannst fragen. Natürlich störst du, was glaubst du denn?«

»Das habe ich befürchtet, aber wir brauchen dich, es gibt einen Toten.«

»Herrgottsakra, kann der nicht warten? Soll sich doch der Kriminaldauerdienst oder die Bereitschaftspolizei oder sonst wer darum kümmern. Ich sag es noch mal, ich habe jetzt frei und bin ab Montag wieder zu sprechen.«

»Sorry, Konrad, aber es gibt da ein Problem. Wir brauchen dich, und zwar so schnell wie möglich – nein, eigentlich sofort!«

»Wieso? Und was gibt's da für ein Problem? Wo bist du überhaupt?«

»Noch daheim. Ich mach mich aber gleich auf den Weg nach Wiblingen ins Kloster. Mirko hat mich informiert, der schiebt dort Wache auf dem Festival. Vier Tage Spektakulum, du weißt schon, das ist dieser große Mittelaltermarkt. Und im Becken eines sogenannten Badezubers schwimmt wohl eine Leiche.«

»Welcher Mirko?«

»Mirko Stanković, der vom Wachdienst mit dem Hund. Erinnerst du dich, letztes Jahr am Ausee?«

»Vage. Und sonst? Wo ist das Problem?«

»Noch herrscht da Ruhe, aber am Nachmittag ist da wieder der Teufel los, ein heilloses Durcheinander, Besucher ohne Ende, wie er mir versichert hat. Außerdem haben sich laut Plakat der SWR und das ZDF angekündigt.«

»Zefix, auch das noch! Dass die nie ihren Kanal voll kriegen. Also gut, ich komme.«

***

Kula Skoulatopulos, die junge Kriminalhauptkommissarin vom Dezernat eins für Kapitaldelikte, bockte ihre Kawasaki auf und verstaute den Helm im Topcase. Das Eingangsportal zum Klosterhof war bereits mit weiß-rotem Absperrband gesichert und wurde von einem Uniformierten bewacht.

»Sie sind aber flott«, sagte er, als er Kula sah, und hielt das Band für sie hoch.

Sie sparte sich einen Kommentar und ging über den Platz.

Schon am Torbogen zum Brauhof entdeckte sie Mirko, der weiteren Beamten dabei zusah, wie sie das Gebiet rund um eine hölzerne Bude mit aufgemalten mittelalterlichen Bademotiven weiträumig sicherten. Sie steuerte auf das Häuflein Elend zu, das da auf der Stahlrohrbank hockte und seinen Hund tätschelte. Als er Kula bemerkte, hellten sich seine Gesichtszüge etwas auf. Er stemmte sich hoch und ging ihr entgegen. Putin hob den Kopf und fiepte.

»Du machst Sachen«, sagte Kula. Die beiden stießen die Knöchel ihrer Fäuste gegeneinander und klatschten sich ab. »Was ist denn genau passiert?«

Mirko strich sich über den Bart. »Das gibt's doch nicht, ey. Schwimmt da einfach ein Toter drin, einfach so. Und dann das ganze Becken, alles voller Blut.«

»Deine erste Leiche?« Kula legte ihre Hand auf Mirkos Schulter und drückte kurz zu.

Er sah sie traurig an.

»Scheiße, ich weiß. Aber glaub mir, auch wenn es jetzt noch so schlimm ist, das geht irgendwann wieder vorbei.« Kaum ausgesprochen, merkte sie, wie hohl und abgedroschen das klang. Trotzdem lächelte sie Mirko an. »Und wie geht's Putin?« Dabei streckte sie dem Hund den Handrücken entgegen. Der fing augenblicklich an, daran zu schnuppern, und stupste mit seiner Schnauze dagegen.

»Ist immer noch der Alte.« Mirko schien froh um den Themenwechsel und plapperte drauflos. »Weißt du noch, wie er damals am Ausee euren Verdächtigen, den Typen wegen der Toten in der Blau, gestellt hat? Der Kerl hat sich voll in die Hosen geschissen. Keinen Mucks hat der mehr gemacht. Wer war denn nun der Täter? Diese Type, oder?«

Kula zwinkerte ihm zu. »Liest du denn keine Zeitung? Stand doch alles haarklein drin, damals.«

»Ach, Kula, ich und Zeitung. Außerdem habe ich für so was keine Zeit mehr.«

»Wieso das denn?«

»Ha! Ich habe jetzt eine eigene Firma, hab mich selbstständig gemacht. ›Security Mirko Stanković‹, läuft echt gut.« Mirko strahlte und deutete auf das Logo auf seiner Jacke. Es hatte oben drei Zacken und lief unten spitz zu. Die Form erinnerte an ein US-Polizei-Abzeichen.

Kula strich mit dem Finger über die drei mit Leuchtgarn aufgestickten Buchstaben S-M-S.

»Gell, da staunst du!«

»Aber hallo. Und wie kommt's?« Kula sah ihn aufmunternd an, und Mirko erzählte, wobei seine Stimme vor Stolz leicht bebte.

»Weißt du, ha, das war eigentlich total einfach! Die Ausbildung habe ich ja mit ›gut‹ abgeschlossen, und der Prüfer meinte schon damals, ich hätte mehr drauf als bloß Fertighäuser bewachen. Das war auch auf Dauer zu langweilig, Kohle war auch mau. Und dann habe ich mich mit ein paar anderen zusammengetan und 'ne Firma gegründet. Und jetzt bin ich mein eigener Boss.«

»Gratuliere! Echt geil.«

Mirko strahlte nun übers ganze Gesicht. Kula begann behutsam, noch einmal nach seinem Fund am Morgen zu fragen.

»Weiß denn der Veranstalter schon von der Sache?«

»Habe ich zuerst nicht erreicht, aber dann kam ein Rückruf. Meint, die kommen nicht von der Insel weg. Beim Parallelfestival in Dänemark hat's gebrannt, und sie müssen noch oben bleiben. Frühestens morgen, haben sie gesagt, und sie würden einen Stellvertreter informieren, und haben mir die Nummer gegeben. Der Typ heißt Pfaffenschneid. Geht keiner ran, habe ihm schon zweimal auf die Mailbox gesprochen, hat sich aber bis jetzt nicht gemeldet.«

»Probier's noch mal. Bleib dran!«, sagte Kula. Sie sah auf die Uhr und fragte sich, wo Bitterle steckte. Er müsste doch längst da sein. Immerhin war es schon kurz vor acht. Sie stand auf und hörte nur noch halb, wie Mirko mit Pfaffenschneid telefonierte, denn ihre Aufmerksamkeit war zu dem Trupp Kriminaltechniker gewandert, die gerade eintrafen und über den Platz marschierten. Sie schleppten ihre Gerätschaften vors Bad und stiegen in ihre weißen Madenanzüge. Kula musste dabei immer an die verwackelten Bilder der ersten Mondlandung und des Mannes im Raumanzug denken, die ihr Vater ihr als Kind gezeigt hatte.

Der Leiter der Kriminaltechnik kam auf sie zu. »Morgen, wie sieht's denn aus, können Sie uns schon was sagen?«

Kula verwies auf Mirko, der bereitwillig alle Fragen beantwortete und jedes Detail genauestens beschrieb. Von den offen klaffenden Leinenbahnen an der Vorderfront, der unverschlossenen Seitentür, dem seltsamen Geruch im Inneren bis zu dem leblos im Wasser schwimmenden Körper. Ganz besonders betonte er die nassen Fußabdrücke, die vom Badezuber zum Rand des Podestes führten und dort endeten. »Ach ja, richtig, jetzt fällt's mir wieder ein! Da waren noch Handtücher. Im Regal waren zwei Stapel nebeneinander. Der eine Stapel hat korrekt gelegen, der andere war verrutscht und durcheinander.«

»Sie meinen, da hätte jemand drin gewühlt oder etwas gesucht?«, fragte der Kriminaltechniker.

Mirko hob die Schultern. »Vielleicht. Schon möglich. Aber ich hab vorher nie darauf geachtet. Weiß nicht, wie genau es da drin normal aussieht.«

»Ist Ihnen sonst noch etwas aufgefallen? Sie wissen ja, jede noch so kleine Kleinigkeit trägt oft zur Lösung des Falles bei.«

Mirko dachte nach und rief sich die ganze Szenerie noch einmal vor Augen. »Nein, das war alles.« Seine Panikattacke nach dem Fund verschwieg er.

»Und der Hund?«, hakte der Techniker nach.

»Putin? Na ja, der hat tatsächlich am Boden vor dem Bad Witterung aufgenommen. Aber er kam nicht weiter als bis zur Grillbude beim Eingang. Dort haben Hühnerknöchelchen und ein paar Steakreste zwischen Steinchen gelegen. Waren wohl interessanter. Wir haben's noch mal probiert, aber auch da hat er sich ablenken lassen.« Mirko hob bedauernd die Hände und strich dann seinem Hund übers Fell. »Tja, so ist der halt, der Putin. Aber sonst, er pariert aufs Wort.«

»Ja, was ist denn hier los? Was machen S' denn da? Gehts weiter und schleichts euch!« Ein Klotz von einem Mann in grob gestrickter Leinenhose und einem Lederwams kam breitbeinig über den Platz auf den Drachenzuber zugestapft. Er trug die Haare streng nach hinten gekämmt und zum Zopf gebunden, die Koteletten standen weit ab und reichten bis runter zum Kinn. Sein bayerischer Dialekt war nicht zu überhören.

Kula stellte sich ihm in den Weg, wobei ihr seine Alkoholfahne entgegenwehte. »Stopp! Polizei. Sie stören eine kriminaltechnische Ermittlung.«

Der Bayer versuchte, sie beiseitezuschieben. »Mir doch egal. Des ist mei Bad, und ich muss jetzt das Wasser wechseln. Schau, dass d' weiterkimmst, und zwar dalli.«

Mirko schob sich dazwischen und baute sich vor dem Bayern auf. »Du hörst doch, was die Kommissarin sagt? Oder soll Putin mit dir reden?« Der Dobermann ging wie auf Befehl einen Schritt auf den Mann zu und zerrte an der Leine, dabei zog er die Lefzen hoch und knurrte.

»Und was wird des jetzt? Meinst vielleicht, ich hätt Schiss vor deim Bazi? Was is'n da überhaupt los?«

Kula wurde laut. »Schluss jetzt mit den Mätzchen!« Sie zog ihren Ausweis aus der Tasche und hielt ihn dem Mann unter die Nase. »Kripo Ulm, Mordkommission! Und Sie sind?«

Dem Mann blieb der Mund offen stehen. »Was is los? Kripo? Mordkommission?«

»Name, Anschrift! Was machen Sie hier? Ich will Antworten, und zwar auf der Stelle. Oder sollen wir das Ganze auf dem Präsidium klären?« Während sie dies sagte, winkte sie einen der uniformierten Polizeibeamten her, der sich umgehend auf den Weg machte, um Kula beizustehen.

Der Bayer sank in sich zusammen wie ein ertappter Ochsenfrosch und sagte kleinlaut: »Is ja schon gut. Also, i bin der Breitinger Vitus und komm von Vilshofen, und der Drachenzuber da, der ghört mir. Was um Himmels willen ist denn bloß passiert mit meim Bad?«

»Ich muss Ihnen leider mitteilen, dass der Sicherheitsdienst dort in der vergangenen Nacht einen Toten gefunden hat. Wir wissen noch nichts Genaues. Jedenfalls muss ich Sie bitten, sich

Ihrem Bad nicht zu nähern, bis unsere Untersuchungen abgeschlossen sind.«

»Und wie lang? Wissen S', i leb davon. I muss aufmachen können.« Vom zuvor polternden Gehabe Breitingers war nichts übrig geblieben als ein flehender Blick.

»Wie gesagt, Sie müssen warten, bis wir fertig sind. Aber wir tun unser Möglichstes.«

Breitinger blickte zu Boden und bohrte seine Fäuste in die Hosentaschen. Dann wanderte sein Blick hinüber zu den Kriminaltechnikern. »Wissen S' denn scho, wer des is? Also, i mein die Leich?«

»Noch nicht«, antwortete Kula. Sie sah Mirko fragend an. »Was ist mit dir? Hast du die Person erkannt?«

»Ich? Nein, war ja dunkel da drin, und ich habe so schnell wie möglich geschaut, dass ich wieder rauskomm.«

»Verstehe.«

Breitinger meldete sich wieder zu Wort. »Vielleicht könnt i ja helfen. I kenn so gut wie jeden hier auf dem Festival.«

»Falls es einer vom Festival ist«, entgegnete Kula. Sie nagte an der Unterlippe. »Hm, vielleicht haben Sie recht. Aber ich muss Sie bitten, nichts zu berühren. Haben Sie das verstanden?«

»Geht klar. Hauptsach, i kann so schnell wie möglich wieder aufmachn.«

Kula ging vor Breitinger her zu einem der Kriminaltechniker und bat ihn um ein paar Überschuhe. Während Breitinger sie umständlich und leicht schwankend überstreifte, kam Dr. Ina Weichselbraun durch den Torbogen und schritt zum Tatort. Der ursprünglich aus Wien stammenden Pathologin war die Eile anzusehen, mit der sie sich auf den Weg gemacht hatte, denn sie schien im Gegensatz zu sonst völlig ungeschminkt. Dunkle Schatten zeigten sich unter ihren Augen, sie wirkte reichlich übernächtigt.

»Servus«, sagte sie heiser, »habt ihr schon wieder eine Leiche?«

Kula deutete zur Seite Richtung Bad. »Liegt noch im Wasser.«

»Auch das noch! Eine Wasserleiche, ausgerechnet zu Himmelfahrt … Geh, sag mal, wo steckt denn der Bitterle? Is der noch nicht da? Machst du das jetzt alles allein?«

»Keine Ahnung, wo er bleibt«, sagte Kula, zog ihr Smartphone aus der Tasche und drückte zum weiß Gott wievielten Mal Bitterles Nummer. »Der müsste eigentlich längst da sein. Er wollte sich sofort auf den Weg machen.« Während sie dem Tuten lauschte, sah sie eine junge rothaarige Frau, die vor dem Torbogen auf einen Streifenbeamten einredete und dabei wild mit den Händen gestikulierte. Kula wurde neugierig und wollte auf die beiden zugehen, da hielt sie Breitinger am Arm.

»Was is jetzt mit dem Toten, i denk, i soll nachschaun, ob i den kenn?«

Kula machte sich los. »Moment noch, bin gleich wieder da.« Sie ging auf die Rothaarige zu, deren Stimme immer aufgeregter klang. Kula fiel ein leichter Akzent auf.

»Ich habe solche Angst, dass er stirbt! Hören Sie, Sie müssen sofort etwas tun! Ich habe schon einen Notarzt verständigt, aber ich weiß nicht, ob das reicht.«

»Wer stirbt?«, fragte Kula und trat noch einen Schritt auf die Frau zu. »Skoulatopulos, Kripo Ulm. Worum geht es?«

»Wie bitte? Ich habe Sie nicht verstanden. Tut mir leid, wie heißen Sie?«

»Skoulatopulos. Ganz einfach: Skou-la-to-pu-los.«

»Aha. Ich bin Japke de Vries. Also mein Zeltnachbar, der Guido Wölfle, ist nicht ansprechbar. Ich habe Angst, dass er stirbt, so verdreht, wie der daliegt.«

»Wo liegt der Mann? Wo ist das Zelt?«

Japke drehte sich um und zeigte über den Platz in Richtung Pfarramt. Hinter einem weiteren Torbogen waren parkende Autos zu sehen. »Drüben im Paradiesgarten. Genau gegenüber meinem Zelt.«

»Und wie finde ich das?«

»Ich färbe Wolle. Die Fäden hängen draußen auf den Leinen, und am Feuer steht der Bottich – ist nicht zu übersehen.«

»Okay. Wann haben Sie die Rettung verständigt?«

»Vor zehn Minuten vielleicht. Wie lange wird das denn dauern, bis da jemand kommt?«

Im selben Moment eilten zwei Rettungssanitäter mit einer

Notfallliege auf die beiden zu. Japke rannte ihnen entgegen. »Gott sei Dank. Kommen Sie, ich zeige Ihnen, wo der Verletzte liegt.«

Kula rief ihr hinterher: »Ich melde mich bei Ihnen.« Damit drehte sie sich um und ging wieder zum Drachenzuber-Betreiber, der unschlüssig dastand und die Hände in die Hüften gestemmt hielt.

»Sorry, aber das war wichtig. Also, wie gesagt, nichts berühren oder verändern.«

Breitinger murmelte etwas, stieg die Stufen nach oben und sah ins Becken. Gleich darauf drehte er sich wieder um. Er war kreidebleich und sagte mit belegter Stimme: »Und ob i den kenn! Des is der Jadewald, Nils Jadewald.«

Kula sah zu ihm hoch und fragte: »Und das heißt? Kennen Sie ihn näher?«

Breitinger wiegte den Kopf, während er schwer atmend die Stufen wieder herunterkam. »Mei, was heißt scho näher? Der Jadewald is halt a Musiker. Gestern auf d' Nacht hat er mit seiner neuen Band ›Cantus Ferrum‹ gspielt, da draußen auf der Bühne.«

»Und?«

»Nix, und, ich hob mir bloß des erste Stück anghört, dann bin i zum Berti seim Metstand. Wissen S', des is net mei Musik, is mir viel z' brutal. I hob's da lieber ein bissel authentisch, gscheite Lieder mit am bayerischen Flair. Gern au politisch. Kennen S' die Biermösl Blosn?«

»Habe ich schon gehört, ja. Sagen Sie, haben Sie den Toten gestern Abend noch einmal gesehen? Wissen Sie, wie er den Abend nach seinem Auftritt verbracht hat?«

»Naa. Gsehn hob i den nimmer, aber normalerweis feiern die hernach immer no.«

»Na gut, dann erst mal vielen Dank für Ihre Hilfe. Wo kann ich Sie denn erreichen, wenn wir noch weitere Fragen haben? Wohnen Sie hier auf dem Gelände?«

»Ja freili! Draußen neben dem Pfarramt, da hob i a Zimmer.

Sagen S', wann kann i denn ezat mei Bad wieder aufmachn? I bin auf den Umsatz angwiesen. Allein scho die Kostn für die

Wasserbereitung, des Gas, die Reinigung nach jedem Gast und so weiter. Und wann i koane Gäst net hob, kann i net amol die Standgebühr zahlen.«

»Sie reinigen Ihr Bad nach jedem Benutzer?« Kula sah ihn erstaunt an. »Aber im Becken stand doch die ganze Nacht über das Wasser.«

»Logisch! Des lass i immer drin, zwengs der Risse.«

»Risse?«

»Des is a-so: Ohne Wasser trocknen die Dauben aus, und des Fass ist nachherd nimmer dicht. Oiso, was is etzat?«

»Das mit dem Betrieb wird leider schwierig werden, wie gesagt. Nachdem die Kriminaltechniker fertig sind und wir alle Spuren gesichert haben, muss das Becken von Spezialisten gereinigt und desinfiziert werden. Ich weiß nicht, ob sich während dieses Wochenendes solch eine Firma auftreiben lässt.«

»Dann kann i ja glei zsammpackn. Dann bin i quasi pleite.«

»Glauben Sie mir, ich kann Sie gut verstehen. Aber das lässt sich leider nicht ändern.«

Breitinger sah an Kula vorbei und schnaubte. »Als ob's net scho gnug Probleme geb auf derra Welt.« Dann wandte er sich um, trat durch den Torbogen und verschwand.

ZWEI

Stinksauer wegen der Störung, vor allem aber wegen des entwischten Karpfens, montierte Bitterle seine Angelrute auseinander und stopfte sie ins Futteral. Er warf das Zubehör in den Angelkoffer und klappte ihn zu. Den Spezialköder, den er tags zuvor aus gekochten Kartoffeln, mittelaltem Gouda und einer Prise Vanillezucker zubereitet hatte, zerrupfte er in kleine Fetzen und schleuderte sie ins Wasser. Soll ihn doch fressen, wer will, dachte er, hängte sich den Klapphocker über die Schulter, schnappte sich Angel und Koffer und machte sich auf den Rückweg zu seinem Auto, das er neben der Kastbrücke abgestellt hatte. Schon nach wenigen Schritten bemerkte er allerdings ein glitschiges Quietschen in seinem rechten Stiefel – er hatte seinen Fehltritt von vorhin völlig verdrängt. Wackelig balancierte Bitterle auf einem Bein. Er zog den Stiefel aus und sah zu, wie ein dünnes Rinnsal aus dem Schaft tröpfelte. »Jetzt auch noch eine nasse Socke«, maulte er.

Endlich auf dem schmalen Pfad zwischen Donau und Gronne angekommen, marschierte er los. Dabei störte er ein Entenpärchen, das wild schnatternd aufflog, sowie einen einsamen Schwan, der ihn giftig anschaute. Er reckte den Hals nach vorne und fauchte. Selbst einzelne Mücken waren schon unterwegs, um ihn zu piesacken. Nach etwa fünfhundert Metern stand Bitterle endlich vor seinem froschgrünen 1983er Ascona, stellte den Hocker ab und suchte den Wagenschlüssel. Nacheinander klopfte er jede seiner acht Anglerwestentaschen ab, suchte in der Hose und stellte schließlich den Zubehörkoffer auf den Kopf. Er fand neben den Angelutensilien und seinem Salamibrot mit Gurkenscheiben alles mögliche Zeug: eine Kugelschreibermine, bröselige Gummiringe, einen Nagelknipser und jede Menge leere Traubenzuckertütchen, obwohl er die Dinger schon seit Jahren nicht mehr lutschte. Er fand alles, bloß keinen Autoschlüssel. Er wiederholte die Suchprozedur noch zwei weitere Male und kam doch immer zum gleichen Ergebnis: Der – Autoschlüssel – war – weg!

Bitterle zerrte mit geballter Faust an seinem Kragen. Er versuchte, sich an den Moment zu erinnern, in dem ihm der Karpfen entwischt war. Richtig, er war ausgerutscht, auf dem Hintern gelandet und mit einem Fuß ins Wasser getreten. Bestimmt war der Schlüssel aus der Weste gefallen, während er sich aufgerappelt und dabei die Weidenzweige gestreift hatte. Eine andere Möglichkeit sah er nicht. Wieder vibrierte sein Handy. Er ignorierte es, er wusste auch so, dass es nur Kula sein konnte. »Und wenn du noch so oft anrufst, schneller geht es nun mal nicht«, brummte er und suchte weiter den Weg ab, vielleicht hatte er den Schlüssel ja schon zuvor verloren und es nicht bemerkt. Doch kaum an seinem Platz angekommen, sah er etwas unter dem Weidengestrüpp zwischen Grasbüscheln aufblitzen. Gott sei Dank!

Zehn Minuten später war Bitterle am Tatort. Die Einfahrt zum Parkplatz war mit rot-weiß gestreiften Hütchen blockiert. Er rangierte durch die größte Lücke, stellte seinen Wagen ab und stieg aus. Noch während er seinen Rücken durchdrückte, kam einer der uniformierten Beamten auf ihn zu, musterte ihn kritisch und blaffte in badischer Mundart los: »Was wollen Sie denn hier? Dies ist ein Tatort! Sehen Sie die Absperrung nicht?«

»Kripo, Mordermittlung.« Du bist wohl neu dabei, dachte Bitterle, reckte sein Kinn und fixierte sein Gegenüber. Er klopfte erneut alle Taschen ab, diesmal auf der Suche nach seinem Ausweis, bis ihm einfiel, dass der wohl zu Hause im Sakko steckte. »Ich habe –«

»Sie können mir viel erzählen. Außerdem schauen Sie überhaupt nicht nach Polizei aus, so verdreckt, wie Sie daherkommen. Alla, ich denke, Sie sollten zusehen, dass Sie schleunigst von hier verschwinden.« Der Beamte fasste Bitterle am Arm und war im Begriff, ihn vor sich herzuschieben. Bevor Bitterle ausfällig werden und den Badener einen aufgeblasenen »Gelbfüßler« nennen konnte, kam zum Glück Kula um die Ecke und spurtete auf ihren Kollegen zu. »Da bist du ja endlich! Verdammt noch mal, warum kommst du denn erst jetzt? Wir warten alle!«

Der Streifenbeamte sah sich um. »Gehört der etwa zu Ihnen?«

»Wonach sieht's denn aus? Das ist mein Kollege!«

Bitterle schob gereizt die Hand des Streifenbeamten beiseite, der sich wortlos trollte. »Wichtigtuer! Also gut, wo ist die Leiche?«, fragte Bitterle seine Kollegin.

»Wirst du gleich sehen.«

Sie gingen unter jungen Buchen die seitliche Klostermauer entlang und kamen zu den Behindertenparkplätzen. Bitterle staunte. Vier Polizeifahrzeuge parkten in Buchten, bei allen flimmerte Blaulicht. Zwei Vans der Kriminaltechniker standen hintereinander, und ein Rettungswagen hatte direkt vor dem Torbogen zum Klosterhof gehalten. Die Hecktüren waren offen, und ein junger Feuerwehrmann trat von einem Fuß auf den anderen und brüllte in ein Funkgerät. Bitterle bekam im Vorübergehen ein paar Fetzen mit.

»Und wo bitte soll der landen? – Auf der Wiese? Auf keinen Fall, da drunten sind die ganzen Pferde, und oben ist alles voller Zelte! – Ja, gerade da, und noch weiter weg macht keinen Sinn! – Auf dem Parkplatz? Keine Chance, alles voller Bäume! – Was jetzt? Die sollen in der Uniklinik den Schockraum klarmachen! Es eilt! – Logisch fahre ich selber. Wir sind so gut wie unterwegs.« Der Feuerwehrmann beendete das Gespräch, ging nach vorne und startete den Motor.

Bitterle kam an Kulas Kawasaki vorbei, die an der Mauer lehnte. Kula wartete vor dem Tor und winkte ihn zu sich her.

»Aus dem Weg!«, hörte Bitterle plötzlich jemanden schreien. Er fuhr herum und sah zwei Sanitäter, die mit einer Notfallliege übers Pflaster rumpelten. Der Notarzt rannte daneben her, hielt eine Infusionsflasche in die Höhe und drückte die Sauerstoffmaske auf das Gesicht eines offenbar bewusstlosen Mannes. Bevor Bitterle eine Frage stellen konnte, waren sie an ihm vorbeigeeilt und luden den Mann in den Rettungswagen. Kaum dass die Hecktüren geschlossen waren, rauschte der mit Martinshorn und Blaulicht davon. Bitterle sah ihm nach. Kula griff seinen Arm und zog ihn weiter.

»Mensch, Konrad, jetzt komm endlich, hier brennt die Luft.«

»Sag mal. Hast du schlecht geschlafen, oder warum bist du so mies drauf?«

»Ich bin überhaupt nicht mies drauf, sondern ... ach, vergiss es. Wieso bist du eigentlich nicht mehr ans Telefon? Ich habe andauernd versucht, dich zu erreichen.«

»Da war ich wohl schon unterwegs. Außerdem hast du mich beim Angeln gestört. Wegen dir ist mir der Karpfen entwischt, den ich eine Woche lang angefüttert habe.«

Kula runzelte die Stirn.

Bitterle winkte ab. »Lass jetzt gut sein und sag mir lieber, worum es geht! Was ist passiert? Wozu der ganze Aufwand? Du hast was von einer Leiche gesagt, aber der Typ auf der Liege«, Bitterle wies mit dem Daumen über seine Schulter, »der lebt doch noch, wie's aussieht.«

»Na, zum Glück! Das war verdammt knapp bei dem, hoffentlich schafft er es. Aber um den geht es jetzt gar nicht. Komm erst mal mit nach drinnen in den Klosterhof.«

»Du machst es ja richtig spannend.«

»Wart's ab.«

»Ist denn sonst schon wer da?«

»Die Kriminaltechniker und die Weichselbraun.«

»Und Sprekel?«

Kula verdrehte die Augen. »Unser Herr Doktor? Momentan nicht erreichbar. Soweit ich weiß, weilt der Kriminalrat nebst Gattin in Baden-Baden.«

»Pferderennen?«

»Sie bestimmt, hat er irgendwann mal erwähnt. Aber ihn zieht's, glaube ich, eher ins Kasino.«

»Wer's hat!«

Kula zog den Mund schief. »Ich kann es ja später noch mal versuchen.«

Bitterle hob die Hand. »Lass dir bloß Zeit damit.«

»Alles klar.«

Der Uniformierte, der am Tor Wache hielt, trat automatisch zur Seite, als die beiden auf ihn zukamen, und grüßte sie beinahe militärisch. Bitterle grüßte zurück und lief weiter neben Kula her. Sobald sie im Hof standen, beschrieb sie mit dem Arm einen Halbkreis und deutete auf die zahlreichen Zelte und Buden.

»Am Nachmittag ist hier wieder der Teufel los. Die erwarten was weiß ich wie viele tausend Besucher.«

»Das wird sich noch zeigen. Zuerst müssen die Spuren gesichert werden. Davor tut sich hier gar nichts«, maulte Bitterle. »Das ist so sicher wie –«

»… das Amen in der Kirche«, vollendete Kula Bitterles Einwand, »ich weiß! Trotzdem sollten wir uns beeilen. Am besten, du sprichst zuerst mit Ina.«

Bitterle schob den Ärmel zurück und sah auf seine Uhr, kurz vor acht. »Seit wann ist die denn schon da?«

»Halb acht etwa, zusammen mit den Technikern.«

»Und du?«

»Seit sieben.«

»Donnerwetter.«

Kula lotste ihn über den Platz, vorbei an einer kleinen Auftrittsbühne aus Zimmermannsbalken, grob gewebtem Leinen und Sackrupfen. Erst auf den zweiten Blick entdeckte Bitterle Mikroständer, Lautsprecher und die neuesten LED-Scheinwerfer, die hinter Fahnen getarnt an einer Deckentraverse hingen. Am Boden führte ein abgedeckter Kabelstrang quer über die Freifläche zu einem Unterstand für den Techniker mit seinen Ton- und Lichtpulten. Trotz modernster Hardware wirkte auch dort alles sehr archaisch, zusammengeschustert und auf alt getrimmt. Da schau her, dachte Bitterle, die kochen mit dem gleichen Wasser wie die Jazzer, wenn sie auf Tour sind. Von wegen Mittelalter. Er folgte Kula, die mittlerweile unter einem weiteren Torbogen auf ihn wartete. Kaum neben ihr, sicherte ein Streifenpolizist hinter ihnen wieder den Durchgang mit dem üblichen Absperrband.

Das Erste, was Bitterle sah, als er im Innenhof neben dem rot belaubten Ahorn stand, waren eine Batterie Biergarnituren, unter denen sich Spatzen stritten, weiße Stapelstühle und entlang der Mauern jede Menge geschlossene Verkaufsbuden. Er wandte seinen Blick nach rechts und entdeckte Ina Weichselbraun. Sie kniete auf dem Boden einer Holzbude, war über einen Körper gebeugt, neben dem bereits ein Zinksarg stand, und sprach in ihr Handy. Direkt vor ihr ragte ein gewaltiges Holzfass empor, an dem sich mehrere Kriminaltechniker zu schaffen machten. Sie wedelten mit Kohlestaubpinseln über freie Flächen und entlang verwinkelter Kanten, packten das eine oder andere Teil in Plastiktütchen und sicherten sonstige Spuren. Mit ihren weißen Schutzanzügen und den Haarhauben passten sie so gar nicht zu dem sonst so rustikalen Ambiente ringsum.

Kula tippte Bitterle auf die Schulter und sagte: »Ich denke, ihr braucht mich im Moment nicht. Ich sehe mich solange um.«

Ina Weichselbraun musste Bitterles Schritte auf dem Kies gehört haben. Sie sah hoch und lächelte. »Konrad, da bist du ja. Ich hab's gleich!« Nach ein, zwei weiteren Sätzen steckte sie ihr Handy in die Tasche und stand auf. Sie hüpfte vom Podest und kam auf Bitterle zu. »Haben sie dich wieder beim Fischen gestört, so wie du ausschaust, oder ist das der neue Undercover-Dresscode von euch Kriminalern?«

Bitterle bekam kaum mit, was sie sagte. Zu sehr verwirrte ihn die Art, *wie* sie es sagte. »Was ist denn mit dir los? Seit wann sprichst du Hochdeutsch, und wo ist dein Wienerisch abgeblieben?«

»Hör mir bloß damit auf. An der Uni haben sie mir eine Dozentenstelle angeboten. Bedingung ist allerdings – stell dir das mal vor –, dass ich in einem ›verständlichen Deutsch‹ rede. Als ob es darauf ankäme.«

Bitterle zwinkerte sie an. »Und?«

»Was heißt ›und‹, deppert san s' ollesamt. Oba wos wuist mocha? I bin auch nimmer die Jüngste.« Sie zog ihn an den Schultern zu sich her und drückte ihre Wange kurz an seine. »Aber du weißt ja eh, der Tod kommt immer zum falschen Zeitpunkt. Immerhin sind wir noch am Leben.«

Zum zweiten Mal lächelte Bitterle. »Noch so früh und schon so philosophisch, Ina. Weißt du denn schon was Genaueres zu unserem Opfer?«

»Gewiss ist bisher bloß, dass er tot ist, dass er eins über den Schädel gekriegt und dass ihm wer ein Messer in den Hals gestoßen hat. Und net bloß einmal. Wie oft, kann ich noch net sagen, aber da muss wer ganz schön sauer gewesen sein.«

Kula rief über den Platz: »Konrad, kommst du bitte mal? Hier gibt es, glaube ich, ein Problem.«

Bitterle tippte Ina auf die Schulter, »bis gleich«, und ging zu Kula, die am Torbogen stand und mit einem Fremden sprach. Er traute seinen Augen nicht. Mit dem nur halb geschlossenen Hawaiihemd, den engen schwarzen Lederhosen und den nach hinten gegelten blonden Haaren, die von einer riesigen Sonnenbrille in Schach gehalten wurden, sah dieser Mann aus, als sei er bei einer Dieter-Bohlen-Double-Casting-Show Letzter geworden. Als Bitterle vor ihm stand, fuhr er ihn sofort an.

»Sind Sie der Verantwortliche für diesen Zirkus? Ich verlange, dass der Platz umgehend freigegeben wird. Wir erwarten zigtausend Besucher, Presse, Radio und Fernsehen haben sich angemeldet, und dann glauben Sie, hier so ein Tamtam veranstalten zu müssen. Ich gebe Ihnen, sagen wir, zwei Stunden, dann ist hier klar Schiff. Kapiert?«

»Und Sie sind?« Bitterle gab sich zunächst betont gelassen. »Der Veranstalter? Sie haben doch bestimmt auch einen Namen.«

Der Angesprochene war für einen Moment perplex. Aber nur für einen. »Sammy Pfaffenschneid«, ging es sofort im gleichen Ton wie zuvor weiter. »Und richtig, ich bin der stellvertretende Manager. Und solange die Hauptverantwortlichen abwesend sind, habe ich hier das Sagen. Aber was tut das zur Sache?« Er trat einen Schritt auf Bitterle zu.

Der blieb stehen, obwohl ihn das sportive Deo Pfaffenschneids, das ihn wie ein Kampfanzug umhüllte, gewaltig in der Nase reizte. Der Groll wegen des entwischten Karpfens erwachte zu neuem Leben. »Jetzt hören Sie mal genau zu, Sie Klugscheißer: Dies ist ein Tatort! Ein Mensch wurde hier ermordet! Und solange wir nicht Genaueres wissen, bleibt das Gelände gesperrt. Ist das klar?«

»Und was ist mit dem Zeltplatz außerhalb? Warum wird da rumgeschnüffelt?«

»Wieso? Weil dort mit Sicherheit relevante Untersuchungen stattfinden«, spekulierte Bitterle, während er sich Kula zuwandte.

Die reagierte umgehend. »Da draußen haben wir einen Mann gefunden, der bewusstlos in seinem Zelt lag. Auch dort muss alles untersucht werden. Aber die Leiche hat natürlich Vorrang.«

»Exakt«, ergänzte Bitterle. »Und gerade deshalb bleibt hier vorerst alles dicht. Und außerdem –«

Pfaffenschneid fiel ihm prompt ins Wort: »So einfach ist das nicht! Dies hier ist der Gastro-Bereich. Da werden die Umsätze gemacht. Den Platz können Sie nicht so einfach schließen. Ich werde sofort die Veranstalter kontaktieren, was glauben Sie, was die Ihnen sagen werden.«

Kula runzelte die Stirn, schielte kurz zu Bitterle und zwinkerte ihm unauffällig zu. Nach einem tiefen Atemzug spießte sie Pfaffenschneid auf: »Also ich glaube, der vorübergehend gesicherte Gastro-Bereich ist das geringste Problem. Wenn wir nicht bald wissen, womit wir es hier zu tun haben, bleibt uns nichts anderes übrig, als alles abzuriegeln, mit einer Hundertschaft das ganze Gelände zu durchkämmen und die Personalien aller Anwesenden aufzunehmen. Und das – das kann dauern! Womöglich kommt noch eine Terrorwarnung dazu. Wissen Sie, was das bedeutet? Schlimmstenfalls müssen wir hier alles«, Kulas Arm beschrieb einen Dreiviertelkreis, »also das komplette Gelände, vom SEK mit Stuttgarter Unterstützung sichern lassen. Dann war's das mit dem Mittelalterfest. Wollen Sie das wirklich? Was das längerfristig für Folgen haben wird, ist kaum abzusehen. Denken Sie mal an die ganzen Kinder, die hier ihren Spaß haben wollen, an die von weit her angereisten Gäste und vor allem an die kommenden Jahre.« Kula legte die Hand ans Kinn, tippte mit der Fingerspitze an ihre Nase und wiegte den Kopf leicht hin und her. »Da steht womöglich die Zukunft des gesamten Festivals auf dem Spiel!«

Pfaffenschneid stand mit offenem Mund da, räusperte sich ausgiebig und sagte dann mit erhobenen Händen und zudem deutlich leiser: »Okay, okay, aber machen Sie um Himmels willen schnell. Der Boss reißt mir sonst den Kopf ab.«

Bitterle sagte: »Na also, geht doch! Warum nicht gleich so?«

Pfaffenschneid drehte sich um und stapfte mit eingezogenen Schultern davon. Bitterles Laune hob sich, und er blickte ihm schmunzelnd nach. »Hoppla, da hast du ja wieder ganz schön hoch gepokert. Hundertschaft, Terrorwarnung, SEK und was weiß ich sonst noch alles.«

Kula legte den Kopf neckisch zur Seite. »Na und? Hat doch prima funktioniert, oder?«

»Dann hoffe ich mal bloß, dass der ab jetzt die Klappe hält.«

»Der? Der macht keinen Pieps mehr. Verlass dich drauf.«

»Wollen wir's hoffen. Und was hat es mit dem Zeltplatz außerhalb auf sich, worum geht's da? Der Mann, der bewusstlos in seinem Zelt lag, war das der, den sie vorhin in die Uniklinik geschafft haben? Was ist mit dem? Und welches Zelt war es? Hat das was mit dem Toten zu tun?«

»Moment, Moment, der Reihe nach! Der Mann heißt Guido Wölfle. Eine der Camperinnen, eine rothaarige Frau namens Japke de Vries, dem Akzent nach stammt sie aus Belgien oder Holland, hat ihn vorhin gefunden. Wölfle lag ihren Angaben zufolge wohl völlig verrenkt auf einer Unterlage in seinem Erbrochenen. Frau de Vries hat sofort den Notarzt gerufen. Wölfle ist vierunddreißig Jahre alt, Mittelalterschmied und spielt auch in der Band, die gestern hier ihren Auftritt hatte, zusammen mit unserem Mordopfer. Da könnte es also einen Zusammenhang geben.«

»Na, da kommt ja einiges an Arbeit auf uns zu.«

Kula nickte mehrmals. »Allerdings!«

»Aber zuerst muss ich nach Hause, mich umziehen. Bin gleich wieder da.«

Sie musterte Bitterle und konnte sich einen Gluckser nicht verkneifen. »Mach das.«

DREI

Bitterle war zurück, frisch umgezogen und endlich wieder in trockenen Socken. Doch dafür stand er nun wie ein Pennäler vor Ina Weichselbraun, die am Podest lehnte, die Hände vor dem Schoß verschränkt hielt und ihn anmaulte.

»Du, des mag ich gar nicht, wenn man mich so lang warten lässt. Du wolltest gleich wieder zurück sein.« Sie stieß sich ab und ging auf Bitterle zu.

»Nun komm schon, Ina, ich musste doch noch meine Fische füttern. Wer weiß, wie lange das hier geht. Aber jetzt zurück zum Fall: Irgendeine Idee, was da passiert ist?«

»Nun, wie gesagt, eine Mordswut oder ein Streit.«

Noch bevor Bitterle weiter nachhaken konnte, kam der Chef der Kriminaltechniker auf ihn zu. Die blauen Schuhüberzüge steckten in den Seitentaschen seines Overalls, der Reißverschluss war geöffnet, und die Haube hing nachlässig am Nacken.

»Und«, fragte ihn Bitterle statt einer Begrüßung, »schon was gefunden?«

»Allerdings.« Der Spurensicherer streckte ihm zwei Plastikbeutel entgegen. »Einmal dieses Messer mit Blutanhaftungen.«

Bitterle nahm die Klinge an sich und betrachtete sie genauer. »Sieht handgefertigt aus. Tatwaffe?«

»Dem ersten Anschein nach ja. Und es sind deutlich sichtbare Fingerabdrücke drauf.«

»Das ist doch schon mal was! Wo lag es denn genau?«

Der Kriminaltechniker zog eine Schnute. »Das war schon seltsam. Es lag unter dem Podest bei den Gasflaschen.«

»Was ist daran seltsam?«

»Nun, es sieht weder danach aus, dass es jemand verloren hätte, noch war es versteckt.«

Bitterle knetete sein Kinn. »Hm. Und sonst?«

»An dem hölzernen Rührlöffel, der wohl für das Zusetzen der Kräutermischungen gebraucht wurde, sind deutlich mit bloßem Auge erkennbar ebenfalls Blutspuren, des Weiteren Hautpartikel und ein paar Haare, die vom Opfer stammen könnten. Er ist bereits auf dem Weg zur KTU. Die Untersuchung wird Zeit brauchen, massenhaft Fingerabdrücke. Außerdem steht das Wochenende vor der Tür … Und dann haben wir noch das hier sichergestellt.« Er zeigte Bitterle den zweiten Plastikbeutel, in dem sich eine Halskette befand. »Lag im Splitt vor dem Bad. Könnte ebenfalls Blut dran sein.«

Kula trat zu ihnen, nahm das Tütchen mit der Kette in die Hand, hielt es hoch und drehte es vor ihren Augen hin und her. Am Ende hing ein kleines Amulett mit drei Spiralen, die um die Buchstaben SnD herum angeordnet waren. »Scheint eine Art Symbol zu sein. Hast du so etwas schon mal gesehen?«, fragte sie.

»Hat nicht Lukas so was am Arm?«, meinte Bitterle. Ihr junger Kollege hatte allerhand Tattoos, ob aber genau dieses Zeichen darunter war, konnte Bitterle nicht sagen. Er wandte sich wieder dem Kriminaltechniker zu. »Habt ihr euch schon im Zelt von diesem Wölfle umgesehen?«

»Nur oberflächlich. Da ist gestern offenbar gefeiert worden, die Herrschaften haben ein ordentliches Chaos hinterlassen. Aber nichts Auffälliges. Und wir dachten, das hier hat eh Vorrang.«

»Hat es auch.«

»Okay, danke. – Also gut, meine liebe Kollegin, wo fangen wir an?«

Kula zögerte mit der Antwort, dann murmelte sie: »Wir müssen die restlichen Mitglieder der Band befragen, uns auf dem Zeltplatz umhören und außerdem nach Zeugen suchen, die etwas am Zuber mitbekommen haben. Und dieses Amulett könnte auch ein Hinweis sein … Ich glaube, es hilft alles nichts! Allein schaffen wir das nicht. Wir brauchen Lukas. Am besten wäre es, wenn er sich hier ein bisschen unter die Leute mischt, um sich umzuhören. Undercover sozusagen, vielleicht sogar mittelalterlich verkleidet. Muss ja nicht jeder gleich wissen, dass er zu uns gehört.«

»Gute Idee. Kannst du ihn anrufen? Ich schau mich inzwischen nach einem Ort um, wo ich in Ruhe arbeiten kann. Kümmer du dich bitte auch um diesen Wölfle und um sein Zelt. Dann kann Lukas sich den Jadewald vornehmen, du weißt schon, Zusammenhänge, Angehörige, Bandkollegen und so weiter.«

»Mach ich.«

***

Lukas Langenwalter war genervt. Er hatte sich auf ein paar entspannte Tage mit seinen Kumpels am Gardasee gefreut. Wanderungen zwischen den Weinbergen am Ostufer, Straßencafés und regelmäßiges Schwimmen am Morgen. Doch seit der Trupp Juve-Fans seine Zelte neben den ihren aufgeschlagen hatte, ging es abends richtig zur Sache. Billiger Bardolino aus Zwei-Liter-Flaschen, Pizza to go und dumme Machosprüche. Noch nerviger waren die endlosen Debatten über Spurverbreiterung und Auspufftuning für ein paar PS mehr. Doch am schlimmsten fand Lukas die ewigen Streitereien über Fußball. Ausgerechnet Fußball! Und das die halbe Nacht über.

Er war froh über Kulas Anruf. Nun hatte er wenigstens einen Grund, Italien vorzeitig zu verlassen, und versprach, sich zu beeilen.

Kula legte zufrieden auf und machte sich auf den Weg zu Wölfles Zelt. Geschickt schlüpfte sie unter dem Absperrband durch, schob die Plane am Eingang auseinander und sah sich genauer in der Jurte des Schmieds um. Sie war fast so groß wie ihre Wohnung. Der Vorraum war aufgeräumt, nur ein Hauch von Metall und Öl hing in der Luft. Werkzeuge steckten in einem Gestell. Äxte, Messer und sonstiger Kleinkram lagen ordentlich in einer Vitrine unter Glas. Das Einzige, was auffiel, war ein rotes Seidentuch, das auf dem Boden lag, ansonsten war alles picobello. Kula fragte sich, was der Kriminaltechniker denn hier als chaotisch empfunden haben mochte.

Ihre Frage wurde schnell beantwortet: Im Schlaf- und Wohnbereich hinter einem Baumwolltuch herrschte tatsächlich Chaos pur! Mehr als ein Dutzend leere Bierflaschen mit Bügelverschluss lag auf dem Boden. Ein dünner Wollteppich knüllte wie weggetrampelt an der Zeltwand. Hocker, Schaffelle, Kleidungsstücke und sonstige Utensilien lagen wild verstreut umher. Die Matratze, auf der man Wölfle gefunden hatte, war verschmiert und hatte feuchte Flecken. Kula zog das Smartphone aus der Tasche und betrachtete die Aufnahmen, die der Sanitäter gemacht und während der Fahrt in die Klinik an sie weitergeleitet hatte. Wölfles Haltung war grotesk. Den Bildern nach musste er Krämpfe gehabt und dabei grausam gelitten haben. Die Beine hielt er zum Bauch gezogen, den Rücken gekrümmt, der Kopf hing überstreckt im Nacken. Die Arme waren seltsam verdreht und wie nach Hilfe tastend weit vom Körper gestreckt, die Finger dabei gespreizt und zu Krallen gebogen. Spontan musste sie an Polanskis »Tanz der Vampire« denken. Als Kind hatte sie den Film heimlich mit ihrer Freundin geguckt, sie sah den Kutscher, der erstarrt in der Pferdetränke gelegen hatte, noch immer leibhaftig vor sich. Ein kurzer Schauer jagte ihr über den Rücken.

Kula nagte an ihrer Unterlippe. Warum geht hier einer fast vor die Hunde, und keiner scheint es bis eben bemerkt zu haben? Gestern wurde hier doch offensichtlich noch wild gefeiert. Fragt sich, mit wem. Wer war mit von der Partie?

Wenn Breitinger recht hatte, hatte Wölfle den Abend mit seinen Bandkollegen verbracht. Ob Japke de Vries, die rothaarige Frau, die den Rettungswagen gerufen hatte, etwas darüber wusste? Schließlich war ihr Zelt direkt gegenüber, und sie schien mit Wölfle relativ gut bekannt. Kula beschloss, die junge Frau als Erste zu befragen.

Als sie das Zelt verlassen wollte, stieß sie mit dem Fuß gegen ein Etui, das unter einem Fell lag. Sie zog es hervor und betrachtete den etwa einen Meter langen hölzernen Kasten. Eines der hinteren Scharniere fehlte, die Schnappschlösser waren verbogen und hingen nur noch an einzelnen Schrauben. Sie öffnete den Deckel und blickte auf rot schimmernden Samt mit einer Vertiefung. Den Umrissen nach war dies die Schatulle für ein Schwert.

Aber von der Waffe selbst fehlte jede Spur. »Hier stimmt was nicht«, murmelte sie. »Da müssen die Kriminaltechniker noch mal genauer drüber!« Sie legte das Etui auf die Matratze und ging nach draußen.

Gegenüber dem Zelt, auf der anderen Seite des Weges, entdeckte Kula Japke de Fries. Sie kauerte vor einer Feuerstelle, stocherte in der Glut, legte Holzscheite auf und fächelte mit einem Stück Pappe Luft zu. Aus der Qualmwolke loderte eine Flamme auf. Als sie für einen Moment hochsah, lächelte sie und winkte. Kula winkte zurück. Sie ging auf die junge Frau zu in der Hoffnung, mehr über die gestrige Nacht zu erfahren.

Japke hatte sich inzwischen erhoben und streckte ihr die Hand entgegen. »Hi, du bist Kula, richtig? Es tut mir leid, deinen Nachnamen konnte ich mir einfach nicht merken.«

Kula lächelte. »Das kenne ich, aber wenn man es einmal draufhat, ist es ganz einfach. Skou-la-to-pu-los, ist griechisch. Und du, kommst du aus Holland?«

»Belgien. Du bist bestimmt wegen dem Schmied hier, oder?«

»Das auch.«

»Wieso auch?« Sie blickte Kula forschend an. »Sag mal, stimmt das mit dem Toten? Dabei siehst du gar nicht nach Polizei aus.«

»Das höre ich öfter.«

»Okay, setz dich«, sagte Japke und wies dabei auf einen der drei Klapphocker, die ums Feuer standen.

»Danke. Sag mal, was ist denn eigentlich genau passiert? Wann und wieso hast du Wölfle gefunden?«

»Das war heute früh so gegen sieben.«

Kula betrachtete ihr Gegenüber und musste sich zwingen, sich nicht von der rötlich braunen Löwenmähne, den grün gesprenkelten Augen und den vielen Sommersprossen ablenken zu lassen. »Ist das normal, dass du so früh schon rübergehst?«

»Nein, nein. Herman musste raus.« Kaum hatte Japke den Namen ausgesprochen, schoss ein hellbrauner Terrier aus dem Zelt und schnüffelte um die beiden herum. Sie kraulte ihn hinter den Ohren. Herman drehte sich auf den Rücken, hielt die Pfoten hoch und hechelte. *»Niet nou, Herman, misschien later«*, sprach Japke beruhigend auf das Tier ein. »Ach, der Ärmste, will immer, dass man sich um ihn kümmert. Hatte es bestimmt nicht leicht. Er ist mir zugelaufen, und dann war es so wie in dem Lied von Herman van Veen.« Sie summte eine Melodie und begann dann zu singen: *»Nur durch Zufall kamst du in mein Leben, und aus Berechnung bliebst du bei mir …«* Herman schüttelte sich kurz, trottete zur Feuerstelle und ließ sich ins Gras plumpsen. »Sorry, du wolltest was wegen Guido wissen.«

»Genau, also du bist mit deinem Hund raus, was war dann?«

»Nun, kaum war Herman draußen, schoss er rüber zu Guido und hat fürchterlich angefangen zu bellen. Er hat gewinselt und an die Außenplane geschabt – sagt man das so?«

Kula winkte ab. »Egal, ich weiß, was du meinst. Und weiter?«

Bevor Japke antworten konnte, wurden sie erneut unterbrochen. Eine junge Frau kroch aus dem Zelt hinter ihnen. Ihrem Aussehen nach vermutete Kula, dass sie Trisomie 21, das sogenannte Downsyndrom, hatte. Die junge Frau mühte sich hoch und balancierte ein Tablett mit Schälchen, Obst und irgendwelchem Gebäck vor sich her. Aus einer Kanne schwappte Tee. Sie kam auf die beiden zu. »Oh, hallo. Haben wir Besuch?« Sie streckte Kula eine kompakte kleine Hand entgegen. Im Gegensatz zu Japke, die sehr sportlich und durchtrainiert wirkte, war sie eher mollig und bewegte sich schwerfällig. Doch ihre blauen Augen strahlten Kula fröhlich an. »Ich bin die Madeleine. Und wer bist du?« Auch sie sprach mit ausgeprägtem Akzent.

Japke wechselte ein paar Sätze mit ihr auf Flämisch und wandte sich dann wieder Kula zu. »Sie will wissen, ob du von der Polizei bist und ob du schon etwas weißt.«

Madeleine nickte mehrmals und sagte: »Guido krank. Sehr krank. Nicht gut!« Sie nahm auf einem der Hocker Platz, goss Tee in die Tassen und reichte eine davon an Kula weiter.

»Hier, trink erst mal«, sagte Japke, »das ist ein Verveine-Tee, schmeckt ein bisschen wie Zitrone und ist fast gegen alles gut.«

Kula schnupperte daran, nippte vorsichtig. Sie war eigentlich kein besonderer Tee-Fan, doch dieser schmeckte ihr wirklich.

»Oh, der ist gut, vielen Dank. Also, Japke, Herman hat da drüben angeschlagen. Was war dann? Bist du rein ins Zelt?«

»Ja klar bin ich rein. Ich dachte, da stimmt doch was nicht, wenn Herman so Krawall macht. Und dann lag Guido da. Ganz schrecklich krumm. Ich habe noch den Puls gefühlt, war nur ganz schwach, aber Gott sei Dank hat er noch gelebt, und dann habe ich den Notarzt gerufen.«

Kula blickte von ihr zu Madeleine. »Und Madeleine, war sie denn auch drüben?«

»Nein. Die schläft wie ein Biber und hört nichts.«

Madeleine sah her, maulte: »Bin kein Biber«, und mampfte lächelnd weiter.

Kula hatte inzwischen ihr Smartphone aus der Jacke gefummelt und begonnen, sich Notizen zu machen. »Und du? Ist dir sonst was aufgefallen? Gestern Abend zum Beispiel. Die haben ja ordentlich gefeiert, wie's aussieht.«

»Gefeiert? Also gefeiert kann man das nicht mehr nennen. Am Anfang vielleicht, okay! Bei so Treffen gibt es ja immer ein großes Hallo, wenn man sich lange nicht mehr gesehen hat. Aber was da gestern Nacht abging, das war nicht mehr normal. Die wurden immer lauter. Und am Ende haben die nur noch gestritten und sich angebrüllt. Ich hatte richtig Angst und wollte gar nicht mehr rüber. Anfangs wollte ich ja noch, aber dann – na ja …« Japke ließ den Satz in der Luft hängen und sah Kula unschlüssig an. »Saufgelage sind nicht so mein Ding.«

»Das heißt, es war anders als sonst.«

»Ja, irgendwie schon.«

»Hast du eine Idee, warum das so war?«

»Nein, keine Ahnung.«

Kula hakte nach. »Weißt du denn, mit wem Wölfle gefeiert hat?«

»Nicht genau. Gesehen habe ich nur die Jadewalds, also den Nils und die Gudrun, wie sie ins Zelt sind. Gleich nach dem Konzert, die drei treten ja zusammen auf, ›Cantus Ferrum‹ heißt ihre Band. Später kam noch ein anderer Typ dazu. Kurz darauf ging's dann los mit dem Krawall.«

Kula tippte weiter in ihr Handy. »Und diesen anderen Typ kanntest du nicht?«

»Nein, tut mir leid. Ich kann mich nur erinnern, dass er ganz komisch gesprochen hat.« Dann hob Japke die Hand. »Ach so, ja richtig, der Puppenmarek war auch noch da. Aber nur ganz kurz, war gleich wieder weg.«

»Puppenmarek?«

»Marek ist ein tschechischer Puppenspieler und mit Pauline befreundet. Er lebt mal hier, mal da, keiner weiß Genaues, er sagt, er sei ein Vagabund. Er spielt mit seinen Puppen alte Geschichten nach, Märchen und Volkssagen, weißt du? Aber wie er das macht, wie er die alten Märchen in die heutige Zeit überträgt, mit ganz viel Zeitgeist, das ist klasse und dazu echt witzig.«

»Und wer ist Pauline?«

»Das ist die Tochter der Jadewalds. Sie spielt die Harfe bei Cantus Ferrum. Aber gestern Abend war sie nicht hier, die hätte sonst nach Herman geschaut. Die ist ganz vernarrt in den kleinen Bastard.« Als Herman seinen Namen hörte, sah er zu Japke, wedelte kurz mit dem Schwanz und erhob sich. *»Niet nou, Herman, misschien later. Je moet wachten.«* Herman schnaubte kurz, bohrte seine Schnauze wieder zwischen die Vorderpfoten und stierte ins Feuer.

»Wie alt ist diese Pauline, weißt du das?«

»Siebzehn, glaub ich, oder achtzehn.«

»Okay. Und dieser Puppenspieler, kennst du seinen richtigen Namen?«, fragte Kula weiter.

Japke legte den Zeigefinger an die Lippen und drückte die Nasenspitze nach oben. »Den nennen alle bloß Marek, den Puppenspieler, oder ganz einfach Puppenmarek.«

Sie fragte Madeleine, aber die hob nur die Schultern und futterte in aller Ruhe weiter. Doch auf einmal hielt Madeleine inne, sah hoch und legte die Handflächen für einen Moment vors Gesicht. Dann ließ sie sie entschlossen auf die Oberschenkel fallen und sagte: »Das war ganz ungesund gestern, giftig.« Sie drehte die Augen nach oben. »Nein, schlimmer. Das war grauselig.« Sie schob die Unterlippe vor und hob das Kinn. »Richtig grauselig, wie die alle geschimpft haben. Ich habe furchtbar Angst bekommen.« Und dabei nickte sie eifrig.

»Aber ich denke, du hast tief und fest geschlafen«, sagte Kula und sah erstaunt zu Japke.

»Madeleine spürt so was. Manche sagen, sie wäre eine Art Seherin.« Japke blickte in die Ferne und deutete mit dem Arm Richtung Tor. Dort standen vier Männer in grauen Kutten mit Kapuzen und monströsen Äxten, die seitlich an einer Kordel baumelten. Sie lachten laut über irgendeinen Witz und boxten sich gegenseitig an die Schultern. »In jenen Zeiten, als solche das Sagen hatten, hätte Madeleine allerdings nicht lange gelebt.« Japke beugte sich hinüber und tätschelte ihren Arm. »Zum Glück ist das heute anders.«

»Wohl wahr!«, stimmte Kula zu; doch bevor sie weiter darauf eingehen konnte, lief ein Mops den Weg entlang und bellte Herman an. Der spurtete los und begann ein Gezeter mit dem Mops. Japke sprang auf und rannte ihrem Hund hinterher. Kula sah ihnen seufzend nach. So sympathisch ihr Japke auch war, die dauernden Unterbrechungen des Gesprächs begannen ihr allmählich auf die Nerven zu gehen.

Ihr Handy klingelte. »Lukas, was gibt es, bist du schon wieder in Deutschland?«

»Hallo, Kula. Von wegen, mein Auto hat unterwegs den Geist aufgegeben, bin etwa dreißig Kilometer vor Trient liegen geblieben.«

»So ein Mist, und jetzt?«

»Ich such erst mal eine Tankstelle oder Werkstatt, wenn ich Glück hab, bekommen die meinen Wagen schnell wieder hin. Und wenn alle Stricke reißen, muss ich wohl trampen. Das habe ich seit meiner Schulzeit nicht mehr gemacht, aber was anderes fällt mir nicht ein.« Lukas klang deutlich abgespannt. Im Hintergrund hörte Kula den Verkehr vorbeirauschen.

»Okay, aber halt mich bitte auf dem Laufenden. Ich drück dir die Daumen, dass du schnell einen Lift bekommst.«

»Na, dein Wort in Gottes Ohr. Ich meld mich.« Sie beendeten das Gespräch.

Kula runzelte die Stirn. Also würden sie und Bitterle vorerst allein klarkommen müssen. Sie las noch einmal ihre Notizen durch. Fünf Personen hatten gestern in Wölfles Zelt heftig miteinander gestritten: Wölfle selbst, Nils Jadewald, der kurz darauf tot aufgefunden wurde, seine Frau, dieser Puppenmarek und ein Typ, der, wie Japke es ausgedrückt hatte, komisch sprach. Was genau konnte sie damit gemeint haben?

Noch bevor die junge Belgierin zurück war, meldete sich Kulas Handy. Bitterle! Sie ging ran, sah zum Himmel und lauschte. »Tatsächlich? Und wo? Bin unterwegs!« Sie sah zu Madeleine und murmelte: »Ich muss los. Ich komme aber nachher wieder. Bitte bleibt vorerst bei eurem Zelt, in Ordnung? Bis später.«

VIER

Mittlerweile war es Vormittag geworden. Bitterle streifte über den Klosterhof, auf dem inzwischen reges Treiben herrschte, und überlegte, womit er beginnen sollte. Dabei begegnete er den seltsamsten Gestalten. Sie wuselten emsig umher und erinnerten an einen historischen Karneval. Männer mit Lederwams, grob gewobenen, römisch inspirierten Tuniken oder in grauen Büßerhemden eilten an ihm vorbei und nahmen kaum Notiz von ihm. Sie begrüßten sich mit seltsamen Ritualen und redeten für Bitterle unverständlich daher. Sie sperrten Holzbuden auf, zogen Bast- und Leinenrollos hoch und ordneten ihre Waren, deren Sinn und Zweck Bitterle verborgen blieb. In welche Welt bin ich hier bloß geraten?, fragte er sich.

Eine Frau in Pluderhosen, indischem Spiegeljäckchen und hochgesteckten, grün gefärbten Rastazöpfen winkte ihm zu und bot ihm einen Original-Karawanenkaffee im Tonbecher an. »Ganz frisch, nur vier Euro.«

Bitterle hob dankend die Hand und ging weiter. Wie soll ich hier bloß arbeiten, in all diesem Trubel? Womöglich machen die auch noch Musik.

Und tatsächlich, gleich am nächsten Stand war es so weit. Unter einer Schilfrohrmarkise stand ein Tisch. Auf einem türkischen Teppich lagen dort Dudelsäcke und Flöten nebeneinander in Reih und Glied und der Größe nach aufgereiht. Ein übergewichtiger Mann mit grauem Flusenbart, schütterem Pferdeschwanz und Nickelbrille mit münzgroßen Gläsern hatte sich einen Dudelsack geschnappt, inspizierte irgendwelche Innenteile und lutschte daran herum. Er klemmte den Sack unter den linken Ellbogen und pustete ihn mit dicken Backen auf. Während ein gequält klingendes Brummen und Fiepen ertönte, richteten sich die hellen Rohre mit den eingebrannten Ornamenten langsam auf und zeigten wie gespreizte Finger in die Höhe. Auf einem Teil, das nach vorne abstand und an eine Blockflöte erinnerte, begann der Dicke eine Art Melodie zu spielen und drehte sich dazu wie ein Tanzbär. Als er Bitterle bemerkte, hielt er inne und beendete sein Spiel. Der Dudelsack fiel jaulend in sich zusammen und gab am Ende nur noch ein klägliches Fauchen von sich. Was zuvor aufrecht dastand, baumelte nun ermüdeten Gliedern gleich leblos am Sack. Den Musiker schien das nicht zu stören.

»Wohlan, willkommen, edler Herr. Seid aufs Herzlichste gegrüßet an diesem so wundersam güldnen Morgen. Ihr seid wohl auch schon auf der Suche nach eigens von Hand gefertigten und vollendet intonierten Musikalien? So zähmet doch euren Schritt! Haltet inne, tretet näher und bestaunet mein gar edles Werk mit höchst wohligem Wollen.«

Bitterle blickte schnell wieder geradeaus und suchte das Weite. Er begann zu schwitzen, zerrte an seinem Kragen und verfluchte dieses ganze unselige Himmelfahrtswochenende. Er trabte weiter auf der Suche nach einer Lösung. Egal wo er vorbeikam, der Leichenfund hatte sich, ebenso wie Wölfles Zustand, schon herumgesprochen. Überall standen Grüppchen, es wurde getuschelt oder rumgetönt. Offenbar waren die wildesten Theorien im Umlauf. Sogar von zu Propagandazwecken inszeniertem Selbstmord war die Rede, ausgeführt, um Cantus Ferrum den ultimativen Gruselfaktor zu verpassen.

»Damit stehlen sie Subway to Sally oder In Extremo die Show, hundertpro!«

Über Konkurrenzneid wurde spekuliert: »Der Wölfle hat mit seiner verrückten Trommelei allen anderen die Schau gestohlen, das hat er büßen müssen!«

»Das war ein Drachenbiss! Cantus Ferrum hat die Büchse der Pandora geöffnet, und nun treiben die Geister ihr Unwesen. Das Weltenende ist nah!«

Bitterle flüchtete, solche verrückten Theorien machten ihm Angst. Wie soll ich in diesem Narrenhaus denken und ermitteln können?, fragte er sich. Ob er wollte oder nicht, er musste zu Pfaffenschneid, vielleicht konnte der ihm helfen, einen Raum zu finden. Ausgerechnet zu diesem Pfaffenschneid. Vor allem aber musste Bitterle herausfinden, wo sich Frau Jadewald und ihre Tochter aufhielten. Mit Sicherheit würde der stellvertretende Veranstalter auch hierüber Bescheid wissen. Bitterle ging zum Gästehaus, einem barockgelben Gebäude gegenüber der Klosterkirche, um mit ihm zu sprechen.

Doch hier erwartete ihn eine Überraschung. Pfaffenschneid war nicht wiederzuerkennen. Verschlafen öffnete er die Tür und musterte Bitterle mit Maulwurfsaugen. Vom Machogehabe des Morgens war nichts übrig geblieben. Geduscht, in T-Shirt und Jogginghosen stand er da, schabte über Kinn und Backen und wirkte winzig. »Ja, was gibt's denn? Hoffentlich nicht noch eine Hiobsbotschaft«, fragte er.

Ursprünglich hatte Bitterle vorgehabt, Pfaffenschneid ordentlich durch die Mangel zu drehen, beim Anblick dieses Jammerlappens wurde er jedoch sanft. »Zwei Sachen: Erstens, wissen Sie einen Platz, wo ich ungestört arbeiten kann?«

Wieder diese Stoppelbartkratzgeräusche. »Hm«, Pfaffenschneid hustete umständlich und schluckte, »vielleicht fragen Sie Frau Mützenrieder von der Verwaltung. Die ist während des Festivals da, organisiert Führungen durch die Bibliothek und kümmert sich auch sonst, wenn es Probleme gibt.«

»Aha. Und wo finde ich die?«

»Akademie, erster Stock. Den Eingang links neben der Kirche.«

»Mützenrieder, sagten Sie.«

»Genau«, sagte Pfaffenschneid, »Iris Mützenrieder, so eine kleine Quirlige. War's das? Ich müsste mal so langsam ...«

Bitterle brummte etwas und wandte sich zum Gehen. »Moment noch. Hätte ich doch beinahe das Wichtigste vergessen! Was ist denn mit den anderen Bandmitgliedern? Wissen Sie, wo ich die finde?«

»Die Gudrun, also die Frau vom Jadewald, die wohnt gleich dahinten, drei Türen weiter.« Pfaffenschneid wies einen Flur entlang. »Die beiden hatten da ein Familienapartment, und Pauline wohnt nebenan, eine Tür weiter.«

»Gut, das wär's fürs Erste. Danke.«

Pfaffenschneid gähnte und drückte die Tür behutsam ins Schloss.

Kula hatte recht behalten, der sagte wirklich keinen Piep mehr. Für einen Moment blieb Bitterle unschlüssig im Gang des Gästehauses stehen. Eigentlich hätte er jetzt zu Jadewalds Frau gehen müssen, um ihr die traurige Nachricht vom Tod ihres Mannes mitzuteilen. Er entschied sich jedoch dagegen, denn er wollte dies nicht allein tun. Lieber ging er erst einmal zum Akademietrakt.

Auf dem Weg dorthin schaute er noch mal am Tatort vorbei. Sie hatten die Leiche inzwischen abtransportiert. Ina Weichselbraun hatte zusammengepackt und war unterwegs ins gerichtsmedizinische Labor. Der Drachenzuber war nach wie vor weiträumig abgesperrt, und ein Kriminaltechniker suchte weiter nach Spuren. Er berichtete von einem feuchten Handtuch mit Blutflecken, das sie unter den Stufen gefunden hatten und das auf dem Weg ins Labor war. »Wir haben deswegen alles noch einmal abgesucht und sogar den Fährtenhund darauf angesetzt. Aber keine Chance, das Ding roch wohl viel zu stark nach Weichspüler.«

Links vom Hauptportal der Kirche traten zwei Männer in grün-roten Zipfelfilz gekleidet ins Freie. Neben der Tür hing ein Schild mit der Aufschrift »Akademie der Universität Ulm«. Welch ein Kontrast! Die massive Eichentür öffnete sich automatisch. Im Vorraum reihten sich Ständer, in denen Infomappen zu den angebotenen Studiengängen steckten, daneben Flyer, die für einen Besuch der barocken Klöster und Kirchen Oberschwabens warben. Hinter einer modernen Glaswand wand sich eine breite Steintreppe nach oben, sie teilte sich auf halber Höhe. Bitterle hielt sich rechts und stieg ins erste Obergeschoss. Ein Hauch von Kalkputz und Zitrusreiniger hing in der Luft. Von ferne war das Klappern einer Tastatur zu hören, ansonsten herrschte Stille. Er folgte dem Geräusch und ging den Flur entlang, in der Hoffnung, dort auf einen Menschen zu treffen, der ihm zu einem ruhigen Arbeitsplatz verhelfen könnte. Je näher er diesem Klappern kam, desto stärker nahm er den Duft von frisch gebrühtem Kaffee wahr. Schmerzlich erinnerte er Bitterle daran, dass er heute noch nichts gefrühstückt hatte. Seine Schinkensemmeln samt Gurkenschnitz und die Tafel Mandelschokolade schmorten im

Kofferraum seines Wagens, der mittlerweile sicher in der prallen Sonne stand. Schließlich erreichte er eine halb geöffnete Tür. Er klopfte.

»Ja bitte?«, sagte eine Frauenstimme.

Bitterle trat ein und stand vor einem brusthohen Tresen mit weiteren Broschüren und Veranstaltungshinweisen. Dahinter saß eine Frau mit dunkelblondem Haar und blickte auf einen Monitor. Die türkisfarbene Brille balancierte auf der Nasenspitze und war durch eine feine Goldkette gesichert.

»Momentchen noch, ich hab's gleich«, flötete sie und hieb nur einen Augenblick später dem Geräusch nach auf die Entertaste ein. Sie sah hoch und lächelte. »Hallo, guten Morgen. Was kann ich für Sie tun? Möchten Sie die Bibliothek besichtigen? Für Festivalbesucher mit Tagesbändchen ist der Eintritt kostenlos beziehungsweise bereits inbegriffen. Führungen gibt es allerdings erst wieder ab dem Nachmittag.« Sie verstummte für einen Moment und blickte irritiert auf ihr Gegenüber. »Obwohl, Sie sehen gar nicht aus wie einer von denen da draußen.« Dabei hob sie den Arm und zeigte mit dem Daumen über ihre Schulter. »Oder sind Sie etwa wegen der Sache mit der Badleiche …?«

Bitterle zückte seinen Ausweis. »Genau so ist es, Frau …«, er kniff die Augen zusammen und fixierte das Namensschild an ihrer Bluse, »Frau Mützenrieder. Ich bin hier, um den Leichenfund des heutigen Morgens zu untersuchen. Wissen Sie etwas darüber?«

»Ich? Gott bewahre, ich doch nicht! Als ich um neun Uhr hier ankam, hat es da draußen vor Polizei nur so gewimmelt. Ich frage mich schon die ganze Zeit, was da eigentlich los war. Aber keiner sagt einem was, und ich kann doch hier nicht so einfach weg.« Ihre Hand wies in einem Halbkreis durch den Raum. »Was ist denn nun genau passiert?«

»Sosehr ich es bedaure, Frau Mützenrieder, aber zum derzeitigen Stand der Ermittlungen kann ich leider keine Auskunft geben. Außerdem wissen wir bislang noch nicht besonders viel.«

Frau Mützenrieder schob die Brille nach oben. »Also wirklich!

Nicht zu glauben. Das war bislang immer so friedlich hier – die jungen Leute. Die ganzen Jahre über ist nie irgendwas vorgefallen. Und ausgerechnet jetzt, wo ich das ganze Wochenende über Dienst habe, muss so was passieren.« Sie sah Bitterle fragend an. »Und jetzt? War das denn ein richtiger Mord?«

»Tut mir leid. Wie gesagt …« Bitterle ließ den Satz in der Luft hängen und räusperte sich. »Aber bei einer anderen Sache könnten Sie mir vielleicht helfen.«

»Tatsächlich? Gerne, ja klar. Sagen Sie mir, was ich für Sie tun kann. Ich bin jederzeit für Sie da, wenn ich irgendwie helfen kann.« Sie blickte ihn erwartungsvoll an.

»Nun …« Bitterle war von Frau Mützenrieders freundlicher Art und der spontanen Hilfsbereitschaft etwas irritiert und druckste herum. »Ja – also mein Problem ist, dass ich hier keinen Platz zum Arbeiten habe, und eine Untersuchung mit den ganzen Vernehmungen im Präsidium in Söflingen macht keinen Sinn. Das wäre verschwendete Zeit. Wir müssen hier vor Ort ermitteln, und deshalb dachte ich, ich frage mal nach, ob es vielleicht möglich wäre, dass –«

»Schon kapiert! Sie brauchen einen Raum, sehe ich das richtig?«

Bitterle atmete erleichtert aus und lächelte sein Gegenüber beinahe schüchtern an. »Sie sagen es. Das wäre wunderbar.« Dabei kam er sich vor wie ein Trottel und fragte sich, was mit ihm los war, er eierte doch sonst nicht so unbeholfen herum.

Frau Mützenrieder öffnete ein schmales Schränkchen, in dem Dutzende von Schlüsseln hingen, und griff in die oberste Reihe. »Ich gebe Ihnen den kleinen Seminarraum, der liegt am hinteren Ende, dort haben Sie Ihre Ruhe. Das ist sogar die Nummer 110. Kommen Sie mit!« Sie strahlte ihn an, trat auf den Flur und ging voran. Bitterle folgte ihr und amüsierte sich über die Zimmernummer.

Falls er eine klerikale Klause mit Holzbänken und Katheder erwartet hätte, wäre er enttäuscht worden. Der Raum war luftig und hell. Acht ahornfurnierte Funktionstische mit jeweils zwei Stühlen standen auf einem dezent gemusterten Teppichboden.

Zwischen Deckenleuchten hing ein Beamer, der auf eine schwarze Kreidetafel zeigte. Diese wurde zur Hälfte von einem weißen Reflexrollo bedeckt, das Frau Mützenrieder mit einem Handgriff nach oben schnappen ließ. Daneben standen mehrere Flipcharts für Papier und Magnete.

Frau Mützenrieder kniete sich hinter den Schreibtisch, schloss ein Seitenfach auf und zog einen Siebzehn-Zoll-Laptop der Luxusklasse hervor. »Gehört dem Chef«, sagte sie und lächelte verschwörerisch. »Sie brauchen doch was zum Arbeiten hier, und der Chef hat garantiert nichts dagegen.«

Keine Minute später erschien das Logo der Universität Ulm mit den vier rotierenden Atom-Ellipsen auf dem Bildschirm, und Frau Mützenrieder schaltete den Zugang ins Internet frei.

»So«, sagte sie, »jetzt tun Sie sich sicher leichter, den Mörder zu finden. Es war doch ein Mord, oder?«, hakte sie nach, senkte die Stirn und zog dabei die Augenbrauen nach oben.

Bitterle klopfte mit den Knöcheln auf den Tresen. »Erst mal vielen Dank, Frau Mützenrieder. Und Sie sind die Erste, die davon erfährt, wenn wir den Fall gelöst haben.«

»Versprochen?«

»Versprochen!«

Sie zog die Tür leise hinter sich zu und ließ den Hauch eines blumig duftenden Parfüms zurück, das Bitterle schon auf dem Weg hierher aufgefallen war.

***

Keine zehn Schritte neben Wölfles Zelt saß ein junges Ding, gekleidet wie die Zofe eines Fürstenhauses. Eng geschnürtes Mieder, ein tiefblauer wollener Rock mit Stickereien, unter dem zierliche Schühchen hervorschauten. Die Haare waren unter einer eierschalfarbenen Haube mit seitlichen Klappen versteckt. Was wirklich auffiel, waren der weiße Kopfhörer – dem Aussehen nach Oberklasse – und das Hippie-Täschchen mit den kleinen Spiegeln fürs Smartphone, das um ihren Hals baumelte. Sie machte sich an einem merkwürdigen Musikinstrument zu schaffen. Es war muschelförmig, dunkelrot lackiert und um den Bauch geschnallt. Als sie an einer Kurbel drehte, gab es seltsame Geräusche von sich. Die knöpf ich mir als Nächstes vor, sobald ich wieder zurück bin, dachte Kula, während sie die Entfernung zu Wölfles Zelt schätzte. Zehn Meter? Womöglich hatte das Mädchen etwas gesehen oder gehört.

Kurz vor dem Ausgang des Lustgartens löste sich einer der Kutten-Typen mit den Äxten, die sie zuvor bei Japke bemerkt hatte, von seinen Kollegen. Er kam auf Kula zu und wirkte reichlich verschlafen. »Frau Skoulatopulos, haben Sie einen Moment für mich?«

Kula musste zweimal hinsehen. Sie konnte es kaum glauben, aber vor ihr stand tatsächlich ein übernächtigt wirkender Pfaffenschneid! Er steckte in einem grob gewobenen grauen Büßerhemd und gab trotz der gewaltigen Axt ein bedauernswertes Bild ab. »Gehören Sie auch zu denen?« Dabei ging sie auf Abstand und deutete mit dem Daumen nach hinten zu den Kuttentypen. »Wo ist Ihr Hawaii-Outfit geblieben?« Doch dann bemerkte sie, dass er geduscht haben musste, denn der herbe Discomief vom Morgen war einem frischen Meeresbrisen-Deo gewichen.

»Ich wollte mich entschuldigen. Wegen heute früh. Da war ich nicht so gut drauf.«

»Allerdings, war nicht zu übersehen.«

»Nun, wir waren in einem Club und haben die Zeit vergessen. Und als der Anruf von den Veranstaltern kam, na ja, da haben Sie mich auf dem falschen Fuß erwischt. Also, nochmals sorry. Und falls Sie was brauchen«, Pfaffenschneid langte in die Tiefen seines Gewands und zog ein Kärtchen hervor, »hier können Sie mich erreichen. Jederzeit.«

Kula steckte die Karte ein und zeigte auf die Axt. »Und das da? Wirkt ja nicht gerade vertrauenerweckend. Was ist denn mit den anderen Burschen?« Dabei deutete sie in Richtung Torbogen. »Ihre Henkersknechte?«

»Ach woher. Alles kein Problem! Das sind Mirko Stankovićs Leute, also echte Profis. Die Klamotten sind bloß Tarnung, damit fallen wir weniger auf.«

»Ach so«, sagte Kula, ließ ihn stehen und ging über den Platz. Dort herrschte inzwischen reges Leben. Händler und Schausteller waren dabei, vor der Öffnung fürs Publikum die Stände herzurichten, Grillroste wurden angefeuert, Getränkekisten verstaut und Dekomaterial zurechtgefummelt. Vor der Klosterkirche hielt Kula kurz inne; dann trat sie durch das historische Eingangsportal und bestaunte die gläserne Automatiktür, die im Gegensatz dazu sehr futuristisch wirkte. Sie ging nach oben und machte sich auf die Suche nach der Raumnummer 110.

Am Ende eines langen Flurs wurde sie fündig. Kula klopfte, trat ohne abzuwarten ein und sah sich verblüfft um. Sie hatte einen Raum erwartet, der klerikal akademische Nüchternheit ausstrahlte, mit weiß getünchten Wänden und zumindest einem mannshohen Kruzifix. Aber nichts da, ein heller und freundlich gestalteter Arbeitsraum mit modernsten technischen Einrichtungen. Hinter einem Schreibtisch saß Bitterle auf einem ledernen Bürostuhl vor einem aufgeklappten Laptop, nagelneu und ultraflach. Er hatte die Beine von sich gestreckt und starrte zur Decke. Die Arme hielt er hinter dem Kopf verschränkt und wippte mit den Spitzen seiner braunen Lederslipper. Auf der Tafel hinter ihm standen erste Namen in Kreisen, verbunden mit Pfeilen. Sichtbare Gedanken, erste Vermutungen. »So, da bist du ja endlich.«

»Das nenn ich mal sozialen Aufstieg«, sagte Kula mit sarkastischem Unterton, während sie den Raum inspizierte und auf den Computer zeigte. »Wie hast du denn das geschafft?«

»Es gibt eben immer noch Menschen mit einem guten Herz«, sagte er ebenso flapsig. »Ansonsten ist das hier sogar noch besser als die neuen Büros in Söflingen.«

»Hm.«

»Frau Mützenrieder, die Dame, die hier alles organisiert, hat mir sogar den Bibliothekssaal angeboten, aber das war mir dann doch zu mächtig mit all dem Stuck und den Goldornamenten. Außerdem hätte ich am Samstag für eine Weile das Feld räumen müssen.«

»Aha, und wieso?«

»Da findet eine mittelalterliche Trauungszeremonie mit einem Barden namens Balthasar statt.«

»Mittelalterhochzeit im Barocksaal? Das ist ja richtig Science-Fiction, also retroperspektivisch gesehen.«

»Tja, könnte man so sagen«, stimmte Bitterle zu. »Aber wie auch immer, hier kann ich wenigstens in Ruhe nachdenken und die Zeugen befragen. Außerdem bekomme ich demnächst sogar einen Kaffee.«

»Na Donnerwetter! Und sonst? Schon irgendwelche Ergebnisse? Gibt es denn Neuigkeiten von der Weichselbraun? Was sagt die KTU? Apropos KTU, in Wölfles Zelt –«

»Immer der Reihe nach. Komm, schnapp dir einen Stuhl und setz dich erst mal her. Was hast du denn herausgefunden?«

»Nun, in Wölfles Zelt muss nach dem Konzert eine wilde Orgie stattgefunden haben.« Kula berichtete vom dort herrschenden Chaos und was die beiden Belgierinnen gesehen und gehört hatten. »Auf jeden Fall muss die Spurensicherung die Jurte noch mal genau unter die Lupe nehmen. Irgendetwas stimmt da nicht. So wie der Wölfle gefunden wurde, ist er wohl ganz knapp mit dem Leben davongekommen. Gibt es denn schon Neuigkeiten von der Uniklinik?«

»Sie mussten ihn in ein künstliches Koma versetzen und meinen, er wäre noch immer nicht stabil. Seine Vitalfunktionen waren wohl völlig außer Kontrolle geraten.«

»Weiß man, warum?«

»Die Untersuchungen laufen noch. Sogar der Oberarzt meinte, so etwas wäre ihm noch nie untergekommen.«

Kula erinnerte sich an Madeleines Aussage: Das war ganz ungesund gestern, giftig, hatte sie gesagt. »Eventuell eine Vergiftung?«

»Warten wir es ab. Sie ziehen eine Medikamentenunverträglichkeit in Betracht. Wölfle hat wohl etwas Neurologisches, aber die in der Klinik halten sich wie üblich bedeckt. Typisch Ärzte. Aber gut, dass du jetzt da bist. Von Pfaffenschneid weiß ich, wo sich Jadewalds Frau Gudrun aufhält, zusammen mit deren Tochter Pauline. Womöglich haben die noch keinen Schimmer von Jadewalds Tod. Kommst du mit? Ich will das nicht allein machen.«

***

Es hatte drei Stunden gedauert, bis Lukas Langenwalter an einem Autobahnrastplatz angekommen war. Er war zu Fuß hierhergelaufen, sein Wagen stand noch immer dort am Straßenrand, wo er den Geist aufgegeben hatte. Lukas war erschöpft, sein schwarzes T-Shirt war durchgeschwitzt und klebte unangenehm an seinem Rücken. Hoffentlich fand er hier endlich jemanden, der ihm helfen konnte.

Als er an der Agip-Tankstelle das Werkstattsymbol sah, keimte kurz ein Hoffnungsschimmer auf. Doch als er näher kam, entdeckte er ein Schild: »Geschlossen«! Fahrt zur Hölle mit euren Streiks, dachte er und ging in den Tankshop. Außer einer gelangweilten Kassiererin war niemand da. Sie vertröstete ihn auf Montag und meinte, er solle sich doch bis dahin eine schöne Zeit machen. Gut essen, gut trinken und den schönen Mädchen nachschauen. Dabei verzog sie den grell geschminkten Mund und deutete obszöne Gesten an. »Ist doch alles kein Problem, *tesoro.*«

Blöde Kuh! Lukas nahm seinen Rucksack und ging zurück zu den Zapfsäulen. Er wartete und inspizierte jedes Nummernschild. Nach ungefähr zwanzig Minuten wurde seine Geduld belohnt, ein cremefarbener Audi mit einem Ulmer Kennzeichen hielt. Ein Mann mittleren Alters stieg aus und machte sich am Einfüllstutzen zu schaffen. Er achtete penibel darauf, dass sein perfekt sitzender Businessdress keine Flecken abbekam, und steckte die Krawatte deswegen extra in die Brusttasche seines Hemds.

Lukas ging auf ihn zu. »Verzeihen Sie, fahren Sie zufällig nach Ulm? Ich frage wegen Ihres Kennzeichens.«

Der Angesprochene musterte ihn, sagte mürrisch: »Ich nehme grundsätzlich keine Anhalter mit!«, blickte zur Zapfsäule und hängte den Schlauch ein.

»Ich bin kein Tramper. Es handelt sich um einen Notfall. Ich muss wirklich dringend nach Ulm.«

»Soso. Und wie sind Sie bis hierher gekommen?«

Lukas wies mit dem Daumen über die Schulter. »Bei Crosano hat es mir das Getriebe meines Golfs zerfetzt, und ich finde keinen, der mir meine Karre auf die Schnelle repariert.«

»Aha. Und jetzt meinen Sie, dass Sie wildfremde Menschen ansprechen können, und glauben, dass die so naiv sind, Sie mitzunehmen. Woher weiß ich denn, dass Sie mir nicht unterwegs eins über den Schädel ziehen und sich mit meinem Wagen aus dem Staub machen? Ab nach Bulgarien oder Polen oder sonst wohin. Wer garantiert mir das denn, junger Mann?«

Lukas war kurz davor, sich umzudrehen und den Kerl einfach stehen zu lassen, entschied sich dann aber anders, schließlich wurde er in Ulm gebraucht. Er fummelte seinen Dienstausweis aus der Jacke und hielt ihn dem Mann unter die Nase, der gerade dabei war, seine Kreditkarte wieder in der Brieftasche zu verstauen. »Reicht Ihnen das als Legitimation?«

Der Fremde hob verdutzt die Augenbrauen, verglich das Lichtbild mit Lukas' Gesicht und sagte um einiges freundlicher: »Also so habe ich mir einen Kriminaler nie und nimmer vorgestellt. Fallen Sie da mit Ihrem Äußeren nicht auf?«

»Kommt darauf an, in welchen Kreisen man ermittelt.«

Der Audifahrer schien amüsiert. »Verstehe. Kommen Sie, steigen Sie ein. Müssen Sie zu einem Fall?« Der Mann öffnete die Beifahrertür und warf ein paar Mappen und Ordner vom Vordersitz auf die Rückbank.

Lukas sagte knapp: »So in etwa. Wie lange werden wir bis nach Ulm brauchen?«

Er zwinkerte Lukas zu. »Kommt ganz drauf an.« Er ließ den Motor aufheulen, legte den Gang ein und schoss in einem Schlenker auf die Autobahn. Lukas blieb kaum Zeit, die Funktion des Automatikgurts zu bewundern oder die Gerüche zu analysieren – irgendetwas zwischen neu und Leder, jedenfalls teuer –, denn er wurde in den Sitz gepresst und sein Kopf gegen die Nackenstütze gedrückt. Mannomann, wenn das seine Kumpels wüssten.

Der Fahrer jagte den Audi Richtung Norden. Er nutzte jede Lücke auf der rechten Fahrbahn, teils sogar auf dem Seitenstreifen, um an Schleichern vorbeizudonnern, die sich nicht um seine Lichthupe scherten oder nicht schnell genug an Lastern vorbeizogen. Lukas hielt jedes Mal die Luft an, wenn der Wagen haarscharf aus- und ganz knapp wieder einscherte. Während sie so dahinbrausten, klingelte sein Handy.

»Kula, ich bin unterwegs, kann nicht mehr allzu lange dauern. Wo finde ich euch denn?«

»Hallo, Lukas, sehr gut, je früher, desto besser. Konrad und ich haben uns inzwischen etwas für dich überlegt. Pass auf, wir denken, es ist besser, wenn man dich da nicht mit uns in Verbindung bringt. Wir möchten, dass du dich unters Volk mischst und dich ein wenig umhörst.«

»Ja, wie jetzt? Meinst du, undercover, so richtig getarnt und so?«

»So in etwa. Aber mach dir wegen der Tarnung keine Sorgen, du siehst doch eh wie einer von denen aus.«

»Haha, und was ist mit Bond-Girls?«

»Spinner! Also, Lukas, melde dich, wenn du in Wiblingen ankommst. Wir machen dann einen Treffpunkt aus. Dort hole ich dich ab. Wann denkst du, dass du da bist?«

Lukas sah auf die Uhr, dann zu dem Audifahrer. »Das ist meine Chefin, sie fragt, wie lange wir noch in etwa brauchen.«

»In gut zwei Stunden bist du in Ulm, höchstens zweieinhalb, dann kannst du deinen Mörder fangen. Und wenn er bis dahin getürmt sein sollte, lag's jedenfalls nicht an mir«, sagte der Typ und lachte gackernd über seinen Spruch.

»Kula, hast du gehört? Vielleicht so gegen sieben.«

»Passt. Bis dann!«

FÜNF

Kula und Bitterle machten sich auf den Weg zum Gästehaus, um Frau Jadewald zu befragen, und hofften, dadurch erste Hinweise zu Täter oder Motiv zu erhalten. Schlimmstenfalls wusste sie noch gar nichts vom Tod ihres Mannes, und sie mussten ihr die traurige Nachricht überbringen. Eine Aufgabe, die bei Bitterle jedes Mal ungute Gefühle verursachte. Immer hatte er Zweifel, ob er den richtigen Ton traf, die nötige Empathie aufbrachte oder sich nicht in die Trauer mit hineinziehen ließ. Er hatte nie eine Antwort auf die Frage gefunden, wie man mit dem Schmerz der Hinterbliebenen umgehen sollte. Mit dieser Betroffenheit, der Verzweiflung in den Augen und der Frage – egal ob ausgesprochen oder bloß gedacht – Warum? Diese Frage kam meist als Erstes. Erst danach, wenn überhaupt, fragten sie: Wer war das, wer macht so etwas? Daran würde er sich nie gewöhnen.

Sie gingen die Treppe hinunter und traten nach draußen. Die Sonne stand inzwischen senkrecht über dem Klosterhof und heizte den Platz auf wie eine römische Arena. Bitterle atmete tief durch und wischte sich über die Stirn. Zum Glück ging es noch relativ ruhig zu, denn noch war der Zutritt für die Schaulustigen gesperrt. Die Händler und Schausteller nutzten weiter die Gelegenheit, sich untereinander auszutauschen und mit dummen Sprüchen zu necken. Nebenbei bereiteten sie sich auf den Ansturm der Besucher vor, die ab sechzehn Uhr über das gesamte Areal wie ein Schwarm Heuschrecken herfallen würden. Der Gedanke daran bereitete Bitterle jetzt schon Magenschmerzen. Aber was nützen mir diese Befindlichkeiten, dachte er, je eher der Fall gelöst ist, desto schneller kann ich wieder zu meinem Karpfen.

Als sie die Tür zum Gästehaus öffneten, sprangen die Bewegungsmelder an, und die Lampen tauchten den Flur in gedämpftes Licht. Es war angenehm kühl, und Bitterle genoss die hier herrschende Ruhe. Er klopfte an Gudrun Jadewalds Tür. Nichts rührte sich. Er klopfte wieder, diesmal stärker.

Kula hielt Bitterle von weiteren Versuchen ab, schob ihn sacht beiseite und trat dicht an die Tür. »Frau Jadewald? Sind Sie da? Hallo, können Sie mich hören? Wir hätten Sie gern gesprochen.«

Stille. Zeit verstrich. Bitterle trat von einem Fuß auf den anderen, sah auf die Uhr, sah zu Kula und blickte den Gang entlang. Endlich waren von drinnen Schritte zu hören. Eine Frau mit zerzausten Haaren in einem dunkelblauen Kimono, den sie vorne zusammenhielt, öffnete die Tür. Sie sah aus, als sei sie gerade aus einer Narkose erwacht und konnte die Augen, die tief in den Höhlen lagen, kaum offen halten. »Was ist denn? Wer sind Sie?«

Kula zückte ihren Ausweis. »Skoulatopulos, Kripo Ulm; und das ist mein Kollege Bitterle. Können wir Sie einen Moment sprechen?«

»Weiß nicht. Muss das sein?« Sie gähnte ungeniert und kratzte sich am Hinterkopf.

»Bedaure, aber ich denke schon. Und uns wäre es lieb, wenn wir kurz reinkommen dürften. Geht das?« Während Kula dies sagte, tat sie bereits einen Schritt nach vorne und stand im Türrahmen. »Es wird bestimmt nicht lange dauern.«

Gudrun Jadewald trat beiseite. Im Flur lagen Kleidungsstücke auf dem Boden verstreut, es roch nach Schnaps, Schweiß und Theaterschminke. Während Frau Jadewald voraus in ein Zimmer ging, strauchelte sie kurz und stützte sich an einer Kommode ab.

»Ist Ihnen nicht gut? Brauchen Sie Hilfe?«, fragte Bitterle und griff ihren Arm.

Sie wehrte ihn halbherzig ab. »Nein, geht schon. Alles in Ordnung, ich war nur am Schlafen. Was ist denn nun? Was wollen Sie von mir?« Sie ließ sich auf ihr Bett fallen und schielte zum Nachtschränkchen, auf dem zwei Sektgläser und eine fast leere Flasche Cointreau standen. Auf dem Boden lag ein leerer Tablettenblister. Bitterle hatte es bemerkt und suchte Kulas Blick.

Sie erwiderte ihn mit einem Augenbrauenzucken und wandte sich an Frau Jadewald. »Und Sie sind sicher, dass Sie keine Hilfe brauchen?«

»Ganz sicher! Was ist denn nun? Machen Sie's kurz, ich bin hundemüde.«

Kula setzte sich neben sie aufs Bett und berührte sanft ihre Schulter. »Frau Jadewald, leider müssen wir Ihnen eine traurige Mitteilung machen.«

»Geht es um Nils? Hat er wieder mal Mist gebaut? Typisch! Ein Unfall, oder? Aber ihm ist doch nichts Schlimmes passiert? Er wollte gestern noch irgendwohin – obwohl er eigentlich bettreif war, nach all dem, was er intus hatte, aber …« Sie ließ den Satz in der Luft hängen. »Oder war er wieder mal auf Talentsuche?«

»Talentsuche?«, fragte Kula.

»So nannte er es, ja, Talentsuche.«

»Und was dürfen wir darunter verstehen?«

Frau Jadewald sah hoch. In ihrem Blick lag eine tiefe Traurigkeit. »Das können Sie sich nicht denken? Junge Dinger abschleppen. Ihnen was von großer Karriere vorgaukeln, ihnen weismachen, sie hätten das Talent zu einem Star wie Candice Night oder Tarja Turunen, diesen verdammten Ikonen des Mittelalter-Rock, und schon hatte er sie im Bett.« Sie schluckte, suchte kurz Kulas Blick und sah zu Boden.

Bitterle wirkte betroffen und schwieg. Dies hier war eindeutig Kulas Part.

»Und Sie?«

»Ich? Sie können fragen. Aber mit der Zeit wird man ledern. Schaun Sie mich doch an. Stehe knapp vor den fünfzig.« Sie sah wieder hoch, und ihre Lippen schlossen sich zu einem Strich. »Mir war nur wichtig, dass wir irgendwie miteinander klarkommen, und vor allem, dass er für unsere Tochter sorgt.«

Bitterle straffte seine Schultern, lauter als nötig sagte er: »Frau Jadewald, es tut uns leid, aber deswegen sind wir nicht hier!«

Sie blickte zu ihm auf. »Sondern?«

»Wir haben Ihren Mann heute Morgen aufgefunden.«

»Also doch ein Unfall.« Frau Jadewalds Kopf sank nach unten, und sie begann, an ihren Nägeln herumzuknipsen. »Dann war er gestern also tatsächlich noch unterwegs.«

»Leider nein. Es war nach bisherigen Erkenntnissen kein Unfall.« Bitterle wartete einen Moment, um ihr Zeit zu lassen, das Folgende verarbeiten zu können. »Ihr Mann wurde ermordet.«

Gudrun Jadewald riss den Kopf hoch, starrte ihn mit weit aufgerissenen Augen an und schlug eine Hand vor den Mund. Eine Geste, die Bitterle schon so oft gesehen hatte und die ihm jedes Mal erneut an die Nieren ging. »Ermordet, sagen Sie? Aber warum denn? Wer tut denn so was? Das kann nicht sein. Nie und nimmer. Sie müssen sich irren!« Sie verknotete ihre Finger im Schoß, und während sie sacht den Kopf wiegte, begann sie, ihren Oberkörper vor- und zurückzuschaukeln.

Kula hatte den Arm nun ganz um Frau Jadewald gelegt und versuchte sie zu beruhigen. »Haben Sie jemand, der sich um Sie kümmert?«

Frau Jadewald hob leicht die Schultern, ansonsten zeigte sie keine Reaktion.

Kula sah zu ihrem Kollegen. »Ich denke, wir lassen sie erst mal in Ruhe und rufen einen Arzt.«

Bitterle hob die Hand. »Moment! Frau Jadewald, können Sie sich denn erinnern, was in der Zeit nach dem Auftritt passiert ist?«

»Passiert? Eigentlich nichts.« Sie blickte hilflos zu ihm auf. »Wir haben unsere Instrumente zusammengepackt, uns umgezogen und sind zu Wölfle. Dort haben wir etwas getrunken, wie üblich, einen Absacker nach dem Gig.«

»War sonst noch jemand dabei?«

»Keine Ahnung. Ich weiß nicht … Ich weiß gar nicht …« Ihre Wiegebewegungen wurden schneller.

»Gut«, sagte Kula, »dann verabschieden wir uns jetzt erst einmal.« Als sich Frau Jadewald mit geschlossenen Augen nach hinten auf die Ellbogen fallen ließ, fügte Kula an: »Wir schicken gleich jemanden, der nach Ihnen sieht.«

Frau Jadewald murmelte: »Schon gut, machen Sie sich keine Sorgen.«

Kula sah zu Bitterle, der die Stirn runzelte und sagte: »Nur eines noch: Ihre Tochter Pauline, wo finden wir die?«

»Pauline? Weiß nicht, ist die nicht in ihrem Zimmer?«

»Wo ist das?«, fragte Kula.

»Nebenan. Nächste Tür.«

»Gut, vielen Dank.«

Sowie sie Frau Jadewalds Zimmer verlassen hatten, zog Kula ihr Handy aus der Tasche und rief einen Notarzt, denn sie war sich sicher, dass die Frau umgehend Hilfe brauchte. Sie schilderte deren Zustand, erwähnte Medikamente und Spirituosen. »Ob Suizidgefahr besteht? Hm, nicht auszuschließen. Sie hat gerade erst vom Tod ihres Mannes erfahren. Mir ist nicht wohl bei der Sache.«

Dann folgte sie Bitterle, der vor Paulines Zimmer stand und gegen die Tür klopfte. »Und?«

»Scheint nicht da zu sein, oder sie schläft.«

»Meinst du?« Kula trat dicht an den Türrahmen. »Pauline! Hörst du mich? Würdest du bitte öffnen? Wir sind von der Polizei und haben ein paar Fragen zu gestern Abend.«

Nichts. Keine Reaktion.

»Hallo!« Nun hämmerte auch Kula gegen die Tür. Vergeblich. »Scheiße! Irgendwer muss uns aufschließen. Nicht, dass die irgendwelche Dummheiten gemacht hat.«

Bitterle seufzte. »Da bleibt ja wohl bloß dieser Pfaffenschneid.«

Kula wählte seine Nummer und stellte ihr Handy auf laut. Nach dem sechsten Klingelton ging er endlich ran. Kula bat um Beeilung.

»Okay«, sagte Pfaffenschneid knapp. »Ich kümmer mich drum. Der Hausmeister kommt sofort.«

Trotzdem mussten sie warten. Bitterle lehnte sich gegen die Wand, hängte die Daumen in die Taschen und schloss die Augen. Aus einem der Nebenräume drang das Rauschen eines Föhns zu ihnen. Ansonsten war es ruhig im Gang.

»Was hältst du von der Jadewald?«, fragte Bitterle nach einer Weile.

»Hm, also ich möchte nicht in deren Haut stecken. Sie tut mir richtig leid. Da duldet sie stillschweigend, dass ihr Mann fremdgeht, immer wieder so junge Dinger aufreißt, und das womöglich schon seit Jahren. Stell dir mal vor, was sie dabei empfinden muss.«

»Kann ich nicht. Ich denke, sie hat es einfach deshalb erduldet, weil sie keine Wahl gehabt hat. Ich kann mich bloß an den Spruch meiner Tante erinnern, die sagte immer: ›Alt macht kalt‹, und die hat weiß Gott kein Glück mit ihren Männern gehabt.«

Bevor Kula darauf antworten konnte, waren Schritte zu hören. Ein kleiner, stämmiger Mann in ausgebeulten Jeans kam breitbeinig den Gang entlang und steuerte auf die beiden zu. An seinem Hosenbund baumelte ein monströser Schlüsselbund. »Worum geht's? Herr Pfaffenschneid sagte, Sie wollen in ein Zimmer.«

»Genau.« Kula deutete auf die Tür vor ihr. »Wir suchen Pauline Jadewald. Sie hat weder auf Klopfen noch auf unser Rufen reagiert. Womöglich ist ihr etwas zugestoßen.«

»Und Sie sind wirklich von der Polizei?« Er musterte sie kritisch von oben bis unten.

Wortlos hielt Kula ihm ihren Ausweis vor die Nase.

Der Hausmeister schnaufte. »Werden auch immer jünger, die Herrschaften Ermittler. Na, mir soll's egal sein. – Okay, das hier werden wir gleich haben.« Er probierte einen Schlüssel nach dem anderen. Dabei wurde er zusehends ungeduldiger, fluchte leise vor sich hin, ließ den Bund beinahe fallen. So dauerte es Ewigkeiten, bis er den Generalschlüssel für den Wohnbereich gefunden hatte. »Wenn Sie fertig sind, einfach zuziehen«, sagte er knapp, als die Tür endlich offen war. Er tippte sich an die Stirn und verschwand ebenso breitbeinig, wie er gekommen war.

Bitterle trat zuerst ein, Kula folgte ihm. Sie sahen sich um. Der Raum war leer. Nichts im Schrank, nichts unter dem Bett oder auf dem Nachtkästchen. Der Raum war nicht nur leer, sondern komplett ausgeräumt. Von Pauline fehlte jede Spur.

»Sieht so aus, als ob sie sich aus dem Staub gemacht hätte«, sagte Kula.

»Fragt sich bloß, mit wem. Oder denkst du, sie ist allein abgehauen, einfach so?«

»Kann ich mir nicht vorstellen. Die ist siebzehn und dazu wahrscheinlich völlig fremd hier.«

»Das bedeutet, wir müssen als Erstes herausfinden, zu wem sie hier sonst noch Kontakt hatte.«

»Japke erwähnte ja einen tschechischen Puppenspieler, einen gewissen Marek«, überlegte Kula. »Sie meinte, der Typ wäre mit ihr befreundet.«

Bitterle hob die Schultern. »Ist vielleicht eine Möglichkeit. Frag noch mal nach! Und hier soll die Spusi durch. Sicher ist sicher. Vielleicht findet die irgendwelche Hinweise.«

»Wenn du meinst. Dann kümmere ich mich erst einmal um Paulines Umfeld«, sagte Kula.

»Mach das«, brummte Bitterle. Er war unzufrieden. Die Ehefrau stand offenbar unter Schock, die Tochter war ausgeflogen. Niemand schien ihnen Hinweise geben zu können, was am Tatabend geschehen war. War Pauline fort, weil sie den Täter kannte? War sie vielleicht sogar in Gefahr? »Wir sollten uns überlegen, die Tochter zur Fahndung auszuschreiben. Selbst wenn sie uns bei dem Fall nicht weiterhelfen kann – sie ist erst siebzehn, also noch nicht volljährig, ihr Vater wurde ermordet. Mir wäre wohler, wenn ich wüsste, dass sie in Sicherheit ist, Freund hin oder her.«

Zurück auf dem Flur bemerkten sie, dass Frau Jadewalds Tür offen stand. Sie lag im Bett auf dem Rücken und starrte mit leerem Blick nach oben. Ihre Beine ruhten hochgelegt auf der zusammengerollten Decke. Ein Notarzt stand neben ihr, zog gerade die Nadel einer Spritze aus der Ellbogenbeuge und sprach gleichzeitig in sein Smartphone, das er zwischen Kinn und Schulter geklemmt hielt. Als er die beiden bemerkte, drehte er sich für einen Moment um. »Haben Sie uns gerufen?«

»Ja, stimmt. Wie geht es ihr denn?«, fragte Kula.

»Schlecht. Ich habe ihr ein Beruhigungsmittel gegeben. Sie hat einen Zusammenbruch erlitten und braucht jetzt absolute Ruhe.« Dann wandte er sich wieder seiner Patientin zu.

»Wann können wir noch einmal mit ihr reden?«, hakte Bitterle nach.

»Das wird sich zeigen. In ihrem jetzigen Zustand jedenfalls nicht. Unmöglich! Sie braucht wie gesagt absolute Ruhe.«

»Wo bringen Sie sie hin?«, wollte Kula wissen.

»In die Psychiatrie der Uniklinik. Die sollen sich um sie kümmern.«

Bitterle stöhnte innerlich auf. Natürlich wollte er, dass Frau Jadewald die Hilfe bekam, die sie im Moment offenbar dringend benötigte. Aber eine Befragung in der Uniklinik war in den meisten Fällen mit lästigen Diskussionen mit Ärzten und Pflegepersonal verbunden. Das kannte er zur Genüge.

Sie verließen das Gästehaus. Über den Platz schlenderten die ersten Besucher, es wurde langsam quirlig. Bald würden sie kaum noch Ruhe finden, ihre Befragungen möglichst diskret durchzuführen. Kula fasste Bitterle an die Schulter und sagte: »Ich gehe dann zurück zu Japke de Vries. Sie sagte etwas von einem Fremden, der gestern Abend auch in Wölfles Zelt gewesen sein soll. Eventuell war er in den Streit verwickelt. Außerdem will ich mir Wölfles Nachbarn ansehen. Irgendjemand muss doch etwas bemerkt haben. Und wir müssen rausbekommen, wo dieser Marek ist.«

»Mach das. Sie kennt dich bereits. Das mit den Nachbarn wäre doch was für Lukas. Was ist mit ihm? Sollte er nicht längst hier sein?«

Kula sah auf die Uhr, es war kurz nach fünf. »Ich denke, er müsste eigentlich bald eintrudeln, so um sieben, hatte er mir gesagt. Sobald er da ist, meldet er sich bei mir, und ich fang ihn außerhalb ab.«

Bitterle überlegte kurz. »Vielleicht solltest du ihm jetzt schon einmal eine entsprechende Kluft besorgen, dann kann er gleich loslegen.«

»Ich und Männerklamotten?«, spöttelte Kula. »Na gut, ich kümmer mich. Bis gleich.«

Weg war sie. Bitterle blickte ihr hinterher, als sie über den Platz eilte. Energie hat sie für zwei, dachte er und machte sich – etwas gemächlicher als seine Kollegin – auf den Weg in seinen Seminarraum.

Kaum hatte er den Flur im ersten Stock betreten, wieselte Frau Mützenrieder aus ihrem Büro und fing Bitterle ab. Ihm kam die Unterbrechung ungelegen. Er wollte in Ruhe nachdenken, wie es jetzt weitergehen sollte, und hatte auch schon eine vage Idee.

»Herr Kommissar, gibt es denn schon Neuigkeiten? Sie sehen ja ziemlich mitgenommen aus. Ich denke, Sie sollten sich eine Pause gönnen. Wissen Sie was? Ich mache Ihnen einen Kaffee. Bin gleich bei Ihnen.« Iris Mützenrieder neigte den Kopf zur Seite und lächelte neckisch.

Bitterle schmunzelte, bedankte sich und ging in sein Arbeitszimmer. Dort klemmte er sich hinter den Laptop, streckte die Beine aus, öffnete Word und begann zu tippen. Routiniert schrieb er ein paar Zeilen, überflog sie noch einmal und wirkte zufrieden. Er zog den Text auf einen USB-Stick und ging damit vor zur Anmeldung. Frau Mützenrieder entschuldigte sich, dass sie den Kaffee noch nicht gebracht hatte, »... aber Sie können sich nicht vorstellen, was hier los war. Das Fernsehteam von der SWR-Landesschau kam plötzlich reingeschneit und wollte von mir wissen, was es mit diesem Todesfall auf sich hätte. Ausgerechnet mich fragen die das. Vorgesehen war eigentlich bloß, dass ich denen eine Liste mit den Programmpunkten und den Auftrittszeiten zusammenstelle. Unsereins, die hier arbeiten müssen, bekommen doch am wenigsten von dem Mittelaltermarkt mit.«

»Da sagen Sie was. Aber machen Sie sich wegen des Kaffees keine Sorgen, ich habe noch genügend Wasser, und nervös bin ich ohnehin schon genug. Aber eine Bitte hätte ich doch. Meinen Sie, es wäre möglich, dass Sie mir die Datei auf diesem Stick ausdrucken?«

»Datei? Ja selbstverständlich. Was ist es denn?« Frau Mützenrieder streckte den Kopf ein wenig nach vorne und blinzelte. »Etwas Ermittlungstechnisches etwa?«

Bitterle musste schon wieder schmunzeln. »Sie können es nicht lassen, gell? Sind neugierig wie ein Hummer. Aber doch, Sie haben recht. Es ist etwas Ermittlungstechnisches.«

Keine fünf Minuten später kam Kula mit einer dunkelbraunen Mönchskutte zurück, schlüpfte hinein und knotete sich den Kälberstrick um den Bauch. Als sie die Kapuze über den Kopf und tief in die Stirn zog, war von dem griechischstämmigen Wildfang nichts mehr übrig geblieben. Niemand würde sie erkennen. Sie wäre Teil des Festivals geworden, quasi Deko.

»Prima! Perfekt, die optimale Tarnung. Bin bloß gespannt, was Lukas dazu sagt.«

Kula feixte. »Der hat doch keine Wahl. Undercover ist undercover. Da muss er durch.«

»Hoffentlich bringt's was«, sagte Bitterle und drückte Kula einen Stapel DIN-A5-Blätter in die Hand. »Ich habe inzwischen Flyer gemacht. Vielleicht hilft uns das weiter, bis Lukas kommt.«

»Wie bist du denn so schnell an die gekommen?«

Bitterle hob die Hände, neigte den Kopf und lächelte. »Wie gesagt: Es gibt überall noch ein paar gute Geister, auch hier«, er deutete Richtung Fenster, »in diesem Tohuwabohu. Nein, im Ernst, Frau Mützenrieder war so freundlich und hat das für mich erledigt. Wir können so viele Kopien davon haben, wie wir brauchen. Papier wäre genügend da, meinte sie.« Er griff nach einer Seite und hielt sie Kula entgegen. »Was hältst du davon?«

Kula las.

Zeugen gesucht! Die Polizei bittet um Ihre Mithilfe. Wer sachdienliche Hinweise im Fall des getöteten Musikers Nils Jadewald hat, möge sich bitte an Kommissar Bitterle oder einen anderen der vor Ort anwesenden Polizeibeamten wenden. Die provisorische Dienststelle der Polizeiinspektion Ulm ist im Gebäude der Akademie, erstes Obergeschoss, Zimmer Nummer 110, untergebracht. Informationen werden auf Wunsch diskret behandelt.
Gez. Polizei Ulm, KHK Bitterle

Kula zog Stirn und Nasenrücken kraus, als hätte sie eine Spinne verschluckt. »Das ist jetzt nicht dein Ernst. Schau doch mal da raus. Damit lockst du keinen Gaul hinterm Ofen vor. Das klingt ja schrecklich, viel zu altbacken.«

»Also bitte, was heißt hier altbacken? Es ist doch genau formuliert, worum es geht. ›Zeugen gesucht im Fall Jadewald‹. Was willst du mehr?«

»Das schon. Aber glaub mir, die ticken anders da draußen. Ein paar von denen habe ich bereits kennengelernt. Die sind nicht so dröge, wie sie teilweise daherkommen. Und doof sind die schon zweimal nicht.« Kula wedelte mit dem Stapel. »Wie viele hast du denn davon?«

»Vorerst fünfzig, also fünfundzwanzig A4-Seiten, die Frau Mützenrieder mir freundlicherweise halbiert hat.«

»Freundlicherweise, aha. Aber das wäre ja kein allzu großer Verlust.« Kula ging zum Papierkorb und legte die Blätter auf den Rand. Sie klemmte sich hinter Bitterles Schreibtisch und öffnete den Laptop. »Darf ich?«

Bitterle zog eine Augenbraue nach oben, brummelte: »Meinetwegen«, und hängte ein hörbar lakonisches »Wenn's denn der Wahrheitsfindung dient« hintendran.

Kula tippte, löschte und formatierte, löschte und tippte etwa fünf Minuten lang. Dann drehte sie den Laptop in Bitterles Richtung, der am Fenstersims lehnte, wie abwesend auf das Flipchart mit den Namen blickte und sich hin und wieder am Nacken kratzte.

»So sieht das doch ganz anders aus, findest du nicht?«

Bitterle betrachtete den Bildschirm und kaute wie abwesend an seiner Unterlippe. Am oberen Rand lachte ihm eine Comicfigur mit rötlich blonden Haaren und blauem Helm mit seitlich abstehenden Hörnern entgegen.

Darunter stand in dicken Lettern:

Halli-hallo! Ich weiß, ihr alle kennt mich noch von früher. Ich bin Wickie, und ihr seid die starken Männer – und natürlich auch die starken Frauen! Wickie braucht eure Hilfe, denn wir wollen ja alle fröhlich zusammen weiterfeiern und keine Angst vor Unholden haben müssen, die uns an den Kragen wollen. Das geht aber nur, wenn ich den Fall Nils Jadewald ruck, zuck lösen kann. Denkt nach und sagt mir Bescheid, wenn euch zum Donnerstagabend oder zum

Freitagmorgen etwas einfällt.
Also, Freunde – ganz wichtig!
Wir müssen zusammenhalten!
Ihr findet mich oder meinen Kollegen Konrad und die Kula im Akademiegebäude im ersten Stock – natürlich im Zimmer 110. Wo sonst! Ich freu mich auf euch und bin gespannt, was ihr wisst.
Euer Wickie

Bitterles Augen huschten über die Seite, sein Mund wurde breiter und breiter. Dann sah er hoch, in seinen Augen blitzte der Schalk. »Kula, du bist ein Genie! Ich lass das gleich machen. Was meinst du, wie viele Kopien brauchen wir?«

»Für den Anfang reichen wohl hundert.« Kula zog den Stick aus dem Schlitz und sagte: »Lass mal, ich mach das schon. Wollte eh deine Hausdame mal genauer unter die Lupe nehmen.«

»Hausdame?«

»Na, hör mal, so wie die dich bemuttert.«

Bitterle gab ein schnippisches »Pfff« von sich und sah seiner Kollegin hinterher, wie sie aus dem Raum verschwand.

SECHS

Kula ging mit einem Schwung Flugblätter über das Gelände und drückte jeder Person, der sie begegnete, eines in die Hand. Die Reaktionen waren wie erwartet: fröhliche Mienen, herzhaftes Lachen und immer wieder ein »Klaro – Mach ich – Logo, wenn ich helfen kann«. Einmal wurde spaßeshalber gefragt, wie hoch denn die Belohnung sei? Kula antwortete: »Ein Pferd, aber für Futter und Unterkunft und den Rest musst du selber sorgen. Und zwar vorher! Lass dich nicht ohne Zaumzeug und Sattel bei uns blicken, hörst du!« Wieder Gelächter, und sie bekam sogar noch ein »Boah, wie cool ist das denn?« mit auf den Weg. »Und du bist wirklich bei den Bullen?«

Kula überquerte die Straße zum Paradiesgarten und trat durch den Torbogen. Sie sah sich um. Inzwischen herrschte überall auf dem Gelände gelassene Geschäftigkeit. Kinder spielten Stock und Reifchen und ritten Steckenpferd, knuddelten kleine Ziegen oder rösteten Stockbrot. Frauen, gekleidet wie Mägde oder Zofen, plauderten mit Fürstinnen und scherzten mit Baronen.

Gleich linker Hand saßen fünf Männer um einen massiven Holztisch auf schweren, grob gezimmerten Stühlen. Behutsam näherte sie sich. Das gesamte Mobiliar machte den Eindruck, als wäre es mit einem Lastwagen hergekarrt worden. Über dem gesamten Ensemble, das an eine Theaterkulisse erinnerte, spannte sich ein mächtiges, derb gewobenes Leinen-Zeltdach, das von Birkenstämmchen getragen wurde, an denen erste Blättchen welkten. Die daruntersitzenden Gestalten schienen ebenso massiv wie angewelkt. Alle waren dem Anlass gemäß gekleidet. Vier von ihnen hielten Trinkhörner in der Hand, würfelten und gaben gereimte Unverständlichkeiten von sich. Nur einer saß über ein Tablet gebeugt und wischte darauf hin und her. Er rieb sich fortwährend mit dem Ärmel seines Umhangs über Stirn und Hals, der dort bereits feucht schimmerte. Dabei fluchte er leise vor sich hin und knabberte an Daumengelenk und Nagelbett.

Ein Schwall Holzkohlenqualm zog über die Wiese und reizte Kulas Nase. Sie musste niesen und hatte damit sogleich die Aufmerksamkeit der vier Würfler auf sich gezogen, die sich ihr wie auf Kommando zuwandten und sie neugierig musterten. Nur der fünfte schien noch immer mit seinen Gedanken woanders.

Einer der Herren, vielleicht um die sechzig, sprach sie an. Er war bekleidet mit Wollhose und Fellweste, seinen beinahe kahlen Kopf bedeckte ein rotsamtenes Barett, an dem eine Fasanenfeder steckte.

»Wohlan, schöne Maid, möget Ihr Euch nicht zu uns gesellen, ein Schlückchen vom Wein der Bienen trinken und auf diesen gar wundervollen Tag bei trefflich schönem Sonnenschein anstoßen? Willkommen bei Arthurs Tafelrunde.«

Ein anderer blickte von den Würfeln auf. »Ah, sieh an! Ein gar fröhlich Mägdelein gesellet sich zu uns. Ist sie nicht voll trefflich Liebreiz? Ihr scheint mir genau die Richtige, um uns edlen Herren zu Gefallen zu sein. Tretet hurtig näher und leistet uns Gesellschaft.« Dabei erhob sich der Herr etwa gleichen Alters und lüftete seine Haube, auf der zwei Kuhhörner thronten. Sein Kettenhemd aus Schlüsselringen klimperte dabei leise. Als er grinste, blitzten zwei makellos weiße Zahnreihen auf.

Der Dritte war dick. Sein Gewand aus Sackleinen spannte über der Brust, und die lederne Ohrenklappenhaube saß auch recht knapp. Er mühte sich eine Handbreit vom Stuhl hoch, stützte sich an der Tischkante ab und begann mit künstlich näselndem Tenor: »Darf ich mich vorstellen, meine schöne Maid? Man nennt mich Professor Dr. Friedemann Freytag, und ich genieße den Vorzug, als einstiger Leiter des Psychiatrischen Landeskrankenhauses in Deggendorf mich auch noch im Ruhestand mit reichlich Narren umgeben zu dürfen. Wobei«, er hüstelte künstlich, »hier bin ich selbst nur ein Narr unter Narren und betreibe gewissermaßen Privatstudien.«

»Gebt nicht so an und schweiget still«, sagte der mit dem Fasanenfeder-Barett, dabei zuckten seine Schnabelschuhe, und die Messingschnallen klirrten.

»Der ist ein Narr, wer tadeln will,
Wozu sonst jedermann schweigt still,
Und will unnötig Haß vermehren,
Wo er doch schweigen könnt in Ehren.«

Er stand ebenfalls auf und drückte Kula mit einem »Bitte schön« eine Visitenkarte in die Hand. Sie las: »Dr. Arthur Pfefferkorn, Dozent für Digitale Kommunikation Universität Erlangen«.

Der mit dem Kuhhornhelm schloss sich an und reichte Kula ebenfalls sein Kärtchen. »Horst Müller, Oberstudienrat für Griechisch, Latein und Geschichte, Jakob-Fugger-Gymnasium, Augsburg«.

»Vielen Dank, die Herren, mein Name ist Kula Skoulatopulos, Kripo Ulm. Ich unterbreche nur ungern Ihr geselliges Beisammensein, aber ich bin dienstlich hier.« Sie schwenkte ihren Ausweis im Halbkreis, ging um den Tisch und legte vor jedem der Herren ein Flugblatt ab. Sie lehnte sich gegen eines der Birkenstämmchen, das sich prompt nach außen bog und das gesamte Dach zum Wackeln brachte, und wartete.

Noch während die Anwesenden den Flyer studierten, dabei schmunzelten und sich Bemerkungen zuraunten, begann der mit dem Kuhhornhelm: »Oha, da hat sich aber jemand gewaltig vertan, mein junges Frollein! Müsste es nicht heißen: Skoulatopulou? Immerhin seid Ihr weiblichen Geschlechtes.« Er wandte sich Kula zu, schürzte die Lippen und sah aus, als wartete er tatsächlich auf eine Antwort.

»Danke für den Hinweis, aber das sollten Sie mit dem Ehinger Standesbeamten klären, der für die Geburtsurkunde verantwortlich war. Ich bin hier, um einen Mörder zu finden, und nicht, um über die korrekte Schreibweise meines Namens zu debattieren. Abgesehen davon bin ich eigenständig und nicht ›die Frau von‹.« Kula blickte in betretene Gesichter. »Also, wie sieht's aus, meine Herren? Hat jemand von Ihnen etwas bemerkt, gesehen oder gehört?«

Nun meldete sich auch der vierte zu Wort. Seine Kleidung unterschied sich deutlich von der der anderen. Sein dunkelroter

Kaftan aus Samt reichte bis zum Boden und war mit golddurchwirkten Fransen versehen. »Also ich kann mich an nichts erinnern, ich war früh schlafen, wissen Sie. Mit meinen Bandscheiben ist momentan nicht zu spaßen.«

»Das sagt ausgerechnet der leitende Chefarzt der Charité, noch dazu ein Orthopäde.« Der Psychiater sah missbilligend auf seinen Kollegen und fuhr mit erhobenem Zeigefinger fort:

»Wer meint, vollkommen sei sein Heil
Und stetes Glück allein sein Teil,
Den trifft zuletzt der Donnerkeil.«

»Verdammt noch mal«, fuhr der Orthopäde dazwischen. »Könnt ihr nicht endlich einmal aufhören mit euren blöden Zitaten aus Sebastian Brants ›Narrenschiff‹! Ihr macht diese junge Frau ja noch ganz schalu. Sie braucht unsere Hilfe. Also, was habt ihr gesehen?« Er spießte jeden Einzelnen mit seinem Blick auf. »Friedemann, du hast dich doch gestern noch über diese rabiaten Gestalten auf der Bühne, diese Cantus Ferrum oder wie auch immer die sich nannten, ausgelassen, so ganz psychologisch.«

Der Psychiater antwortete verschnupft:

»Wer der Arzneikunst sich nimmt an
Und doch kein Siechtum heilen kann,
Der ist ein guter Gaukelmann.«

Kula sah den Psychiater an und fühlte sich an ein Laientheater in einem Seniorenheim erinnert.

Dieser schien ihre Skepsis bemerkt zu haben und fuhr fort: »Nun gut, lassen wir das Narrenschiff beiseite. Also gleich vorneweg, ich fand's viel zu laut. Mir rauschen jetzt noch die Ohren von dem Krawall. Aber ich denke«, er sah Kula an, die inzwischen wieder neben den Herren am Tisch stand, »dass dies von geringerem ermittlungstechnischem Interesse für Sie sein wird.«

Kula versuchte, den Psychiater aufzumuntern: »Kein Problem, uns hilft alles. Sagen Sie einfach, was Ihnen aufgefallen ist.«

Der Professor fiel in eine klassische Denkerpose. Er drückte zwei Finger gegen seine Stirn und stützte den Daumen am Wangenknochen ab. »Nun«, begann er bedächtig und spitzte die Lippen, »das Verhalten des jungen Mädchens, also die mit der Harfe, fand ich schon recht eigenartig. Sie wirkte so verschüchtert, regelrecht ängstlich. Sie hat ja kaum gewagt, ins Publikum zu sehen. Und dem einen Alten mit der – was für eine Art Orgel war das gleich noch mal?« Der Professor blickte sich hilfesuchend in der Runde um.

»Drehleier«, sagte der Orthopäde. »Dreh-Leier! Wann lernst du das endlich? Saiteninstrument, tausend Jahre alt, ursprünglich Naher Osten und danach in ganz Europa verbreitet. Nicht zu verwechseln mit der Dreh–«

»Hör auf!«, sagte der Oberstudienrat und rückte die Kuhhornhaube zurecht. »Hier geht's um Wichtigeres. Apropos, wem darf ich nachschenken?«

Alle bis auf den am Tablet streckten ihm ihre Hörner entgegen, der Oberstudienrat füllte nach und zwang sich, das nachgeschobene »-Orgel« des Orthopäden zu überhören. Stattdessen strahlte er Kula an. »Sie auch, junges Frollein?«

Kula lehnte ab.

»Verzeihung, ich vergaß. Sie sind ja –«

»Richtig, ich bin im Dienst. Aber zurück zu Ihrer Beobachtung, Dr. ...«, sie nahm das Kärtchen zu Hilfe, »Verzeihung, Dr. Freytag. Was war denn nun so seltsam an dem Herrn mit der Drehleier, dass es Ihnen aufgefallen ist?«

Freytag winkte ab. »Lassen Sie den Doktor ruhig weg, Professor reicht völlig. Also, der mit der Drehleier war außer Rand und Band. Hat sich aufgeführt, als wäre er allein auf der Bühne. Rücksichtslos hat der seine Stücke gespielt und nicht einmal auf den Takt geachtet. Und dabei hat ihn die ältere Frau, die mit dem Dudelsack, ganz böse angeschaut.«

Der Orthopäde mischte sich ein. »Das lag aber auch an dem Trommler oder wie auch immer der sich nennt. Hämmert da wild auf diesem Amboss herum, dass die Funken nur so stoben. Gerade so, als wolle er alles kurz und klein hauen, als ob –«

»Also das fand ich gerade besonders interessant«, unterbrach ihn der Professor. »Eine völlig neue Art der nonverbalen Kommunikation. Vielleicht fehlt es da noch an einer gewissen Feinabstimmung. Aber im Großen und Ganzen – Respekt!«

»Ach, hört doch auf, das ist doch völlig indiskutabel«, schimpfte nun der Lehrer. »Schon Brant wusste das.

Als Freud er hat, daß ihm die andern
Zu Füßen fallen und nachwandern.
Und daß du merkst, wie ich es meine:
Ein Stolzer wär gern Herr alleine!«

Der Orthopäde stimmte eifrig zu. »Eben! Bei der ganzen Truppe habe ich die nötige Harmonie vermisst. Jeder gegen jeden.« Dabei fuchtelte er mit dem Finger mehrmals in Richtung Pfefferkorn.

Mit einem Mal kam Leben in den bis dahin stummen Fünften im königsblauen Samtgewand, der nun mit der Faust auf die Tischplatte einhieb. »Verdammt, diese mistigen Chinesen. Hätte ich bloß auf den Yuan gesetzt anstatt auf den Dollar! Zwei fünfzig am Arsch!«

»Verzeihen Sie bitte die Wortwahl unseres Kollegen, Frau Skoulatopulou.« Die Augen des Lehrers blitzen verschmitzt auf. »Die lange Zeit bei der Bank lässt ihn hin und wieder seine Kinderstube vergessen. Obwohl unser Wechselstuben-Bossa-Nova nichts zu klagen hat. Kaum in der Chefetage, schon regnet's Taler vom Himmel. Selbst wenn das Fundament schon knietief im Morast steht, wird oben immer noch mit Schampus und Taubenbrüstchen gefeiert.« Der Oberstudienrat hob die Hände und klimperte mit den Fingerspitzen. »Wenn Sie wissen, was ich meine.«

Kula konnte sich denken, worauf der Studienrat mit Taubenbrüstchen anspielte, ging aber nicht weiter darauf ein.

Der Bänker jedoch wehrte sich. »Komm mir bloß nicht von wegen Kinderstube. Ich habe in einer Minute mehr verloren, als du während zehn Jahren Pension beziehst. Gibt es noch was zu trinken?«

»Er übertreibt! Pure Hochglanz-Luftblasenprosa!« Und weiter dozierte der Lehrer:

»Die größte Torheit in der Welt
Ist, daß man ehrt vor Weisheit Geld
Und vorzieht einen reichen Mann,
Der Ohren hat und Schellen dran;
Der muß allein auch in den Rat,
Weil er viel zu verlieren hat.«

Kula hatte genug gehört. Sie bedankte sich, wandte sich um und wollte dieses Narrenschiff verlassen. Doch der niederbayerische Psychiater pfiff sie zurück. »Warten Sie, nicht gar so hitzig. Warten Sie! Mir fällt noch etwas ein. Unser Freund, der Spekulant, hat vielleicht noch die Aufnahme des Konzertes von gestern Abend.« Er warf einen Seitenblick zum Bänker. »Falls er den Speicher nicht als Tresor nutzen musste.«

»Was soll denn das nun schon wieder? Kann man nicht einmal in Ruhe trauern? Zwei fünfzig sind zwei fünfzig. Basta!«

»Ist ja gut. Reg dich ab.« Und zu dem Rest der Tafelrunde gewandt: »Diese läppische Viertelmillion tut doch unserem Dr. jur. in keinster Weise weh!« Der Rest der Tafelrunde lehnte sich auf seinen Stühlen zurück und tuschelte schadenfroh.

»Was ist denn nun mit dem Video? Du standest doch ganz vorne und hast das Tablet hochgehalten«, fragte Pfefferkorn.

»Video? Ach, gestern. Müsste ich noch haben, warum?«

Kula stand nun dicht hinter dem Bänker und konnte die goldenen Stickereien an seiner Tunika aus der Nähe betrachten. Was sie zuvor für griechische Ornamente gehalten hatte, entpuppte sich als Währungssymbole. Aufwendig und kunstvoll waren die Zeichen für Dollar, Euro, Pfund und Yen in den Samt eingewoben. Sogar das Ypsilon mit dem Doppelbalken für den Yuan fehlte nicht. Der Herr ging offensichtlich mit der Zeit. »Vielleicht ist etwas drauf, was uns weiterbringt, man weiß nie, welche Details man findet. Schon die kleinste Kleinigkeit könnte hilfreich sein.«

»Jetzt raspelt sie ja richtig Süßholz, die Kleine, und schmiert unserem Zocker auch noch Honig ums Maul«, raunte der Professor seinem Nachbarn deutlich hörbar zu.

Kula ignorierte auch diese Spitze und bohrte beim Bänker nach: »Also was ist? Könnte ich mir die Aufnahme einmal ansehen?«

»Nun mach schon! Lass doch das Frollein nicht so lange warten. Gestern warst du noch hellauf begeistert von dem Konzert, selbst wenn die Schotten dich genervt haben.«

»Welche Schotten?«, fragte Kula und war plötzlich wieder ganz bei der Sache.

»Ach«, sagte der Bänker, »da waren zwei Schotten, die mir direkt vor der Kamera standen, hatten irgendwas mit dem Trommler zu bereden gehabt, und der ist danach auf und ab gehampelt. Hat völlig sein Spiel vergessen. Nun ja, was heißt Spiel? War sowieso eher eine Art von Theaterdonner.«

Nun gab auch noch der Chirurg seinen Senf dazu:

»Die hielt ich fast für Narren ganz,
Die Lust und Freude haben am Tanz
Und springen herum grad wie die Tollen,
Im Staub sich müde Füße zu holen.«

Kula war mit ihrer Geduld am Ende! Sie hob beide Hände und knallte sie auf den Tisch. »Schluss jetzt, meine Herren! Ihr Kunstverstand in allen Ehren, aber uns läuft die Zeit davon. Es eilt! Hier ist eine E-Mail-Adresse. Ich fordere Sie hiermit auf, besagte Aufnahme unverzüglich und ungekürzt dorthin zu senden.«

Der Bänker reagierte empört. »Und falls nicht?«

»Dann werden wir Ihr Gerät beschlagnahmen müssen. Schließlich handelt es sich um einen Mordfall.«

»Sie überschätzen Ihre Kompetenz, Frau Kommissarin. Sie haben mit Sicherheit schon vom Bankgeheimnis gehört. Außerdem, wer garantiert mir, dass meine Daten geschützt bleiben? Doch ganz bestimmt nicht die Polizei von Ulm.«

Okay, dachte Kula, der Kerl ist ein harter Brocken, wenn ich mich jetzt auf lange Diskussionen einlasse, läuft uns die Zeit davon. Deutlich gelassener entgegnete sie: »Hören Sie, uns geht es nur um die Aufnahme des Konzerts, mehr interessiert uns von der Mordkommission nicht.«

»Mach, was sie sagt, Menschenskind!«, fuhr ihn der Psychiater an. Er neigte sich dem Bänker zu und fuhr in therapeutisch-beruhigendem Tonfall fort: »Oder hast du etwa Schiss, dass die Polizei noch andere Daten findet?« Und zu Kula hinter vorgehaltener Hand, doch laut genug und für alle verständlich: »Nummernkonten, Schwarzanleihen ...«, und dann mit spitzbübischem Nicken: »Womöglich Schmuddelkram?«

Kula sah währenddessen dem Bänker zu, wie er die Datei in den Anhang eines Mailprogrammes lud, abschickte und dabei beleidigt sein Kinn reckte. »Fertig! War's das jetzt?«

»Fürs Erste, ja. Vielen Dank. Der Rest wird sich zeigen.« Sie trat zwei Schritte zurück und verabschiedete sich mit einem höfischen Knicks. »Meine Herren, Ihre Polizei wünscht weiterhin ein fröhliches Gelage.«

SIEBEN

Lukas hielt die Arme von sich gestreckt und drehte sich ein paarmal um die eigene Achse. Die braune Kutte schlenkerte ihm dabei um die Beine und blähte sich an den Knöcheln wie eine Glocke. »Wow! Kula, die ist echt klasse, voll Sufi, richtig derwischmäßig! Wie bist du denn da drangekommen?«

»Die ist von hier, von einem Klamottenstand. Wenn du noch die Kapuze überziehst, bekommst du jederzeit eine Nebenrolle in ›Der Name der Rose‹. Damit bist du bei dem Getümmel hier so gut wie unsichtbar.«

Lukas stülpte sich die Kapuze über den Kopf und zog sie vors Gesicht, bis nur noch Mund und Kinn sichtbar waren. »Voll undercover, was?«

»Yep! Das sieht ja noch gruseliger aus, als ich dachte.« Kula schob den Stoff wieder hoch. »Jetzt pass auf, wir machen Folgendes: Ich gehe zurück aufs Gelände, und du kommst ein paar Minuten später nach. Man sollte uns vorerst noch nicht zusammen sehen. Nicht, dass deine verdeckte Ermittlung auffliegt, bevor sie überhaupt angefangen hat. Halte dich beim Hauptportal links, dann stehst du nach ein paar Metern direkt vor dem Eingang zur Akademie. Im ersten Stock ist das Festivalbüro, dort triffst du auf eine Frau Mützenrieder. Frag nach dem Kommissar wegen einer Zeugenaussage oder wegen einer Beobachtung, was weiß ich, denk dir was aus. Sie führt dich dann in Konrads Büro. Dort können wir dir den Stand der Dinge erklären und in aller Ruhe gemeinsam besprechen, wie es weitergehen soll.«

»Worum geht's eigentlich genau?«

»Ein toter Musiker, ein anderes Mitglied der Band liegt im Koma, womöglich Vergiftung, die Frau der Leiche hat ein Trauma und ist nicht ansprechbar, und die Tochter ist verschwunden.«

»So viel gleich, wow! Und wie weit seid ihr? Was wisst ihr?«

»Pff! Noch nicht viel. Ach so, noch was! Wir haben dir ein

Zimmer im Gästehaus reserviert. Dann bist du vor Ort, den Schlüssel holst du dir ebenfalls bei Frau Mützenrieder.«

»Und das ist sicher?« Bitterle telefonierte mit seinem Handy. Als Kula den Raum betrat, schaltete er den Lautsprecher ein.

»Ganz sicher. Die Fingerabdrücke auf dem Messer sind identisch mit denen, die wir in Wölfles Zelt gefunden haben, und zwar auf persönlichen Gegenständen, die eindeutig ihm zuzuordnen sind.«

Bitterle sah hoch und deutete auf den Stuhl, der vor seinem Schreibtisch stand. Kula drehte ihn um, setzte sich rittlings darauf, verschränkte die Arme auf der Rückenlehne und legte ihr Kinn ab.

»Keine Zweifel?«

»Konrad, was soll die Frage, wie lange kennen wir uns schon?«

»Ist ja gut, sorry. Sonst nichts?«

»Ein Fragment zwischen Griff und Klinge, zu klein, um es auf die Schnelle zuordnen zu können.«

»Hm, Wölfle ist Waffenschmied. Wenn er das Messer selbst gefertigt hat, könnte dieser Teilabdruck doch von einem Kunden stammen, der sich das Messer hat zeigen lassen.«

Bitterle überlegte. »Wo genau habt ihr es noch gleich gefunden?«

»Unter dem Badezuberpodest zwischen den Gasflaschen.«

»Irgendwelche Auffälligkeiten?«

»Nun ja. Dass die vermutliche Tatwaffe so offen herumliegt, ist an sich schon auffällig.«

»Ja, das hat die KTU gleich nach dem Fund angedeutet. Es ist also recht wahrscheinlich, dass das Messer platziert worden ist.« Bitterle lehnte sich zurück, legte den Kopf in den Nacken und begann mit leichten Kreisbewegungen. »Denn warum sollte Wölfle das Messer nicht verschwinden lassen, wenn er der Täter war? Vielleicht wollte ihm jemand die Tat anhängen? Irgendwas stimmt da auf jeden Fall nicht!«

»Den Eindruck hatte ich ja auch, als ich in Wölfles Zelt war«, sagte Kula und ignorierte Bitterles erhobene Hand.

»Das rauszufinden, ist dein Part, Konrad. Viel Glück dabei.« Der Chef der Spurensicherung legte auf.

»Welchen Eindruck, was meinst du?«, wandte Bitterle sich an seine Kollegin.

»Ich habe noch einmal nachgedacht: In dem Zelt herrschte das komplette Chaos, ein grauenhaftes Durcheinander. Dennoch muss jemand da gewesen sein, um Spuren zu beseitigen.«

»Wie kommst du darauf?«

»Wie sieht's denn bei dir nach einer wilden Party aus?«

»Ich mach keine wilden Partys. Schon lange nicht mehr. Komm zur Sache, Kula. Was war das Besondere an diesem Saustall?«

»Es gab nur leere Bierflaschen. Ansonsten – keine Gläser, kein einziger Becher, nicht mal ein Strohhalm. Einfach nichts!«

»Du meinst, die hat jemand verschwinden lassen?«

»Das meine ich nicht nur, das muss so gewesen sein, da bin ich mir sogar ganz sicher! Wie gesagt, da muss die Spusi noch mal genau drüber.«

Doch bevor Bitterle dort anrufen konnte, klopfte es, und Frau Mützenrieder betrat mit einer Person in Mönchskutte den Raum.

»Stellen Sie sich vor, Herr Kommissar, wir haben einen ersten Zeugen.«

Während Frau Mützenrieder die Person zu Bitterle lotste, nahm er beiläufig wahr, wie sie Kula zuzwinkerte. Er schenkte dem aber weiter keine Beachtung, viel zu sehr war er damit beschäftigt, sich über den Aufzug des Zeugen zu wundern. Denn von dem war unter der sackähnlichen Kutte rein gar nichts zu sehen.

»Bitte nehmen Sie Platz, dürfte ich als Erstes nach Ihrem Namen fragen?«

»Do könnst möch böroits!«, grummelte die Gestalt unter der Kapuze mit tiefem Bass, »öch werde ab jötzt nöcht möhr von doiner Soite woichen!«

»Lukas!«, platzte es aus Bitterle heraus. »Das ist ja genial! Kula hatte recht. Das ist die optimale Tarnung. Wenn sie mir die Kutte nicht zuvor schon gezeigt hätte, wäre ich nie auf die Idee gekommen, dass du da drin steckst.«

»Dos öst ja auch dör Sönn dör Soche.« Lukas fegte die Kapuze vom Kopf und hob das Kinn zur Siegerpose. »Da kannst du mal sehen. Wie sagte mein Vater immer: ›Zieh dich anständig an, Kleider machen Leute.‹«

Während Bitterle Lukas über den Stand der Dinge in Kenntnis setzte und ihm einschärfte, sich so diskret wie möglich umzuhören, machte sich Kula endlich auf den Weg zu Japke.

***

Die beiden Belgierinnen hatten mittlerweile eine ordentliche Glut in der Feuerstelle geschaffen und schienen in ihrem Element. Es roch angenehm nach Holzkohle und Gemüse. Während Madeleine in dem darüberhängenden Bottich durch eine leuchtend rote Brühe rührte, gab Japke nach und nach grob gesponnene Wolle hinzu und drückte sie mit einem Holzstab nach unten. Eine Handvoll Besucher stand um den Eisentopf und sah interessiert zu. Ein älteres Paar hatte allerdings Mühe, seine Rasselbande in Schach zu halten. Die drei ungefähr gleichaltrigen Buben quengelten und zerrten in Richtung der Greifvogelschau, die ein paar Meter weiter ihre Uhus, Falken und Bussarde angeleint flattern ließ. Doch Madeleine war schneller und griff sich ein paar Wollknäuel. Kula musste schmunzeln, als sie sah, mit welchem Charme sie die Jungs besänftigte und mit welchen wollenen Streicheleinheiten sie den Alten einen Kauf schmackhaft machte. Dann eben später, dachte sie, ging die paar Schritte zurück zu dem Zelt der jungen Frau mit der hellen Haube und dem merkwürdigen Instrument, die ihr heute Mittag aufgefallen war, und rief nach ihr.

Sofort kam diese nach draußen und strahlte Kula an. Sie hatte noch immer das eiförmige Ding vor den Bauch geschnallt. »Ich habe Sie vorhin schon gesehen. Sie möchten garantiert mein neues Instrument hören.«

»Nicht nötig, ich wollte Sie nur etwas fragen.«

»Bestimmt nicht? Das ist nämlich eine Drehleier, etwas wirklich ganz, ganz Seltenes, wird heutzutage kaum noch gebaut. Kleinen Moment, ich muss sie nur noch mal nachstimmen.«

Kula hielt ihr kurz ihren Ausweis hin. »Nein wirklich, vielleicht später, aber im Moment bin ich ziemlich in Eile.«

»Ach, Sie sind von der Polizei. Na gut«, sagte sie mit beleidigter Miene, »dann eben nicht. Was ist denn so dringend? Was wollen Sie wissen?«

»Ihr Zelt steht direkt neben dem von Guido Wölfle. Sie haben sicher mitbekommen, dass er vorhin ins Krankenhaus gebracht wurde. Kennen Sie ihn näher? Haben Sie gestern etwas Ungewöhnliches gesehen oder gehört? Gegen Abend oder später.«

»Kennen? Nö, nicht wirklich. Man sieht sich halt, nickt sich zu oder hebt die Hand, aber kennen? Hm-m. Wie geht's ihm denn?«

Kula drehte die Handflächen nach oben. »Nun, die Ärzte tun alles, was in ihrer Macht steht. Mehr weiß ich auch nicht.«

»Schlimm, schlimm! Aber viel kann ich wirklich nicht über ihn sagen. Ich habe ja kaum mit ihm geredet. Und wegen gestern? Na ja, ziemlich lang gefeiert haben die, bestimmt war das wegen dem besonderen Gast.« Das Mädchen wurde sichtlich nervös, neigte sich Kula zu und fuhr in konspirativem Tonfall fort: »Da war nämlich der Barde Balthasar zu Gast. Ich wollte ja erst noch rüberschauen zu denen, habe mich dann aber doch nicht getraut. Immerhin habe ich ihn gesehen. Direkt vor meinem Zelt ist Balthasar vorbeigegangen. Hat mir sogar zugenickt.« Und wie zur Bestätigung nickte sie aufgeregt mehrmals hintereinander, wobei sich ihre Wangen leicht röteten und ihre Augen zu leuchten begannen.

»Barde Balthasar, sagen Sie? Den Namen habe ich schon einmal gehört, der soll morgen bei einer Mittelalterhochzeit im Barocksaal dabei sein. Was ist denn das Besondere an diesem Balthasar?«

»Das wissen Sie nicht? Also der ist doch ein ganz bekannter Musiker, der hat jahrelang bei ›Blackmore's Night‹ gespielt. Der weiß alles und kennt jeden!«

Kula überlegte. »Tut mir leid, sagt mir im Moment nichts.«

»Was? Echt nicht? Sie kennen echt Blackmore's Night nicht? Die beste Mittelalterband, die es je gab. Gründer sind Ritchie Blackmore und seine Frau Candice, Candice Night. Mannomann, die sieht vielleicht toll aus, und wie die erst singen kann. Und dann läuft mir doch tatsächlich der Balthasar über den Weg. Hier, ausgerechnet hier in Wiblingen.«

»Ritchie Blackmore? Muss man den kennen?«

»Na, aber hallo! Das war doch *der* Gitarrenstar bei Deep Purple. ›Smoke on the Water‹, ›Child in Time‹ und so. Ein richtiger Gott war der.« Und mit immer noch glänzenden Augen fügte sie hinzu: »Ist Ritchie eigentlich immer noch!« Und wieder nickte sie, diesmal wie die Räubertochter, die vom Nikolaus gefragt wird, ob sie denn auch artig war.

Kula meinte sich zu erinnern, wie ihr Vater zu »Smoke on the Water« durchs Zimmer gehopst war, Luftgitarre gespielt und dabei immer »Bam-bam-baa, bam-bam-ba-baa« und *»Fire in the sky«* gerufen hatte. Auweia, war ich da noch klein, dachte sie. »Stimmt, jetzt wo Sie's sagen; wie doch die Zeit vergeht. Aber zurück zu gestern Abend. Haben Sie denn etwas gehört? Laute Stimmen, gab es einen Streit?«

Das Mädchen schien nachzudenken. »Nö, gar nichts. Hab mir sofort die Headphones übergestülpt und mir die neuesten Stücke von Ritchie und Candice reingezogen.« Sie zog ihr Smartphone aus dem Spiegeltäschchen und wedelte damit vor Kulas Gesicht herum. »Bei einem Stück spielt der Ritchie sogar selber Drehleier. Richtig, richtig gut. Das ist auch der Grund, warum ich mir dieses phantastische Instrument zugelegt habe. Ist natürlich gebraucht. Weil neu sind die fast unbezahlbar, ganz zu schweigen von den Wartezeiten; falls Sie überhaupt eine kriegen. Hier, schauen Sie mal!« Sie öffnete den Deckel über einem Kasten mit Schiebemechanismus, drückte einzelne Tasten mit kleinen Holzstiften und begann, rechts an einer Kurbel zu drehen. Das Ding vor ihrem Bauch kreischte kurz auf und begann dann zu jammern. »Ist doch echt irre, oder?«

Kula wollte ihr die Illusion nicht nehmen. »Ja, echt irre. Absolut beeindruckend. Wirklich – unglaublich!«

Als sich das Mädchen wieder in ihr Zelt verzogen hatte, tippte Kula eine SMS an Lukas: »Erste Spur: Schau, ob du den Barden Balthasar findest, er hat womöglich etwas mit der Sache zu tun oder kann zumindest Insiderinfos liefern!«

Inzwischen hatte Japke ihre Wolle verkauft, Kula entdeckt und winkte ihr fröhlich zu. Für einen Moment bekam Kula eine Hitzewallung und stellte fest, dass sie sich darauf freute, noch mal mit Japke zu reden.

»Hi, wie ich sehe, wart ihr erfolgreich.«

»Ja, Madeleine ist unschlagbar darin, Wolle zu verkaufen. Hast du noch Fragen? Komm, setz dich doch.« Dabei lächelte Japke Kula an, und die musste sich erneut zwingen, nicht unentwegt in Japkes grün gesprenkelte Augen zu starren. »Was gibt's?«

»Als ich vorhin bei dir war und wir wegen der Hunde unterbrochen wurden, hast du von einem Besucher bei Wölfle erzählt, der so komisch gesprochen haben soll. Erinnerst du dich?«

»Richtig, der war vielleicht seltsam. Er ist mir deswegen aufgefallen, weil er andauernd ›icke‹ und ›wees ick niet‹ und ›gloob ick niet‹ gesagt hat – Moment, er sagte ›wees ick nich‹ und ›gloob ick nich‹ und nicht ›niet‹, das ist ja flämisch.« Japke hielt eine Hand vor den Mund und kicherte.

Kula überlegte, wohin dieser Dialekt passen würde. »Vielleicht ein Berliner?«

»Stimmt, das könnte ein Berliner gewesen sein. Jetzt, wo du es sagst.«

»Kannst du ihn beschreiben? Vielleicht hast du den zuvor schon einmal getroffen?«

Japke verneinte. »Es war ja auch schon recht dunkel.«

»Und sonst? Irgendetwas Ungewöhnliches? Freunde, Besucher, Kunden? Wölfle war doch bestimmt schon vor Festivalbeginn da.«

»Ach so, vor dem Unglück, meinst du. Ja klar, da waren zwei Schotten. Sie haben ein Schwert bewundert, das Guido geschmiedet hatte. Der eine hat es sich ganz genau angesehen. Guido war danach total happy. Sein Excalibur war sein Ein und Alles, sein ganzer Stolz.«

Schon wieder Schotten, dachte Kula. Ihr fiel der kaputte Kasten ein, den sie in Wölfles Zelt gefunden hatte. »Hast du das Schwert gesehen?«

»Das hat sich nicht vermeiden lassen! Sogar zweimal ist er rübergekommen und hat es mir gezeigt.«

»Lag das Schwert in einer Schatulle?«

»Meinst du so einen Holzkasten mit drinnen Samt?«

»Genau.«

»Ja, es lag da wie in einem Bett, die Farben haben wunderbar zusammen harmoniert.«

Kula tippte wieder Notizen in ihr Smartphone. »Und woher weißt du, dass das Schotten waren? War an denen etwas Besonderes?«

»Na ja, wie Schotten eben aussehen – mit karierten Röcken, bei denen man die Stachelbeerbeine sieht. Und dann hatten die noch solche Dudelsäcke über der Schulter hängen. Dabei fällt mir ein, dass einer von denen Deutsch gesprochen hat. Worum es dabei ging, habe ich nicht mitbekommen. Das war auch recht schwer zu verstehen, das Englisch von dem einen hat sich angehört, als ginge jemand mit schweren Stiefeln über Kies.«

»Das war dann wohl ein echter Schotte. Ich war mal dort. Da kommst du mit Schulenglisch nicht weit.«

»Kann ich nicht beurteilen, so weit im Norden war ich noch nie.«

»Gut«, Kula blickte auf ihre Notizen, »ist dir sonst noch etwas aufgefallen, hat Wölfle vielleicht etwas erzählt?«

»Ja klar, der war überhaupt nicht mehr zu bremsen mit seiner Story.«

»Erinnerst du dich, wann das war?«

Japkes Augen verloren sich für einen Moment im Nichts, dann sagte sie: »Das war am Mittwoch, glaube ich. Wir waren alle mit dem Aufbau und den Vorbereitungen beschäftigt.«

Zwei Tage zuvor

Guido Wölfle hatte seine Jurte aufgebaut, den Wohnbereich hergerichtet und die Schaffelle ausgebreitet. Der vordere Teil mit seiner Schmiedewerkstatt, der Esse und den Schaukästen für Messer, Spangen und Armreifen war ebenfalls fertig. Die Halterung für das Schwert hing für jeden Besucher sofort sichtbar dahinter, und die kleine Glasvitrine, in der er seine Goldschmiedearbeiten zeigte, stand etwas abseits in der Ecke. Er sah sich um, war stolz auf sich und hoffte auf gute Geschäfte. Das Einzige, was noch fehlte, war sein Amboss. Der stand noch in seinem Transit außerhalb des Geländes, denn Wölfle hatte heuer darauf bestanden, sich im Garten außerhalb der Mauern breitzumachen und auch dort ausstellen zu dürfen. Sie hatten ihm schließlich eine Parzelle zugewiesen. Hier ging es wesentlich ruhiger zu als auf dem großen Platz vor dem Kloster. So blieb er von den Gaffern verschont, die ihm nur die Zeit raubten und dumme Sprüche klopften. Vor zehn, fünfzehn Jahren hatte er das noch anders gesehen, da hatte er dieses Brimborium ganz amüsant und hilfreich gefunden. Amüsant, weil die unerschrockenen Mägde und Zofen sich von seiner Schmiedekunst hatten beeindrucken lassen und manch eine von denen später hatte wissen wollen, was so ein Schmied sonst noch alles draufhat; und hilfreich, da so ein Markt immer auch ein Schaufenster war. Er fieberte einst jeder Möglichkeit entgegen, um seine Spangen, Broschen und Armreife zu zeigen. Und natürlich auch seine Waffen. Die Messer, die Äxte und seine Schwerter.

Heutzutage waren die Märkte zur Routine, zu einem Job geworden. Doch Wölfle fand es nach wie vor amüsant, dem Treiben von ferne zuzusehen. Es war ihm ein Vergnügen, einer wiedergeborenen Héloïse, die Händchen haltend mit ihrem geliebten Abaelard über den Markt streifte, zuzusehen, wenn sie wenigstens ein Wochenende lang dem Alltag als Sachbearbeiterin oder Bauzeichner entfliehen konnten. Dies waren Momente, in denen er sich an seine Anfänge erinnerte, denn mittlerweile verwendete er oft Silber statt Eisen, schuf filigrane Unikate, fein gepunzt und mit Edelsteinen versehen – Funkelsteine, wie sie hier von manchen genannt wurden. Diese Rekonstruktionen von Ringen und Ketten nach keltischen Motiven oder nach Vorbildern der Gemälde des Mittelalters wurden mehr und mehr zu seinem Broterwerb. Denn seit er die Werkstatt mit der Einrichtung eines Goldschmiedes mit Jadewalds Kredit gekauft hatte, konnte er endlich seinem erlernten Beruf nachgehen und wirklichen Schmuck herstellen. Dennoch blieb er seiner anderen, seiner ursprünglichen Leidenschaft treu und verbrachte den Rest der Zeit und die Wochenenden hauptsächlich damit, Replikas von königlichen Waffen zu fertigen. Vielleicht würde er ja hier zwischendrin Zeit finden, um sein neuestes Excalibur nach dem Schärfen so weit zu Ende zu polieren, bis er sich darin würde spiegeln können. Jedenfalls hatte er es dabei, und vielleicht zeigte ja jemand Interesse daran.

Wölfle trat nach draußen, um sich Breitingers Sackkarre zu borgen, denn der Amboss war schwer. Ein Windstoß blies Rauch zu ihm herüber. Japke und Madeleine, die beiden Belgierinnen, hatten endlich das Holzfeuer zum Brennen gebracht und hängten gemeinsam den schweren Kessel unter das Dreibein, das für einen Moment bedrohlich schwankte. Bald würde darin eine grünlich braune Brühe brodeln, in die sie ihre Wollfäden tunken würden. Vor allem Japke war eine Meisterin darin, jeden mit ihrem charmanten flämischen Akzent davon zu überzeugen, dass es kein besseres Färbemittel als ganze Brennnesselstrünke aus der Eifel gab. Nur diese hätten den nötigen Anteil an Blütenzucker, um die Wolle dauerhaft geschmeidig und wohlriechend zu machen. Und während sie dies sagte, hielt ihre Nichte Madeleine einem ein Knäuel unter die Nase, an dem man erst schnuppern durfte, danach strich sie damit sanft über die Wangen. Und wenn Japke mit ihren vielen Sommersprossen hinzutrat und einen anlächelte, konnte man gar nicht anders, als ihnen zu glauben, und zog voller Entzücken die Geldbörse hervor. Ähnliche Argumente hatten sie für Rote Beete und Ringelblumen parat – mit ähnlichem Erfolg. Wölfle freute sich mit den beiden, dass es so gut lief. Zudem waren sie ein weiterer bunter Tupfer auf dem Festival.

In der Hoffnung, dass Breitinger mit dem Aufbau fertig wäre, machte er sich auf den Weg in den ehemaligen Brauhof. Er trat durch das Tor neben dem Pfarramt, ging über den Platz und grüßte einige Kollegen, die ebenfalls damit beschäftigt waren, ihre Stände herzurichten. Unter dem rotblättrigen Ahorn blieb er stehen, lehnte sich gegen den Stamm und beobachtete den Zuberer, der gerade das große Holzfass zusammengesetzt hatte und dabei war, die Eisenringe noch festzuklopfen. Er trat aus dem Schatten hervor und ging auf ihn zu.

Breitinger erkannte ihn sofort. »Wohlan, werter Freund und Meister der güldnen Zunft und ehrbaren Schmiedekunst, Gott zum Gruß, mein Allerwertester. Wenn ich diese Leiberwanne denn fertig habe, werdet Ihr wohl auch ein Bad zu nehmen gedenken, so wie Euch der Schweiß übers Antlitz rinnet.«

»Hey, Vitus, sag mal, hast du sie noch alle? Du warst wohl zu lang in der Sonne, oder hat unser Vitus schon einen intus? Übst dich jetzt schon im Kundenlatein? Wie geht's, was gibt's Neues?«

»Alles klar, servus, Guido.« Breitinger wechselte zu halbwegs verständlichem Bayerisch und kraxelte von dem Podest. Er ging auf Wölfle zu und schlug ihm herzhaft auf die Schulter. »Gut so weit. Ich hoff bloß, dass heuer mehr kemma wern als im letzten Jahr, sonst mach ich wieder bloß Miese.«

»Wieso das denn? Bei den anderen läuft's doch prima, was man so hört.«

»Ja, was meinst denn, warum? Bei dena sand s' zu acht in der Wanne, ham ihre Bierkrüg dabei und bieseln eini. Und die andern, die hernach kemmat, baden in derselben Brüh.«

Wölfle musste ziemlich verständnislos geschaut haben, denn Vitus fuhr gleich fort: »Bei mir gibt's so was net! Da gehn Maximum sechse ins Fass, und hinterher wird gscheit sauber gmacht, und hernach gibt's wieder a frisches Wasser, aufgheizt auf exakte zwoaradreißg Grad. Was glaubstn, was des alls kost? Da kann i mit dene Preis vo der Konkurrenz net mithaltn.«

»Ach so.«

»Aber desweng bist net kemma, hob i recht? Also was wuist?«

»Ich tät mal deine Sackkarre für meinen Amboss brauchen.«

»Und i hab immer dacht, wer's im Kopf net hat, hat's in die Arm.« Dabei stupfte er ihn an der Brust und lachte.

»Du gell, pass bloß auf.«

»Ja logisch! Freili kannst die ham, liegt hinterm Stand auf der Plane. Also, pfüat di derweil.« Vitus kletterte wieder nach oben und klopfte weiter die Ringe um das Holzfass.

Als Wölfle mit dem Amboss auf der Sackkarre zurück zur Jurte kam, stutzte er. Sein Stand wurde von zwei Männern mit sehr auffälligem Äußeren belagert. Schotten in voller Montur. Neben den unterschiedlich karierten Kilts hatten sie eine lange Schärpe mit dem gleichen Muster über die Schulter drapiert. Ein ledernes Täschchen mit zwei langen Bommeln baumelte vor deren Bäuchen, und die Häupter zierten dunkle Käppis mit irgendwelchen münzgroßen silbernen Dekorationen. Zudem hingen monströse Dudelsäcke über ihren Schultern. Sie unterhielten sich auf Englisch, allerdings klang es bei dem einen so, als stürme jemand mit schweren Schuhen über grobe Kiesel, das Englisch des anderen hatte einen deutlich fränkischen Einschlag. »Nice knifes« war das Einzige, was Wölfle von dem offensichtlich echten Schotten verstand, beim Rest musste der andere, offenbar ein Franke, helfen.

»Calum fragt, ob du noch andere Messer beziehungsweise Dolche oder Schwerter hast. Mein Freund ist an echter Waffennarr, vor allem was historische Schwerter angeht.«

Es dauerte nur einen Augenblick, bis Wölfle begriffen hatte, was das bedeuten konnte. Er eilte nach hinten und griff nach dem Etui, das auf dem Feldbett lag. Noch in seiner Schlafkammer öffnete er den Deckel und trug es mit beiden Händen nach draußen, so bedächtig, als hielte er eine Monstranz oder etwas ähnlich Heiliges in Händen. Er legte das Etui auf dem vorderen Schaukasten, der direkt von der Sonne bestrahlt wurde, ab und sagte: »Bitte schön, mein Schwert!«

»Allmächt!«, entfuhr es dem Franken, und er blickte zu seinem Freund hoch.

Der zeigte zuerst auf Wölfle, dann auf das Schwert und fragte: »You really made this on your own?«

»Ja klar«, sagte Wölfle, »mein ganzer Stolz.«

»Just can't believe it! Fantastic.« Dabei wiegte er seinen Kopf in Zeitlupe und wechselte ein paar Worte mit dem Franken.

»Calum meint, Leute wie du, die mit solcher Sorgfalt und Fachkenntnis arbeiten, findet man selten. Er will dich näher kennenlernen.«

Wölfle war hin- und hergerissen. Er fühlte sich geschmeichelt. Diese Schotten waren offensichtlich von seiner Waffe begeistert und verstanden auch etwas davon. Er hatte schon Lust, sich einmal mit jemandem zu unterhalten, der seine Arbeit so schätzte. Selbst wenn kein Geschäft dabei herauskam. Andererseits … »Im

Moment ist es schlecht, ich bin gerade dabei, meinen Stand herzurichten.«

»Okay. Wie wär's dann mit heut Abend, drunt an der Iller. Was sagst du?«

Es dämmerte, eine kühle Brise war aufgezogen, und die umherschwirrenden Mücken stürzten sich auf jede freie Hautstelle, die sie finden konnten. Sie krochen selbst bis tief in den Kragen. Wölfle scherte sich nicht darum, er wollte wissen, was ihm Calum zu sagen hatte, und folgte einfach seinen Ohren. Schon von Weitem waren die Dudelsäcke der Schotten zu hören, und der Richtung nach zu urteilen, spielten sie unten an dem breiten Kiesstrand.

Tatsächlich saßen die beiden dort vor der Feuerstelle zwischen Wegrand und Ufer und bliesen in ihre Säcke. Ein geheimnisvolles, fortwährendes Dröhnen umhüllte die Musiker, dazwischen rankten sich keltische Melodien. Alles klang sehr kraftvoll und melodisch, nur bei den ganz hohen Stellen tönte es etwas fiepsig. Am liebsten hätte Wölfle seine Trommeln geholt und sie begleitet. Langsam und leise näherte er sich dem Duo und ließ sich nieder. Calum legte sein Instrument beiseite, nahm einen tiefen Schluck aus einer Flasche und begann kehlig, fast schon rachitisch zu singen. Wölfle jagte ein Schauer über den Rücken. Die Kelten schienen auferstanden zu sein. Nach einem in die Länge gezogenen, sehr tief gesungenen Vokal brach die Musik ab, und Calum brummte: »Oh my God, what a wonderful night.« Danach machte die Flasche die Runde.

Noch nie hatte Wölfle etwas getrunken, das so sehr nach Teer schmeckte wie an diesem Abend. Die Wirkung jedoch war grandios. Bereits nach dem dritten Schluck hatte er Mühe, das Etikett des Whiskys zu entziffern. Erst nach mehreren Anläufen gelang es ihm, den Namen Laphroaig so auszusprechen, dass der Schotte wohlwollend brummte. Was er da trank, war ein achtzehn Jahre alter Islay Single Malt Scotch Whisky. Und sosehr sich der Franke auch bemühte, Calums Monolog über diesen Zaubertrank zu übersetzen, das Einzige, was Wölfle mitbekam, war, dass es die

Brennerei schon seit genau zweihundert Jahren gab, das Quellwasser so kostbar war, dass darum beinahe ein Krieg geführt worden wäre, und dass der Torf, auf dessen Feuer die Gerste geröstet würde, ausschließlich von Hand gestochen würde – und dass das natürlich seinen Preis hätte. Wölfle nahm noch einen Schluck. Dann kam Calum zum Eigentlichen, und der Franke begann mit inzwischen schwerer Zunge zu übersetzen. »Er findet dein Schwert außergewöhnlich gelungen, mehr noch, er hätte noch nie eine so perfekte Arbeit gesehen. König Artus wäre zu Recht stolz auf dich, meint er, und es würde ihn wundern, wenn du nicht bei den Ersten dabei sein würdest.«

»Bei den Ersten? Wovon die Ersten?«

Calum erklärte seine Idee, und davon verstand Wölfle sogar selbst das Wichtigste: Ausstellung, Wettbewerb in Edinburgh, und zwar noch diesen Sommer.

Inzwischen war es Nacht geworden. Nichts störte die Stille außer dem Rauschen der Iller und einem letzten Versuch, ein Stück zu spielen. Es klang recht schief. Sie ließen es bleiben, legten Holz nach und reichten die Flasche weiter.

Zurück auf seinem Feldbett wiegte der Whisky Wölfle in einen sanften Schlummer. Calums Lob für sein Schwert und die Aussicht auf Erfolg mit seinem Excalibur, die wie eine Prophezeiung klang, zogen ihn bald in einen tiefen Schlaf.

»Möchtest du etwas trinken?«, fragte Japke.

»Gerne, vielleicht wieder so einen Tee wie vorhin, wenn du hast.«

»Klar. Kalt und mit einem Spritzer Zitrone schmeckt der besonders gut.« Japke verschwand im Zelt und kam kurz darauf mit zwei Bechern wieder.

»Wo ist denn eigentlich Madeleine?«

»Hinten bei dem großen Zelt, die dekorieren für eine mittelalterliche Hochzeitsfeier. Ich frage mich, wo die all die vielen Felle und Kuhhörner herhaben.«

»Hab schon davon gehört. Mit einer Trauzeremonie im barocken Bibliothekssaal.«

»Wie bitte?« Japke lachte lauthals auf. »Mittelalter im Barocksaal. Und danach machen die wohl eine Raketen-Hochzeitsreise zum Mond. Ui-ui-ui, welch ein Zeitgeist!«

Kula gefiel Japkes Humor, sie wollte mehr über diese Frau wissen. »Sag mal, hier mit der Wolle und der Färberei, kann man denn davon leben? Habt ihr zu Hause ein Geschäft oder so was in der Art?«

»Pff, Quatsch. Das ist doch nur mein Hobby, und die Madeleine nehme ich mit, damit sie mal aus ihrem Heim rauskommt und mal etwas anderes sieht. Meine Nichte arbeitet sonst in einer betreuten Einrichtung, wo sie kleine Möbel bauen und von Hand bemalen.«

»Und du?«

»Ich bin Architektin, mache Stadtplanung. Wir entwickeln neue Wohnraum- und Innenstadtkonzepte für die Zukunft, Verkehrsberuhigung, Nahverkehr und Lastentransport.«

»Oha, das klingt ja wirklich spannend. Und was führt dich dabei ausgerechnet nach Ulm?«

»Richard Meier! Ich bin ihm total verfallen. Und ihr habt hier ja gleich drei Meier-Bauten in Ulm und der Umgebung. Über ihn bin ich überhaupt erst zur Architektur gekommen.«

Kula beugte sich vor und lehnte die Ellbogen auf die Knie. »Erzähl!«

»Eigentlich wollte ich Chemie studieren. Schon als Kind hat mich fasziniert, wie Dinge miteinander reagieren, bis es manchmal richtig funkt und knallt.« Dabei machte sie ein Gesicht wie eine Vierjährige, die der Oma Schokolade aus dem Geheimversteck stibitzt hat. »Aber dann, bei einer Klassenfahrt nach Rom, kam der Umschwung. Unser Kunstlehrer wollte uns unbedingt eine neue Kirche zeigen, die ein Papst extra hatte bauen lassen, um frischen Wind in den Katholizismus zu bringen. Und da hat er den amerikanischen Stararchitekten Richard Meier beauftragt. Die Kirche ist ganz in Weiß, wie alles von ihm, und das Dach sieht wie drei aufgeblähte Segel aus. Umwerfend. Doch das absolut Faszinierende daran ist, dass sie das Sonnenlicht nach innen reflektieren und dabei eine diffuse und trotzdem helle und luftige

Atmosphäre entstehen lassen. Und da hat's mich gepackt, und ich wollte Architektin werden.«

»Du sagtest, es gibt drei Meier-Bauten in Ulm. Ich kenne nur das Stadthaus beim Münster und oben bei der Uni«, Kula räusperte sich und strich sich über die Nase, »das Daimler-Forschungs-Center.«

»Hm-m, das dritte kennen viele nicht. In Schwendi, nicht weit von Ulm, hat es einen Heizungsbauer, der hat sich ein Ausstellungs- und Schulungszentrum von Meier bauen lassen. Das habe ich mir letztes Jahr angeschaut. War gar nicht so einfach, da reinzukommen.« Sie lächelte und blinzelte ein paarmal. »Und gestern war ich bei Daimler.«

Kula versetzte es einen Stich, als sie schon wieder Daimler hörte. Aber sie versuchte, ihn zu ignorieren, ihre privaten Probleme gehörten jetzt nicht hierher. »Toll. Und, war es gut?«

»Super. Die forschen in eine ähnliche Richtung wie bei uns. Urbane Mobilität, Lebenskonzepte in der Zukunft und so weiter. Vor allem autonomes Fahren. Aber das Tollste kommt erst noch. Als ich gestern dort war, habe ich eine Frau kennengelernt, die hat darüber ihre Doktorarbeit geschrieben. Sie nimmt sich heute Abend extra Zeit für mich, um mir das Konzept zu erklären. Sie ist auch sonst total nett! Ich freu mich schon.«

Kula richtete sich auf und starrte Japke an. Sprach sie da etwa von …? Das konnte doch nicht wahr sein! »Na, dann wünsch ich euch beiden mal viel Spaß!« Sie erhob sich abrupt, wobei der Hocker umfiel, und schnappte ihre Jacke. Ohne sich zu verabschieden, eilte sie davon, schlüpfte trotz der Hitze in die Lederkluft und warf einen kurzen Blick zurück. Japke sah ihr verwirrt hinterher, verständlich, aber sie konnte sich jetzt nicht darum kümmern.

Kula biss die Zähne aufeinander und stemmte die Fäuste so tief in die Taschen, dass dort die Nähte rissen. So ein verdammtes Miststück, dachte sie, von wegen »total nett«! Mir hat sie erzählt, sie muss noch arbeiten.

ACHT

»Ich geh dann mal, das war wirklich ein langer Tag«, sagte Iris Mützenrieder, nachdem sie Bitterle eine Tasse Kaffee hingestellt hatte. »Kann ich noch etwas für Sie tun?«

»Danke. Ich denke, wir machen auch bald Schluss. Wir sehen uns dann morgen wieder, hoffe ich.« Dabei stahl sich ein Lächeln auf Bitterles Gesicht. »Sie haben bestimmt noch einen schönen Abend, so fröhlich, wie Sie aussehen.«

Frau Mützenrieder blieb unter dem Rahmen stehen, hielt das Türblatt mit beiden Händen umfasst und hatte ihr Kinn darauf abgelegt. Wie sie so auf einem Bein dastand, das andere angewinkelt, beinahe schwebend, erfüllte sie das Klischee einer Kinoschnulze aus den 1960er Jahren nahezu perfekt. »Ich habe auch allen Grund dazu. Wissen Sie, seit ich wieder solo bin und bei der Bank gekündigt habe, bin ich frei und kann tun und lassen, was ich will. Und heute lerne ich wieder Italienisch.« Sie wandte sich um. Nahezu geräuschlos schnappte die Tür ins Schloss.

Einen Moment lang überlegte Bitterle noch, ob womöglich ein anderer Mann auf sie wartete, dann schob er den Gedanken beiseite und widmete sich den Aussagen der Zeugen, die auf Kulas Aufruf reagiert hatten. Er fand jedoch nichts, was sie in dem Fall wirklich weiterbringen könnte. Von den unmittelbaren Nachbarn Wölfles hatte niemand außer der Belgierin etwas bemerkt. Diese Flugblattaktion zeigte bislang keinen Erfolg. Er schob seine Unterlagen zu einem Stapel zusammen, beugte sich über den Laptop. Vielleicht brachte der Videoclip des Bänkers etwas, den Kula am Nachmittag befragt hatte. Bitterle ließ die Aufnahme ablaufen, doch was er sah oder besser was er hörte, jagte ihm Schauer des Entsetzens über den Rücken.

Das sollte Musik sein? Guido Wölfle war nicht wiederzuerkennen. Bitterle hatte zwischenzeitlich die Homepage des Schmieds betrachtet – das Video zeigte eine scheinbar völlig andere Person. Diese ruß- und ölverschmierte Figur hampelte mit nacktem Oberkörper und nur einem Lederlappen um die Lenden hinter einem Riesenamboss herum, der bei jedem Hammerschlag von innen glutrot aufleuchtete. Hinter Wölfle ragten unterschiedlich lange Metallrohre aus einem Gestell, die er ebenfalls anschlug und die dabei Funken sprühten wie Schweißelektroden, wenn sie in Kontakt mit Masse kamen. Immerhin war es rhythmisch halbwegs passabel, wenn auch brachial und eintönig, auf die Zwei und auf die Vier. Wölfle schien konzentriert und schaute hin und wieder zu Nils Jadewald rüber, der hinter einem blauen, futuristisch anmutenden Gerät stand, das eher an ein Raumschiff als an ein mittelalterliches Musikinstrument erinnerte. Jadewald drehte an einer Kurbel, drückte Tasten und trat gleichzeitig auf eine Legion am Boden platzierter Pedale, die den Sound veränderten und ein Höllenspektakel verursachten. Als er sich dem Mikrofon näherte, donnerte ein Schwall blutrünstiger Vokale aus den Lautsprecherboxen. Schlachthofgeräusche. Angewidert von dieser Banalität klickte Bitterle auf Pause, lehnte sich zurück und schloss die Augen. Er hatte vor Längerem im Stadthaus die Jazzinterpretationen zum »Scheiterhaufen der Stille« eines Ulmer Klarinettisten gehört, bei der ebenfalls eine Drehleier zum Einsatz gekommen war. Er erinnerte sich noch Wort für Wort an die Tage später erschienene Rezension im Kulturspiegel der Tageszeitung, da der Kritiker die Sache genau auf den Punkt gebracht hatte.

Dieser schmächtige Franzose schaffte es, leise, melancholische Töne mit komplexen Harmonien zu verweben, die in unregelmäßigen und rasanten Rhythmen ruhten. Neben den akrobatischen Kontrabassläufen eines weiteren Franzosen, der zu den Besten seiner Zunft zählt, verwirbelte ein Venezianer auf einem aberwitzig modifizierten Tamburin diese ketzerische Partitur und zauberte auf einem einzigen Fell mit einem Dutzend Schellen ein percussives Feuerwerk, mehr, als manch einer aus einem zwanzigteiligen Schlagzeugset herauszuholen vermag.

Das war Musik! Bitterle riss sich von seinen Träumereien los und ließ das Video weiterlaufen.

Rechts neben Jadewald stand dessen Frau Gudrun. Sie spielte einen Dudelsack und drehte sich dabei wie ein Derwisch auf dem Höhepunkt seiner Ekstase. Ihr Rocksaum flog hoch wie ein Kettenkarussell. Die Vierte auf der Bühne musste Pauline sein. Sie saß auf einer Bockleiter und zupfte eine Schoßharfe, dabei wurde sie von unten angestrahlt und wirkte im Gegensatz zum Rest der Gruppe wie ein Engel, der eine fromme Botschaft verkünden will, aber von den anderen daran gehindert wird. Insgesamt schien sie unglücklich. Dies änderte sich allerdings für einen Moment, als am äußersten rechten Bühnenrand ein junger Mann auftauchte und ihr zuwinkte. Pauline erwiderte dieses Winken mit einem Lächeln. Bitterle drückte auf Pause. Das musste dieser Puppenspieler sein. Er griff nach seinen Zetteln, machte sich eine Notiz und ließ das Video weiterlaufen. Wenig später kam Unruhe auf! Wölfle verspielte sich und brachte die Band aus dem Takt. Der Grund dafür war diesmal am linken Bühnenrand zu sehen. Zwei Schotten, die Wölfle etwas zuriefen, was aber auf der Aufnahme nicht zu hören war. Danach donnerte Wölfle mit zwei Axt-Attrappen ein Solo auf den Amboss, sodass der Rest der Truppe rat- und hilflos dastand, bis Gudrun Jadewald an den Rand trat und die Situation rettete, indem sie auf Wölfle wies und rief: »Und das ist er. Wie immer spontan und glühend heiß! Unser Thorwald Feuerfaust von Cantus Ferrum!« Einzelne Klatscher und Pfiffe waren zu hören, danach fuhren sie mit ihrem Donnertheater fort.

Bitterle war es leid und stoppte die Aufnahme. Er hatte genug gesehen und wusste, dass ihm nur Lukas würde helfen können. In seiner Verkleidung konnte er sich ungeniert umhören und würde sicher etwas über diese seltsame Band in Erfahrung bringen, das ihnen weiterhalf. Er sah auf die Uhr und nahm sich vor, sich mit ihm morgen früh als Erstes zu besprechen.

Mit einem Knall flog die Tür auf, und Kula trat in den Raum. Von ihrer Nasenwurzel bis zum Haaransatz grub sich eine tiefe Falte. Bitterle blickte sie erstaunt an, so wütend hatte er sie noch nie erlebt. »Was ist passiert?«

»Vergiss es. Privatsache! Wie lange machst du noch?«

Bitterle kratzte sich am Hals und strich über den Haaransatz. Müde ließ er die Hände auf die Tischplatte fallen. »Feierabend! Ich habe Hunger, und du siehst auch aus, als ob du was vertragen könntest. Machen wir Schluss für heute und gehen zum Jockel. Ich lade dich ein.«

»Und meine Kawa?«

»Lass sie stehen, ich bring dich anschließend heim.«

***

Lukas lehnte am Tresen und beobachtete Bienen-Berti bei der Arbeit. Der kleine kugelköpfige Kerl mit der Halbglatze wuselte umher, wusch Trinkhörner und stülpte sie danach in ein Regal zum Trocknen. Was macht der, wenn er nicht auf einem Mittelalterfest ist, fragte er sich und studierte, nachdem ihm keine Antwort einfiel, die Runen auf der Getränketafel. Bin ich nun im Dienst oder nicht? Hm, genau genommen bin ich noch im Urlaub. Kurzerhand entschied er sich für etwas Alkoholisches, denn undercover und dann Limo, das ging gar nicht. Sein Mundwinkel zuckte, als er für einen Moment daran dachte, Berti um einen geschüttelten Martini zu bitten, er entschied sich jedoch für einen Becher Nelkenmet, an dem er zuerst nippte, ihn dann aber in einem Zug leerte und sich nachschenken ließ.

»Kennst du einen Typen namens Balthasar?«

Berti sah kurz hoch und hielt den Kopf schräg. »Meinst du den Barden? Der schaut hier manchmal vorbei – wenn er nicht gerade singt und den Leuten was vom Pferd erzählt. Warum fragst du?«

»Ein Kumpel macht 'ne Fete und hat mich gebeten, mal nachzuhaken.«

Berti deutete mit dem Daumen nach links. »Frag die mal, die kennt ihn auch, vielleicht weiß die, wo er steckt.«

Zwei Schritte neben Lukas stand eine dunkelhaarige junge Frau. Sie hatte ihm den Rücken zugewandt und fuchtelte mit einer Hand durch die Luft, während sie stakkatoartig Italienisches in ihr Handy bellte. Lukas verstand zwar kein Wort, aber es klang aufgebracht. Ein leichter Vanilleduft wehte zu ihm her. Ihre Gestik beeindruckte ihn, weit ausholende Arme, Trippelschrittchen auf dem Kiesboden wechselten mit durchgedrückten Knien. Woher kenne ich dich?, fragte sich Lukas, während der Met bereits erste Wirkung zeigte. Er lauschte ihrer Stimme nach. Rau und weich zugleich, sinnlich und flüsternd, dann wieder fauchend und voller Glut. Eine Ahnung schlich sich heran und machte sich breit. Er war dieser Frau irgendwo schon einmal begegnet. Ein langes, kehliges Lachen beendete das Gespräch. Sie steckte das Handy weg, nahm ihren Becher in die Hand und drehte ihn zwischen den Fingern. Als ihr Blick den von Lukas streifte, wurde ihm bewusst, dass er sie die ganze Zeit über angestarrt haben musste.

»Stimmt was nicht«, fragte sie auf Englisch, »oder warum guckst du so?«

Lukas spürte, wie ihm die Röte ins Gesicht schoss und sich an den Ohren sammelte. »Nee, ich dachte bloß …«

Sie zog eine Augenbraue nach oben und sagte: »Denken tun viele.«

Dieses Hochziehen der Augenbraue rief in Lukas eine Erinnerung wach, die ihn fort in die Vergangenheit zog, weit weg, zu einem Urlaub in Athen.

Letzten Sommer

Das Kyttaro war rappelvoll und die Stimmung ausgelassen. Aus den Deckenboxen plärrte Mainstream-Rock. Lukas wurde von den Runnern beiseitegeschoben, die Gläser abräumten und volle Aschenbecher leerten. Er war mit den jungen Griechen hierhergekommen, die er in einer der kleinen Hafenspelunken kennengelernt hatte. Spontan hatten sie ihn eingeladen, sich mit ihnen eine Band anzusehen, und hier war er nun. Der Saal wurde gerade dunkel, und erste Jubelrufe und Pfiffe waren zu hören. Massen junger Leute schoben sich an ihm vorbei und drängten vor zur Bühne. Dann ging es los! Lukas hatte schon einiges gehört, aber hier entlud sich ein akustisches Gewitter, die Blitze fetzten aus den Stroboskopen. Er verschränkte die Arme vor der Brust und betrachtete die Musiker.

Ein Glatzkopf mit braunem Knebelbart stand breitbeinig vor seinen Boxen und bretterte quintlastige Soli aus seiner Jackson. Neben ihm wühlte ein Dunkelhaariger in seinem Fünfsaiter und bohrte sich in den Abgrund. Es klang, als wollte er die apokalyptischen Reiter zum Leben erwecken.

Der Drummer mit seiner Boateng-Frisur hockte hinter seinem schwarzen Set und drosch auf Trommeln und Becken ein, die kurzen Triolen überraschten Lukas allerdings durch ihre Leichtigkeit.

Der Rhythmusgitarrist, dem Look nach ein harmloser Biker, gab den Stücken mit seiner Gibson ein Fundament, das er wohl von AC/DC geklaut hatte.

Nichts Neues, fand Lukas, so etwas gab es quasi an jeder Ecke, auch in umgebauten Scheunen in der Ulmer Gegend, wo sich hin und wieder sogar Ian Paice von Deep Purple mitsamt seinem Schlagzeug und ein paar höchstens halb so alten Covermusikern hatte blicken lassen. Doch dann passierte etwas, das die Stimmung im Saal explodieren ließ. Selbst Lukas war von den Socken. Eine Gestalt mit flatternden Fledermausklamotten und funkelnden Kajalaugen, das Gesicht wie Botticellis Venus, umrahmt von dichtem schwarzem Haar, trat ins Licht, lautstark vom Mann an der Gibson angekündigt. »And here we have the best metal voice all over the world: Please welcome Elena Pescatori from Roma!«

Sie stürmte über die Bühne und machte erst am Rand vor den Bodenmonitoren halt. Schon nach den ersten Tönen war Lukas klar, dass sich in ihrer Kehle die Stimmen der Callas und von Janis Joplin zu einem Date getroffen hatten.

Die Härchen auf Lukas' Armen stellten sich auf, und ein Schauer jagte ihm vom Nacken zu den Zehenspitzen, als er an diese Nacht in Athen dachte. Da die Frau ihm wieder den Rücken zugewandt hatte, stupste er sie an der Schulter. Wie vom Blitz getroffen fuhr sie herum. »Was willst du? Lass mich in Frieden.«

Lukas war jedoch die Ruhe selbst. »Ich kenn dich! Du bist Elena Pescatori.«

Sie musterte ihn skeptisch und sagte eine Spur freundlicher: »Ja – und?«

»Nichts, und! Ich habe dich gehört. Dich und deine Truppe Bare Infinity in Athen, erst vor Kurzem im Kyttaro-Club. War 'ne so was von geile Show. Wow! Und jetzt stehst du hier in Ulm neben mir. Ich fass es nicht.«

Elena riss die Brauen hoch, die Glut in ihren Augen wurde intensiver, und sie strahlte Lukas an. »Du warst da?«

»Yep! Ich war in Athen und habe dich mit deiner Band gesehen. Normal stehe ich ja nicht so auf Metal, aber das war dann doch noch mal 'ne andere Nummer. Richtig fette Musik, wie Klassik in neuen Klamotten.«

»Endlich erkennt das mal jemand! Danke!« Elena beugte sich zu Lukas und gab ihm ein Küsschen auf die Wange.

»Elena, wie ich sehe, hast du wieder einen neuen Verehrer gefunden.«

Lukas wandte sich der Stimme hinter ihm zu und blickte in ein historisch zerfurchtes Gesicht, aus dem zwei graue Augen hervorblitzten.

»Hallo, ich bin Balthasar.«

NEUN

»Ein Verehrer von mir? Weiß ich nicht. Ganz sicher aber von Bare Infinity. Stell dir vor, der Typ hat uns tatsächlich im Kyttaro in Athen gesehen.« Elena Pescatori drehte sich in Lukas' Richtung, fragte nach seinem Namen und stellte die beiden einander vor.

»Hallo, Lukas«, sagte Balthasar und tippte sich leicht an sein rotbraunes Käppi, das verblüffende Ähnlichkeit mit dem von Klaus Meine von den Scorpions hatte. Während er Lukas die Hand schüttelte, spielten Hunderte Fältchen um seine Augen. Es sah aus, als hätten kleine Jakobsmuscheln ihre Abdrücke hinterlassen. »Freut mich! Was treibt dich hierher? Die Ritterspiele, die Musik oder das ganze Drumherum?«

Lukas kratzte sich hinter dem Ohr und sah knapp an Balthasar vorbei. »Och – eigentlich nichts Spezielles, ich wollte bloß mal gucken. Vor allem interessieren mich die Dudelsäcke«, sagte er, ohne groß darüber nachzudenken.

»Spielst du selber?«, fragte Balthasar.

»Na ja, richtig spielen ist vielleicht übertrieben, ich bin erst am Anfang und übe noch.«

»Was hast du denn für einen?«

Lukas räusperte sich. »Ein gebrauchtes Hümmelchen von Rogge.«

»Hoppla, das ist aber dann schon Oberklasse.«

»Ja schon, aber eigentlich bin ich auf der Suche nach einem Binioù kozh, das ist ein –«

»Jaja, kenn ich. Du meinst diese bretonischen Dinger, die so schrecklich hoch quäken, dass einem die Ohren abzufallen drohen. Hast du schon einmal an eine Schäferpfeife gedacht? Könnte ich dir mal zeigen. Ich habe mehrere davon, alle von Rogge. Bei der Hochzeit morgen in der Kirche spiele ich allerdings auf einer historischen Balinger Sackpfeife. Die solltest du mal hören! Klingt richtig authentisch. Ich denke, die Brautleute haben nichts dagegen, wenn du da kurz vorbeischaust.« Balthasar zog eine

Taschenuhr aus den Tiefen seines Umhangs und wandte sich an Elena: »Ich glaube, wir müssen zur Besprechung.«

»Was jetzt? Kannst du nicht vorausgehen?«

»Ach, komm schon, du weißt, das Pärchen will den Ablauf der Hochzeitsfeier mit uns planen und nicht mit mir allein.«

Elena hob die Schultern bis zu den Ohren, streckte die Handflächen dramatisch zur Seite und rief über die Schulter: »Ciao, Luca, vielleicht bis später.«

»Okay.«

Lukas sah ihnen nach und kam sich vor wie ein Idiot. Anstatt sich nach den Schotten zu erkundigen und wegen Jadewald zu fragen, stand er da, flirtete mit einem Rockstar und plapperte dummes Zeug über Dudelsäcke. Als ob es nichts Wichtigeres gäbe.

Von wegen James Bond!

Lukas hatte inzwischen zwei Nelkenmet intus und bekam Hunger. Er folgte den Rauchschwaden, die wie Frühnebel über dem Innenhof hingen. Es roch nach Knoblauch und Wurzelwerk, überwürzt oder angebrannt, dabei waren die Angebote so vielfältig wie fremd. Feuerpeitsche, Kümmelröster oder Knusperhaxe in Griebentunke. Diese wurden im Roggenfladen oder mit Dinkelballen, Rübenkraut oder Hirsemus gereicht. Lukas schob die Mundwinkel hin und her und ging an allen Ständen vorbei, bis er zu einer Bude mit Elsässer Flammkuchen kam. Eigenartigerweise war dort die Schlange der Wartenden am längsten. Er wertete das als gutes Zeichen und stellte sich dazu.

Ein Trupp Gaukler mit Instrumenten stürmte den Innenhof. Sie boten eine ganze Palette an schrägen Tönen, wilder als jede indische Brassband. Dudelsackgetöse fegte über den Platz, Glockenspiel und Schellenkränze schepperten um die Wette, und zu allem Überfluss dröhnte eine taktlos große Marschtrommel, die sich ein Zwerg vor den Bauch geschnallt hatte. Sie kündigten ›der geneigten Hörerschaft die ultimative Bühnenschau des Abends‹ an. Lukas hielt sich tapfer, bis er endlich einen halb garen Flammkuchen mit Speck und Lauchzwiebeln auf einem Pappteller in die Hand gedrückt bekam.

Mit einem Klumpen im Bauch, aber halbwegs gesättigt, schlenderte er über das Gelände, in der Hoffnung, noch einmal auf Elena und Balthasar zu treffen. Er nahm sich vor, diesmal alles richtig zu machen, und legte sich, nachdem er sich Kulas Anliegen in Erinnerung gerufen hatte, die wichtigsten Fragen zurecht.

Was war das Besondere an Nils Jadewald? Aus welchem Grund sollte ihm jemand den Tod wünschen?

Was war Cantus Ferrum überhaupt für eine Band?

Dazu noch diese ominösen Schotten, wie passten die ins Bild?

Zu guter Letzt wollte Lukas natürlich wissen, wer der Barde Balthasar war und was Elena, die Sängerin von Bare Infinity – immerhin eine griechische Heavy-Metal-Band – mit dieser wiedergeborenen Mittelaltergestalt zu schaffen hatte. Fragen über Fragen. Und Bitterle erwartete bis zum nächsten Morgen Antworten von ihm.

Trotz der dicken Kutte fröstelte Lukas, als er den Klosterhof verließ, über die Straße ging und den Paradiesgarten betrat. Eine heimelige Stimmung empfing ihn, die Sonne hatte sich bereits verzogen und tauchte den Park in einen violett-orangenen Schimmer. Vor den Zelten und Jurten hockten Ritter, Barone und gemeines Fußvolk mit ihren Gespielinnen beim Abendtrunk, rührten in eisernen Kesseln oder fläzten vor den Lagerfeuern, wo sie mit ihren Anekdoten um die Gunst der Weiberleute buhlten. Die nahe gelegene Wissenschaftsstadt mit ihrem Albert-Einstein-Dünkel, den Universitätsfakultäten und den globalen Forschungszentren war in diesem Moment mindestens so weit entfernt wie der Jupiter; selbst wenn die Stimmung vom gelegentlichen Fiepen einer eingehenden WhatsApp unterbrochen wurde.

Lukas schlenderte durch die Reihen und näherte sich dabei – wie magisch angezogen – einer Gruppe Musiker, die von ein paar Freizeitrittern in Kettenhemden und mit hochgeschobenen Visieren umstanden waren. Er zwängte sich dazwischen. Dann sah er sie: die gesuchten Schotten in Vollmontur! Ein Hüne mit grauem Kurzhaarschnitt samt Vollbart und ein Kleinerer mit Prinz-Eisenherz-Frisur standen breitbeinig auf der Wiese. Beide trugen Highlander-Tracht und bliesen in ihre karierten Dudelsäcke, dass einem die Ohren schwollen. Seitlich daneben hockte ein junger Typ mit hochgebundenen Rastas im Yogasitz, hatte eine Darbuka unter den Arm geklemmt und trommelte wilde Sahararhythmen. *Edinburgh meets Casablanca*, dachte Lukas. Die Zuhörer beleuchteten die Szenerie mit ihren Smartphones und drehten Clips für den nächsten Youtube-Hype.

Nach einem finalen Spielpfeifen-Vibrato, einem Trommelwirbel und wohlwollendem Applausgeplätscher gab Lukas sich einen Ruck und sprach die Schotten an. Er hatte durch Elena wieder etwas Übung im Englischen bekommen und legte los. Dabei log er, dass sich die Balken bogen. Er sei ein guter Freund von Guido Wölfle und habe von seinem Unfall erfahren. Er fragte, ob sie denn Näheres wüssten, sie wären ja wahrscheinlich den ganzen Tag über hier gewesen, und was überhaupt passiert sei.

Der Kleinere antwortete als Erster, und zwar auf Deutsch. Seinen fehlenden harten Konsonanten nach stammte er aus dem Fränkischen. »Also, den Guido ham wir zuletzt auf der Bühne gsehn, da, wo er mit Cantus Ferrum gespielt hat. Und danach eigentlich nimmer.«

»Und davor?«, hakte Lukas nach.

»Ja mei, den Tag davor sind mir abends an der Iller drund ghockt, ham was getrunken und a weng Musig gmacht.«

»Hm, vielleicht könntet ihr morgen früh mal zu dem Kommissar gehen. Der möchte mit allen reden, die mit Guido in den letzten Tagen Kontakt hatten. Ich war auch schon bei ihm. Er heißt, Moment …«, Lukas fischte einen italienischen Mautbeleg aus der Tasche und sah darauf, »… ein gewisser Kommissar Bitterle, den trefft ihr vorne in der Akademie im ersten Stock, Nummer 110.«

Der Franke wechselte ein paar Worte mit seinem Partner, der antwortete in kaum verständlichem Englisch: *»Police?«* Er kaute auf der Unterlippe. *»We'll see.«*

Lukas blickte zwischen den beiden hin und her und sagte schließlich zu dem Franken: »Meinem Freund Guido geht's wirklich dreckig. Ich denke, es ist wichtig, dass die Bullen herausfinden, was da los war, gestern Abend.«

Der Franke tuschelte mit dem Schotten und sagte dann: »Da gibt es nicht viel zu erzählen. Guido hat uns ein Schwert gezeigt. Calum meinte, es würde sich lohnen, es bei einem Wettbewerb auszustellen. Wir haben uns auf einen Drink getroffen, das war alles.«

»Ich glaube schon, das würde den Bullen helfen.«

»Na gut, schaumermal.«

Lukas bedankte sich und verabschiedete sich von den beiden. Er überlegte, ob er zu seinem Zimmer gehen sollte, entschied sich aber dagegen und ging zurück zu Bertis Metstand. Dort entdeckte er Balthasar, mit dem Rücken gegen den Tresen gelehnt. Er hielt einen Tonkrug umfasst, zupfte an seinem Kinnbart und beobachtete einen jungen Mann im Fransenwams mit Robin-Hood-Hütchen, der allein an einem Biertisch saß und wie ein einsamer Zocker auf sein Tablet eindrosch.

»Hi, auch noch unterwegs?«, fragte er, als Lukas neben ihm stand.

»Was soll's«, sagte Lukas und bestellte sich einen weiteren Nelkenmet. »Alles klar wegen morgen, Hochzeit und so?«

»Jaja, das ist reine Routine, trotzdem macht die Zeremonie immer wieder Spaß, vor allem dann, wenn Elena mit von der Partie ist.«

»Was macht ihr überhaupt zusammen? Ich kenne Elena nur von Bare Infinity aus Athen.«

»Das ist nur ein Teil«, sagte er. »Elena hat noch viel mehr drauf. Sie hat in Rom klassischen Gesang und Schauspiel studiert, ist irgendwann der Mittelaltermusik verfallen und hat sogar eine eigene Blackmore's-Night-Coverband gegründet. Dann ist sie auf mich aufmerksam geworden und hat gefragt, ob ich Lust hätte, mit ihr zusammen Musik zu machen. Und seitdem gibt es uns als Duo ›Fairy Dream‹. Aber ansonsten bin ich schon seit bald vierzig Jahren in der Branche. Habe so ziemlich alles erlebt, was da passiert ist.«

»Dann kennst du dich ja bestens aus. War da was Besonderes

an dem Jadewald, dass man den abgemurkst hat? Irgendwelche Probleme oder Streitereien mit Guido Wölfle vielleicht?«

»Abgemurkst? Da weißt du mehr als ich. Aber sag mal, warum willst du das wissen? Irgendwie stellst du Fragen … als ob du bei den Bullen wärst.«

Lukas sah zu Boden und stocherte mit einer Fußspitze im Kies. »Bullen! Wie kommst du denn da drauf?«

»Ich denke, du wolltest Infos über Dudelsäcke, und jetzt löcherst du mich mit dem Jadewald. Hast du den näher gekannt?« Balthasar winkte Berti zu sich her und fragte Lukas: »Und? Du auch noch einen von Bertis ›Bärenfang‹?«

»Was ist das?«

»Honiglikör aus Pinienpollen vom Atlantik, ein original ›Liqueur de miel d'Aquitaine‹.«

Lukas' Handy meldete sich – ein Martinshorn. Dummerweise hatte er vergessen, den Klingelton zu ändern.

Balthasar bekam einen Lachanfall, schob seine Kappe nach hinten und strich die Haare aus der Stirn. »Also doch bei den Bullen. Nun sag schon, was willst du von mir?«

Lukas gab auf. »Du hast recht. Ich bin bei den Bullen. Kripo, allerdings undercover – sozusagen.«

Balthasar lachte weiter. »Wunderbar. Jetzt steh ich hier in Ulm und sauf mit einem schwäbischen James Bond. Das muss ich in meine nächste Show einbauen.«

»Untersteh dich.« Lukas tippte Balthasar gegen die Brust und stieß mit ihm an. Sie tranken den Bärenfang mit einem Zug leer, knallten die Gläser auf den Tresen, und Berti schenkte ungefragt nach.

Balthasar wischte sich mit dem Ärmel über den Mund. »Also, worum geht's? Erzähl schon.«

Lukas nagte an der Unterlippe und knibbelte mit dem Daumennagel an einem Holzsplitter, während seine andere Hand halb geöffnet vor Balthasar auf dem Tresen ruhte. »Wenn das so einfach wäre. Wir wissen selber nicht, worum es geht. Tatsache ist, dass Jadewald ermordet wurde – und zwar auf ziemlich üble Art und Weise.«

»Ich habe nur gehört, dass er tot ist. Gibt es schon Verdächtige oder Zeugen?«

»Nope! Kann ich im Moment noch nichts zu sagen. Bin noch ganz am Anfang.«

»Also eines weiß ich mit Sicherheit …« Balthasar gab Berti erneut ein Zeichen. Der kam angeflitzt und füllte die Gläser wieder bis zum Rand.

Lukas fragte sich, wie er den morgigen Tag überstehen sollte. Erst die Fußballer am Gardasee, dann die Rückfahrt und nun das hier.

Balthasar spitzte die Lippen und nippte am Bärenfang. »Worauf wollte ich hinaus? Richtig, wegen Jadewald und seiner Truppe … Die gibt es ja schon wirklich lange. Angefangen haben sie wie die meisten Bands heutzutage mit Deutsch-Folk, zuerst war da Hannes Wader, dann haben Gruppen wie Ougenweide oder Lilienthal altes deutsches Liedgut entstaubt, entsprechend instrumentiert und teils auf Irisch oder Amerikanisch getrimmt. Das kam in den frühen Siebzigern gut an und hat regelrecht Weichen gestellt. Nach und nach wurden die Musiker besser, die Stücke wurden anspruchsvoller, vor allem aber politischer. Und auf dieser Schiene ist die Gruppe Jadewald viele Jahre gut gefahren. Nils' Name war sowohl Gruppenname als auch irgendwie Programm.«

»Wie das?«

»Na ja, Jadewald, das hat so etwas Mystisches, Feenzauber, Gnome. Betrachte es meinetwegen als eine Mischung aus ›Harry Potter‹ und ›Herr der Ringe‹. Dazu passten Gudruns Theatralik und Paulines Engelsstimme.«

»Und Wölfle? War der auch von Anfang an dabei?«

»So ziemlich. Anfangs ist der immer zu den Gigs gependelt, aber als es richtig zur Sache ging, ist er mit hoch ins Weidegut Wintrup bei Lüneburg gezogen. So eine Art musikalische Kreativ-WG.«

»Sagt mir gar nichts!«

»Ist nicht wichtig. Da haben schon immer irgendwelche Kunst- oder Musikkommunen gehaust. Jedenfalls haben sie dort für ein neues Programm geprobt, so eine Art Gothic-Folk-Rock mit mittelalterlichem Touch. Sie haben sich quasi neu erfunden.«

»Als Cantus Ferrum, oder?«

»Genau, aber damit nicht genug. Nils Jadewald hat schon immer ein gutes Gespür gehabt, wie man Geld machen kann, und hat deswegen ein ausgeklügeltes Netzwerk geknüpft, bei dem viele Events und Bedürfnisse bedient werden, wobei er allerdings immer fleißig mitverdient hat.«

»Aha, dann gibt es so was auch in dieser Szene«, stellte Lukas fest.

»Nicht unbedingt. Jedenfalls nicht so lange, bis Jadewald mit seiner Firma ›Medeviavent‹ aufkreuzte.«

»Und was heißt das genau?«

»Pecunia non olet.« Balthasar nahm sein Glas und trank es langsam leer. Er wischte mit dem Handrücken über den Mund und ließ dem Rülpser freie Bahn. »Zum Beispiel hier. Jadewald hat mit dem Veranstalter Exklusivverträge abgeschlossen, sodass Gruppen, Aussteller oder Gastrobuden grundsätzlich über Medeviavent gebucht werden müssen. Und wenn du alle Mittelalterspektakel übers Jahr verteilt zusammen nimmst, spült es da ordentlich was in die Kasse.«

»Also hätte im Prinzip jeder von denen einen Grund gehabt, ihm an den Karren zu fahren.«

»So gesehen schon. Aber ihn deswegen gleich umbringen – also ich weiß nicht. Auf jeden Fall hatte er genug Geld, um Wölfle was für eine eigene Schmiedewerkstatt zu leihen, das ist 'ne teure Angelegenheit.«

»Hm. Da fällt mir noch was ein. Es heißt, dass du gestern bei der Feier bei Guido Wölfle dabei gewesen bist?«

Balthasar stutzte. »Dabei gewesen kann man nicht sagen. Ich habe kurz vorbeigeschaut, ja, aber mir war's dann doch zu viel. Mit knapp siebzig muss man langsam auf seinen Körper hören.«

»Dann ist dir auch nichts aufgefallen.«

»Nö, bloß das Übliche! Nach so einer Premiere musst du runterkommen, und da wird dann ordentlich gebechert.«

»Also kein Grund für Streitereien?«

»Keine Ahnung. Aber das rauszufinden ist ja eigentlich eure Aufgabe.«

»Okay, aber verrat mich nicht.«

Balthasar zwinkerte Lukas zu. »Keine Sorge!« Er stand auf und schlug ihm kameradschaftlich auf die Schulter. »Ich muss dann mal. Wenn du Fragen hast, melde dich. Morgen Nachmittag, zwischen der Trauung und der Party, habe ich Zeit.« Dabei schob er ihm ein Kärtchen mit seiner Handynummer zu.

Lukas steckte es ein und machte sich auf den Weg zu seiner Unterkunft. Kaum dass er lag, schlief er ein. Im Traum begegnete ihm ein in grünen Samt gewandeter Krake, der über dem Klosterhof schwebte und mit seinen Tentakeln in die Taschen der Budenleute griff.

ZEHN

Beim Jockel herrschte Hochbetrieb. Die Stimmung war fröhlich und entspannt, Feierabend- und Wochenendlaune ringsum. Es roch nach Grillgut und Frittiertem. Die Schlange vor der Getränke- und Essenausgabe reichte fast zum Parkplatz, und bis auf ein einzelnes Tischchen mit zwei Gartenstühlen in der hinteren Ecke neben dem Rundzelt waren alle Plätze belegt. Ein Dackel an kurzer Leine kläffte, als sich Kula und Bitterle entlang einer Bierbank zwängten. Kaum dass sie saßen, kam die Bedienung. Mit einem fröhlichen »Hallo, Herr Bitterle« drückte sie ihm die Karte in die Hand. Er ließ sie liegen, denn er wusste eh, wonach ihm war. Ihm war nach einem Schweizer Wurstsalat und einem Weizen – oder auch zwei.

Kula fragte: »Kann man die Currywurst essen, oder ist das so ein Fertigzeug?«, und zupfte an ihrer Jeans.

»Also mir hat sie bisher immer geschmeckt, vor allem die Pommes«, kam Bitterle der Bedienung zuvor.

Die strahlte und sagte: »Keine Sorge, bei uns ist alles frisch!« An Bitterle gewandt: »Und bei Ihnen? Wie immer, einen Wurstsalat mit viel Zwiebeln und ein Weizen?«

»Wie immer«, Bitterle hob den Zeigefinger, »aber bitte einen Schweizer!«

»Ich denke, Sie haben nichts dagegen, wenn ich Sie ausnahmsweise bediene. Sie sehen vollkommen erledigt aus.«

»Gerne.« Dann lehnte er sich zurück, wobei der Stuhl bedrohlich ächzte. Er verschränkte die Finger vor dem Bauch, stellte wieder einmal fest, dass sein Hemd spannte, und sah mit halb geschlossenen Lidern ins Nichts. Feierabend!

»Und mir bitte eine Weißweinschorle«, sagte Kula. Bereits auf dem Weg Richtung Kiosk, rief Kula ihr »Stopp, lieber pur!« hinterher und zupfte weiter am Faden ihrer Jeans.

»Alles klar, einmal Weißweinschorle pur.« Die Bedienung warf den Kopf nach hinten und lachte. »Sachen gibt's!«

Während sie warteten, polterte es vom Ausgabetresen »Nummer 211, Schnitzel«, gleich danach sollte ein anderer seinen »Leberkäswecken, Nummer 217« abholen. So ging es eine ganze Weile, bis den beiden Essen und Getränke gebracht wurden. Bitterle schob die rohen Zwiebelringe unter die Lyonerstreifen, freute sich über den fein gehobelten Käse und die üppige Essiggürkchenbeigabe. Doch zuallererst leerte er in einem langen Zug die Hälfte seines Weizens. »Oah, tut das gut!« Er wischte sich den Schaum von den Lippen und atmete zufrieden aus.

Kula salzte nach. Bitterle sah ihr zu, wie sie in den Pommes herumstocherte und die Wurststückchen von links nach rechts durch die Soße schob.

»Keinen Hunger?«

Kula schrak zusammen und wischte sich über die Nase. »Wie? Ach so, sorry! Doch, doch, ich war nur eben in Gedanken. Gute Idee, hierherzukommen. Habe bislang nur von dir vom Jockel gehört. Den gibt's ja wohl schon ziemlich lange. Also ...«, sie hob ihr Glas und stieß gegen Bitterles Weizen, »auf den Fall – und auf eine schnelle Lösung.«

»Erst mal auf den Feierabend, würde ich sagen.«

»Da hast du auch wieder recht.« Kula lächelte und sah für einen Moment wieder etwas entspannter aus.

Vorne neben dem Eingang kam Unruhe auf, ein großes Hallo. Neuankömmlinge wurden fröhlich begrüßt. Eine Bierbank wurde verschoben, Gäste rückten zusammen, und Hände wurden geschüttelt.

»Was ist los?«, fragte Kula, als Bitterle versuchte, sich hinter der Speisekarte zu verstecken.

»Psst, nicht so laut. Und dreh dich bloß nicht um.«

Kula tat genau das Gegenteil und starrte in Richtung Eingang. »Zwei Frauen, na und?« Und einen Moment später: »Hoppla, jetzt wird mir einiges klar! Ist die eine nicht die Mützenrieder von der Akademie, die dich so schön mit Kaffee und Plätzchen versorgt?«

»Um die geht's doch gar nicht«, brummte Bitterle, »sondern um deren Begleitung.«

»Aha?«

»Das ist Frau Fois. Sie ist meine Nachbarin und wohnt ein paar Häuser weiter. Frau Fois ist eine Krimiautorin, die mich jedes Mal löchert, wenn sie mich sieht. Sie will dann wissen, wie der Stand der Ermittlungen ist, ob sich weitere Spuren ergeben hätten oder ob ich schon was Neues herausgefunden hätte. Dabei wirft sie mit Begriffen wie ›authentische Inspiration‹ und ›kreativer Input‹ um sich, obwohl sie ganz genau weiß, dass ich über solche Sachen schweigen muss.«

Kula stutzte. »Du scheinst ja keine allzu gute Meinung von ihr zu haben.«

»Doch, schon, sie ist eigentlich ausgesprochen nett, nur dass die jetzt hier mit der Mützenrieder auftaucht, macht mir Kopfschmerzen. Wer weiß, was die der Fois alles gesteckt hat und was die sich dann zusammenspinnt. Ich denke, wir sollten schauen, dass wir von hier wegkommen, bevor die uns noch entdecken.«

Zu spät!

»Ja, das ist ja eine Überraschung! Guten Abend, Herr Bitterle. Was dagegen, wenn wir zwei Stühle organisieren und uns zu Ihnen setzen? Das ist übrigens meine Freundin Iris, die bei mir Italienisch lernt! Aber heute lassen wir es ausfallen. Wann hat man schon mal so ein herrliches Wetter.«

Iris Mützenrieder stupste Frau Fois in die Seite. »Wir kennen uns bereits. Hab ich dir doch erzählt?«

Bitterle erhob sich und grüßte mit einem gequälten Lächeln. »Sie können gerne unsere Plätze hier haben. Wir wollten eh gerade gehen.«

Kula sah überrascht hoch, kapierte aber schnell, was Sache war, und stürzte ihren Wein in einem Zug herunter.

»Ach, Sie Armer«, sagte Frau Fois, »wie immer im Dienst. Aber klar, die Iris hat mir schon berichtet, was in Wiblingen heute los war. Das ist ja wirklich verzwickt, vor allem wenn die ganzen Verdächtigen in zwei Tagen schon wieder auf und davon geschwirrt sind. Falls Sie meine Hilfe brauchen, also ich meine jetzt, so rein inspirativ, Sie wissen ja, Sie können jederzeit auf mich zählen.«

»Wenn wir nur schon so weit wären«, sagte Bitterle unverbindlich und warf einen Blick auf Kula, die sich erhoben hatte, hinter ihrem Stuhl stand und an der Lehne ruckelte. Sie zog ihr Smartphone hervor und sagte: »Du, ich glaube, es wird so langsam Zeit! Du wolltest doch noch –«

»Stimmt! Die warten bestimmt schon lange auf meinen Anruf. Frau Fois, es hat mich gefreut, Sie einmal wiederzutreffen.« Und an Iris Mützenrieder gewandt: »Wir zwei sehen uns ja morgen wieder. Tja, dann noch einen schönen Abend, die Damen.« Damit schob er sich an ihnen vorbei.

Kula grüßte wortlos und folgte ihrem Kollegen. »Das war aber knapp!«

»Kannst du wohl sagen.«

»Und nun?«

»Jetzt gehen wir noch zu mir auf einen Absacker, wenn's recht ist. Du wolltest doch schon lange mal meinen alten Calvados probieren.«

»Meinetwegen.« Nach einem kurzen zustimmenden Lächeln blickte Kula wieder zu Boden und schien mit ihren Gedanken woanders zu sein.

Während sie die Brücke überquerten und danach rechts am Illerkanal entlanggingen, sagte Bitterle: »Morgen kommt ordentlich Arbeit auf uns zu.«

Kula blickte über die Schulter. »Was du nicht sagst.«

»Wir müssen Folgendes rausfinden: Wer sind diese Schotten? Und was haben sie mit Wölfle zu schaffen gehabt? Was war der Grund für seine Aufregung während des Auftritts? Dazu kommt, wer war der Unbekannte am Bühnenrand, war das der Puppenspieler?«

»Möglich. Aber mich interessiert viel mehr, wo Pauline steckt. Ist sie seine feste Freundin? Und falls ja, was hat das alles miteinander zu tun? Wir sollten noch einmal versuchen, mit Gudrun Jadewald zu sprechen, sie wird uns mehr dazu sagen können. Und vielleicht hat Lukas ja auch schon etwas in Erfahrung gebracht.«

Bitterle blieb stehen. »Wie gesagt, jede Menge Arbeit, ich weiß. Aber für heute ist Schluss. Morgen ist auch noch ein Tag.« Er bog kurz nach der Gutenbergstraße die zweite links ab. Kula stapfte hinterher, als sie zu seinem Bungalow gingen. Die flachen Gebäude aus den siebziger Jahren klebten aneinander wie Würfel auf einer zu kleinen Modelleisenbahn. Obwohl die Anlage einst zur richtungsweisenden Architektur Neu-Ulms gezählt hatte, sah man in ihr heute nur noch pure Platzverschwendung. Kula konnte sich erinnern, wie Bitterle erst kürzlich die Zeitung auf den Schreibtisch geknallt und über die neuen Bebauungspläne gewettert hatte. »Dann ist es aus mit der Ruhe hier hinten«, hatte er getobt. Natürlich hatte sich die Presse auf den Vorgang gestürzt und den schwarz-rot gemischten Stadtrat mit Kommentaren wie »Nicht mehr als gut gemeinte Schadensbegrenzung im eh schon heterogenen Villenviertel« und »fehlendem Ensemble-Schutz« zitiert. Aber selbst nach Protesten der Anwohner wurde das Bauvorhaben mit minimalen Forderungen bezüglich »Anzahl der Wohneinheiten pro Neubau« durchgewinkt. Trotzdem war Bitterle davon überzeugt, niemals etwas Besseres zu finden, wie er, immer wenn es um das Thema Immobilien ging, betonte.

Bitterle schloss auf, zog im Flur die Schuhe aus und stellte sie ordentlich auf einer Matte ab. Kula staunte. Sie dachte an den Fall mit der Toten in der Blau, als sie einen jugendlichen Zeugen in Wiblingen befragen mussten. Damals hatte sie Bitterle darauf aufmerksam gemacht, dass es in einem muslimischen Haushalt üblich war, am Eingang die Schuhe auszuziehen. Und dabei machte er es zu Hause genauso.

»Hier lang«, sagte Bitterle und wies, nachdem er im Wohnzimmer Licht gemacht hatte, auf einen breiten, hochlehnigen Ledersessel, der in den frühen 1980er Jahren bestimmt als todschick gegolten hatte. Kula nahm Platz und war erstaunt, dass die Sitzschale jeder ihrer Bewegungen folgte und dennoch Halt bot. Während Bitterle in der Küche hantierte, sah sie sich um. Eine typische Männerwohnung. Nicht, dass nicht aufgeräumt gewesen wäre, im Gegenteil; bis auf ein paar Zeitschriften mit Fischmotiven lag nichts herum; dennoch war das Fehlen einer Frau der Wohnung deutlich anzusehen. Die paar Zimmerpflanzen auf dem Fensterbrett brauchten dringend Wasser, die Blätter der Yucca hingen schlaff herab, zudem stand sie nach Kulas Ansicht zu dunkel. Auch vermisste sie »Aufstellerchen«, wie die Tante einer Freundin die kleinen Andenken an ihre Urlaubsreisen liebevoll nannte, die bei ihr zu Hause jede freie Regal- und Kommodenfläche zierten. Bitterles Wohnzimmer dagegen war, abgesehen vom Sofa, einem Couchtisch und einer Stereoanlage mit Plattenregal, leer. Einzig ein blau leuchtendes Aquarium neben der Tür belebte diesen Raum. Ein gutes Dutzend Fische stand still im Wasser oder wedelte sacht mit den Flossen.

»Du lebst ziemlich spartanisch«, sagte Kula, als Bitterle neben sie trat und ein Tablett mit einer Kanne und zwei dünnen Porzellanschalen abstellte. Es duftete nach schwarzem Tee und Rosenblüten. Kula schnupperte.

»Hat mir Linda aus dem Iran geschickt.«

»Linda? Ach so, stimmt, die Studentin, die dir ab und zu im Haushalt hilft. Was macht sie im Iran?«

»Sie wollte in die Mongolei, um Obertongesang zu lernen.«

»Wieso das denn? Das gibt's doch hier an jeder VH.«

»Schon, aber Linda hat's gern authentisch. Und dann ist sie über Land los, um ein Gefühl für die Entfernung zu bekommen und dadurch die Andersartigkeit besser verstehen zu können, wie sie meinte.«

»Verstehe, und wie lange ist sie schon unterwegs?«

Bitterle seufzte, während er sich setzte und Tee eingoss. »Zwei Monate. Geplant waren anfangs nur vier Wochen, aber sie hat dort wohl jemanden kennengelernt und hat noch keinen Schimmer, wann sie wiederkommen wird.«

Kula sah Bitterle an. »Auweia.« Sie nahm die Schale in beide Hände, blies hinein und nippte. »Aber lecker ist der Tee jedenfalls!«

»Sie lernt jetzt Pferdekopfgeige.«

»Was ist das denn?«

»Keine Ahnung. Aber bestimmt spielt sie mir was vor, wenn sie wieder da ist.« Bitterle lehnte sich zurück, verschränkte die Arme hinter dem Kopf und sah seine Kollegin an. »Kula, was ist los mit dir?«

Ihre Augenbrauen zuckten hoch. »Was soll los sein mit mir?« Sie stellte den Tee ab und verschränkte die Arme vor der Brust. »Alles in Ordnung. Sag mal, wie lange hast du denn schon dein Aquarium? Die Fische scheinen sich ja echt wohlzufühlen, so friedlich, wie die da im Wasser stehen.«

»Lenk nicht ab! Was ist los? Seit Längerem bist du schon so verschlossen, und heute Nachmittag warst du richtig wütend. Also! Raus mit der Sprache. Stimmt was nicht mit deiner Partnerin?«

Abrupt richtete sich Kula auf, grub ihre Finger in die Sessellehne und fuhr Bitterle an: »Wie kommst du denn auf so einen Schmarrn? Überhaupt, von welcher Partnerin redest du da?«

»Komm, Kula, lass es gut sein. Ich weiß Bescheid. Ich habe euch in der Gänslände vor deiner Tür gesehen. Du und eine zierliche Brünette vor einem zitronengelben Smart-Roadster, wie ihr euch verabschiedet habt.«

»Hallo!« Kula war sichtlich verärgert. »Sag bloß, du spionierst mir nach!«

»Warum sollte ich? Was du wann mit wem machst, ist deine Sache und mir ganz egal. Es war reiner Zufall, dass ich euch gesehen habe.«

»Zufall? Soso!«

»Ja, Zufall! Ich war mit dem Rad entlang der Donau unterwegs in die Friedrichsau und wollte den Entenküken im Teich dabei zusehen, wie sie fliegen lernen, und da kam ich an deiner Wohnung vorbei. Das war alles. Jetzt mach doch nicht so ein Drama draus. Du liebst eine Frau, und sie liebt dich, Punkt. Also was soll's.« Bitterle beugte sich vor, goss Tee nach und schob Kulas Schale zu ihr hinüber. »Hier, trink, warm schmeckt er am besten.«

Kula lehnte sich wieder zurück, starrte zur Decke und schwieg. Stille senkte sich über den Raum. Nur das Summen der Pumpe, die das Wasser des Aquariums in Bewegung hielt, und ein zartes Plätschern waren zu hören. Bitterle stand auf und ging zum Becken. Er langte nach der Dose mit dem Futter, streute ein paar Flocken hinein und sah seinen Fischen zu, wie sie gierig danach schnappten.

Als er sich zurück aufs Sofa fallen ließ, begann Kula schließlich zu erzählen. »Es war in Freiburg. Ich war noch beim Dezernat für Jugendkriminalität und wollte an einem Seminar für Deeskalationsstrategie teilnehmen. Mit der Hausbesetzerszene, die sich dort als Studenten tarnten, gab es immer wieder Probleme, schon seit Mitte der Siebziger. Aber im Prinzip war das ganze Seminar ein alter Hut. Ich habe mich gelangweilt und bin durch Freiburg gezogen, habe immer achtgeben müssen, dass ich nicht in eines der Bächlein trete, habe die Cafés abgeklappert und dem bunten Treiben zugesehen. Tolle Stadt! Hinter der Fensterscheibe einer Buchhandlung hing ein Plakat für eine Ausstellung im Tinguely-Museum in Basel. Jean Tinguely hat mich schon immer interessiert. Der macht genauso verrückte Sachen wie mein Vater, wenn er Zeit hat, so bewegliche Mobiles mit kleinen Motoren aus irgendwelchen Schrottteilen. Völlig überflüssig, aber total faszinierend.«

»Wie meistens in der Kunst.«

Endlich lächelte Kula wieder. »Ich bin dann von da in den nächsten Zug Richtung Basel gestiegen und mit dem Bus in die Stadt. Das Museum liegt gleich am rechten Rheinufer. In der Cafeteria stand eine Frau an der Kuchentheke, schlank wie eine Gazelle, im Gegensatz zu der Nana, die vor dem Gebäude einen von Tinguelys Brunnen bewachte. Sie konnte sich anscheinend nicht entscheiden. Ich bin dazu und – tja, ein Blick, und es hat gefunkt. Auf Anhieb, als ob du eine Silvesterrakete abfeuerst. Wwuschsch und peng, einfach so.« Kula neigte den Kopf zur Seite, zog einen Mundwinkel nach oben und ließ die Hände auf die Knie fallen.

Bitterle schmunzelte. »Und dann?«

Mit nach innen gerichtetem Blick fuhr sie fort: »Tinguely war ab da Nebensache. Wir haben über alles Mögliche gequatscht und unendlich viele Gemeinsamkeiten entdeckt, so als würden wir uns schon jahrelang kennen. Hinterher sind wir noch am Rheinufer unter den Platanen entlangspaziert und haben den Schweizern zugesehen, wie die sich mit einem Plastikbeutel den Fluss bis zur letzten Brücke runtertreiben lassen, um danach quietschvergnügt und nackt bis auf die Badeklamotten wieder hochzutapern und wieder ins Wasser zu steigen. Seltsames Völkchen!«

Bitterle stand auf, ging zur Stereoanlage und blätterte durch die Langspielplatten. Mit einem hauchigen Wupp glitt die Nadel in die Rille, und monotone Pianoklänge plätscherten in den Raum. Er kam zurück und stellte eine Flasche und zwei großbauchige Gläser ab. »Hier, der versprochene Calvados.« Er schenkte großzügig ein.

»Wer ist das?«, fragte Kula und deutete mit dem Daumen Richtung Lautsprecher.

»Philip Glass, ein amerikanischer Minimalmusiker. Legendär. Seine Musik trägt dich auf einer Woge der Leichtigkeit, wohin auch immer du willst – finde ich jedenfalls.«

»Hm, nie gehört. Klingt aber echt entspannt.« Sie beugte sich vor, um mit Bitterle anzustoßen, der ihr sein Glas entgegengestreckt hielt.

»Auf den Fall. Oder besser, dass wir ihn so schnell wie möglich gelöst kriegen. Diese Mittelaltertypen sind nicht meine Welt.«

»Ist nicht zu übersehen.« Kula nahm einen Schluck. »Boah!«

»Ein Geschenk von meinem Freund Reinhold. Gut, das war Basel. Was kam dann?«

»Svenja hat einen Doktor für angewandte Physik und arbeitete am Karlsruher Institut für Technologie, wo sie an einer Neutrino-Waage basteln. Sie wollen etwas messen, was eigentlich gar nicht möglich ist – frag mich nicht, worum es da genau geht, irgendwas mit winzigen Teilchen, soll aber, falls es klappt, das ganze Universum erklären. Als so langsam klar wurde, dass wir zusammenleben möchten, hat sie sich in Ulm am Daimler-Chrysler-Forschungszentrum beworben, wo sie mit Kusshand genommen wurde. Seitdem forscht sie dort über ganzheitliche Mobilitäts- und Serviceangebote.« Kula hob die Handflächen. »Jedenfalls geht es dabei um zukunftsorientierte Technologie. So weit war alles gut. Es war geplant, dass sie halbtags arbeitet, denn ich hatte mich bei der Kripo beworben, wo man ja nie weiß, wie lang die

Tage werden.« Kula zog einen Mundwinkel in die Höhe. »Oder die Nächte.«

»Was hat das eine denn mit dem anderen zu tun?«, fragte Bitterle.

Kula biss sich auf die Unterlippe, kratzte sich an den Knien und zupfte wieder am Faden der Jeans. Sie sah Bitterle direkt in die Augen und räusperte sich. »Wir wollten ein Kind adoptieren.«

»Hm. Geht das denn so einfach? Ich meine, wo ihr beide doch …«

»Lesbisch seid?«, führte Kula den Satz zu Ende. »Ein Gesetzentwurf liegt vor, wir hoffen, dass er tatsächlich verabschiedet wird. Bis dahin hätten wir das Ganze eben irgendwie als Pflege laufen lassen, keine Ahnung, Svenja wollte sich darum kümmern. Aber das ist ja jetzt eh egal.«

»Wieso?«

»Weil Svenja andere Pläne verfolgt. Bei der Vorstellung der neuesten Forschungsergebnisse vor dem Daimler-Vorstand haben sie ihr Talent gelobt und ihr angeboten, ihre Arbeit weltweit zu präsentieren. Weltweit, verstehst du? Das heißt, sie ist nur noch unterwegs. Dabei hat sie sich völlig verändert. Pumps statt Sneakers, dunkles Kostüm statt Sweatshirt und Jeans. Sie wurde eine völlig andere.«

»Dresscode nennt man so was. Was glaubst du, was ich früher zu kämpfen hatte. Als junger Kommissar wollten mich alle in Anzug und Krawatte sehen. Aber schau mich an, ich bin meiner Cordhose, den karierten Hemden und Pullis treu geblieben. Anfangs aus Trotz, dann wurde es zur Gewohnheit, und heute ist es mir einfach egal.«

Kula schmunzelte, und dabei zeigten sich seit Langem wieder einmal ihre Wangengrübchen. »Schon klar. Bitterle ohne Breitcord – das geht gar nicht.« Sie beugte sich vor und streckte ihr Glas über den Tisch.

Bitterle goss nach. »Gut. Aber wieso bist du seit heute Nachmittag so durch den Wind? Du kamst von der Befragung der Belgierin zurück und warst außer Rand und Band.«

Kula stutzte. »Hat man das so deutlich gemerkt?«

»Allerdings. Also, was war da los?«

»Diese Japke de Fries, diese Kuh, erzählt mir was von ihrem Faible für Richard-Meier-Bauten und dass sie im Wissenschaftszentrum am Eselsberg eine Führung mit den dortigen Forschungsschwerpunkten bekommen würde. Ausgerechnet von Svenja, die mir noch erzählt hat, sie hätte keine Zeit, sie müsse über Himmelfahrt zu einer Tagung nach Berlin und wäre gar nicht da.«

»Ja und? Wo ist das Problem?«

»Hast du dir die Belgierin einmal angesehen?«

Bitterle verneinte. »Wann denn auch?«

»Diese blöde Tussi ist scharf wie eine Chilischote. Sie hat mir schon fast den Kopf verdreht, jedenfalls hat sie es versucht.« Kula zog einen Schmollmund und flüsterte: »Und dann baggert diese Schlampe meine Svenja an.«

»Oha. Jetzt kapiere ich endlich.« Bitterle stand auf und stöberte wieder in seiner Plattensammlung. Es knisterte, als er die Scheibe aus der Hülle zog. Einen Moment später rumpelten spärliche Basstöne aus den Boxen, die angespannte Ruhe wurde von Trommeln unterstrichen, ein E-Piano schreckte zwischendrin auf, bis nach einer Weile glasklare Trompetentöne durchs Zimmer schossen.

»Was ist denn das nun schon wieder?« Kula klang überrascht.

»Das ist Miles Davis, frühe siebziger Jahre. Und dieses Stück heißt ›Bitches Brew‹.«

ELF

Rotbraun mit dunklen Streifen. Kula schloss die Augen und öffnete sie wenig später erneut. Mahagonipaneele mit schwarzen Fugen – Bitterles Wohnzimmerdecke. Sie strampelte die Wolldecke zu Boden. Bis auf die Schuhe war sie angezogen. Mit einem Ruck setzte sie sich auf. Prompt durchfuhr sie ein Gefühl, als würde ein Tennisball hinter ihrer Stirn ins Netz floppen, gefolgt von einem kurzen Nachfedern und leichtem Stechen. Sie rieb sich die Augen und fuhr mit den Händen übers Gesicht. Ihre Zunge blieb am Gaumen kleben und fühlte sich taub an. Sie kratzte sich am Hals und atmete ein paarmal tief durch. Dabei sah sie sich um. Trotz der Gardinen durchflutete ein seidiges Morgenlicht den Raum. Schrittweise kam die Erinnerung. Sie waren erst beim Jockel gewesen, dann in Bitterles Bungalow, wo sie sich ausgeheult hatte. Dann hörten sie Miles Davis' »Bitches Brew«. Sie hatten getrunken. Ein Hauch des alten Calvados hing noch in der Luft. Auf dem Couchtisch lag ein Zettel. Sie zwinkerte ein paarmal, bis sie die Nachricht entziffern konnte.

Guten Morgen, Kula, bin in der Uniklinik wegen Wölfle.
Kümmerst du dich bitte um diesen Berliner, der abends bei Wölfle war?
Bis Mittag müsste ich zurück sein.
Frühstück ist in der Küche.
Gruß K

Daneben lag der Schlüssel zum Arbeitsraum in der Akademie.

Kula zog ihr Handy hervor und sah auf die Uhr, kurz vor neun. Katzenwäsche, Orangensaft, zwei Scheiben Toast und los.

Als sie aus dem Taxi stieg, standen zwei Frauen vor ihrer 300er Ninja. Eine von ihnen, in knöchellangem Büßerhemd und mit langen Zöpfen, die sie zu Schnecken gerollt hatte, wies sich als Kennerin aus. Sie lobte den geringen Verbrauch und den ordentlichen Durchzug im dritten Gang, jammerte aber über die Vibrationen, die einem ab zehntausend Touren den Arsch aufschlitzen würden. Wenn man sich aber vorbeugen würde, hätte man wenigstens was davon. Die andere, im Gothic-Phantasie-Outfit und bis an die Grenze des Absurden geschminkt, fragte, wozu solche Dinger überhaupt gut seien. Die machten bloß Krach, stanken und kosteten unschuldige Leben, wobei die spinnerten Raser ja selbst schuld daran seien. Kula schwieg dazu, schenkte ihrer Maschine einen liebevollen Blick und hoffte, sie bald einmal wieder richtig jagen zu können.

Trotz der noch relativ frühen Stunde drängte sich bereits eine Schlange vor der Kasse am Eingang zum Klosterhof. Kula scherte sich nicht um das Gemurre, als sie vorbeizog, zückte ihren Ausweis, ging in die Akademie und hoch zu Frau Mützenrieder.

»Ah, die junge Kommissarin. Und, noch gut amüsiert gestern Abend?«, fragte sie und lehnte sich über die Theke. »Wo haben Sie denn Ihren Begleiter gelassen, den Herrn Bitterle?«

Kula ging nicht weiter darauf ein, wünschte ihr einen guten Morgen und bat um die Teilnehmerliste der Aussteller und Musiker.

Frau Mützenrieder zog einen Schnellhefter aus der Schreibtischschublade und klappte ihn auf. »Wonach suchen Sie denn, jemand Bestimmtes?«

»Den Namen kenne ich nicht. Ich weiß nur, dass er Berliner Dialekt spricht und während der Tage hier zu tun haben soll.«

»Berliner Dialekt? Na, da meinen Sie bestimmt den Herrn von Lichtenrade, der kommt aus Berlin.« Sie trat einen Schritt auf Kula zu, hielt den Handrücken an den Mundwinkel und flüsterte: »Komischer Vogel, wenn Sie mich fragen. Auch noch Lotorius mit Vornamen, Lotorius von Lichtenrade. Wer heißt denn heute noch so? Da, schauen Sie her.« Sie fuhr mit dem Finger über die Seite und tippte auf den Eintrag, dabei verdrehte sie die Augen.

»Vielleicht ist das ein Künstlername«, wandte Kula ein.

»Keine Ahnung, das müssen Sie ihn fragen, jedenfalls gibt er eine Berliner Adresse an, Rummelsburger Straße.«

»Und wo finde ich diesen Herrn von Lichtenrade?«

»Den ›Baron‹?«, sagte sie voller Spott. »Der hat ein altes Wohnmobil, das steht hinter der Klostermauer. Na ja, duldungshalber, wie man so schön sagt. Normalerweise müssen die außerhalb parken, aber …« Frau Mützenrieder winkte ab und lächelte. »Sagen Sie, wann kommt denn Ihr Kollege, der Herr Bitterle? Ich habe extra einen Kuchen mitgebracht.«

Pass bloß auf, dass die dich nicht um den Finger wickelt, dachte Kula. Laut sagte sie: »Puh, wenn ich das wüsste«, und wandte sich Richtung Tür.

Das Wohnmobil, ein betagter Mercedes Marco Polo mit Gnaden-TÜV, stand hinter dem rückwärtigen Klostergebäude neben dem Waldweg zur Iller. Kula umrundete das Fahrzeug, es schien, als ob die Karosserie nur durch die verblichenen »Atomkraft? Nein danke«- und die zahllosen Festival-Aufkleber zusammengehalten würde. Diese stammten aus ganz Europa; viel Dänemark und Schweden, Frankreich, Spanien und Italien und aus allen Ecken Deutschlands. Die Wacken-Hörner waren dabei, irische Kleeblätter und jede Menge bretonischer Triskel-Motive. Kula stutzte und betrachtete eine halb verblichene Abbildung genauer. In der Mitte des Symbols waren die Buchstaben SnD zu sehen, genau wie bei dem Amulett, das die KTU beim Drachenzuber gefunden hatte! Das konnte doch unmöglich ein Zufall sein. Sie zog ihr Smartphone hervor und wählte Jens' Nummer von der Kriminaltechnik, der nach dem zweiten Klingelton abnahm.

»Jens, du bist aber flott.«

»Na ja, was bleibt mir auch anderes übrig, so wie ihr uns rumscheucht. Hallo, Kula, übrigens. Was gibt's?«

»Ihr habt doch am Tatort so ein Amulett an einer Kette gefunden. Hast du ein Bild davon?«

»Na logisch, was denkst du denn?«

»Könntest du es mir aufs Handy schicken?«

»Bin schon dabei! Und sonst? Irgendwas Neues?«

»Hm-m. Noch nichts Konkretes, nicht der Rede wert. Aber vielleicht habe ich jetzt eine erste Spur.«

»Na denn – viel Glück!« Damit beendete Jens das Gespräch.

Kurz darauf hatte Kula das gewünschte Foto auf dem Display. Ein Blick genügte. Es war exakt das gleiche Motiv wie auf dem Wohnmobil. Ein Triskel mit den gleichen Initialen. Na, das soll mir der gute Herr von Lichtenrade mal erklären, dachte Kula. Mit einem Gefühl des Triumphs klopfte sie an die Tür des Wohnmobils. Nichts rührte sich. Das seitliche Fenster war einen Spaltbreit gekippt, sie lauschte. Von drinnen drang leises Schnarchen. Sie klopfte erneut, diesmal lauter und mehrmals hintereinander.

Lotorius von Lichtenrade stand mitten im Publikum und badete darin. Der Applaus war sowohl Schaum wie Brause für ihn. Endlich war er frei und bereit für die Bühnen der Welt.

Nie wieder Fressmuggen vor betagten Reisegesellschaften, die ihn bei diesen musikalischen Gelegenheitsgeschäften fragten, ob er denn kein »Deutsches Liedgut« parat hätte.

Nie wieder Ständchen bei Stehempfängen der feinen Gesellschaft, die in ihm kaum mehr als einen zugelaufenen Streuner sahen.

Nie wieder nur Münzen im Hut und, wenn er Pech hatte, einen hinterhergekippten Schnaps, der den vielleicht einzigen Geldschein aufweichte.

Schluss! Er verbeugte sich, beide Arme ausgebreitet, in der Linken hielt er die kleine Laute. Eine Geste, an der er lange geübt hatte und die er als angemessen und huldvoll empfand. Das Publikum tobte. Es rief seinen Namen, stampfte mit den Füßen und trampelte auf den Stühlen herum. Zum Klatschen mischte sich ein Klopfen, penetrant und unnachgiebig. Wunderbar! Endlich wollten sie nicht nur etwas von ihm, sondern gaben auch etwas zurück. Etwas, das ihm wichtiger war als alles andere. Anerkennung. Er stolzierte vom rechten zum linken Bühnenrand und winkte in die Menge. Sie tobte weiter. Eine letzte Drehung, und er verzog sich nach hinten. Doch noch immer forderte das Publikum Zugaben. Es ließ ihm keine Ruhe. Dabei kam eine Stimme immer näher und redete eindringlich auf ihn ein.

»Herr von Lichtenrade, sind Sie da?«

Er zog die Decke über den Kopf und drehte sich an die Wand.

»Hallo, Herr von Lichtenrade, bitte öffnen Sie. Es ist wichtig!«

Der Berliner Barde fluchte und trauerte dem entflohenen Publikum hinterher. Er rappelte sich auf, musste allerdings einen Moment warten, bis Senkrecht und Waagerecht den richtigen Winkel zueinander gefunden hatten, und beschwerte sich. »Ey, sach ma, haste se noch alle?«

»Polizei. Herr von Lichtenrade, würden Sie bitte aufmachen, ich hätte da eine Frage.«

Er stand auf und tastete sich durch sein Wohnmobil. »Wat is denn nu schon wieder los? Kann man nich mal in Ruhe auspenn?«

»Dauert nicht lange. Würden Sie bitte öffnen?«

Er öffnete die Tür eine Handbreit, streckte seinen Kopf durch den Spalt und rubbelte durch die Haare. »Polizei? Hörn Se, dit kann ich Ihnen gleich flüstern, ick darf hier stehen, wa. Höchstklösterlich abjesegnet.« Herr von Lichtenrade war im Begriff, die Tür wieder zu schließen.

»Keine Bange«, sagte Kula, »ich bin weder von der Verkehrspolizei noch vom Ordnungsamt. Wir ermitteln in einem Tötungsdelikt. Kennen – oder besser kannten Sie Herrn Jadewald?«

»Den Jadewald? Na logisch, den kennt doch jeder, wa. Aba wieso kannten? Wat is'n mit dem?«

»Sie wissen also nichts über sein Ableben, sehe ich das richtig?«

»Ableben«, stöhnte Herr von Lichtenrade, »wat is'n dit nu schon wieder für'n Ausdruck? Wolln Se damit etwa sagen, dat Jadewald verblichen is?«

»Sie haben es erfasst.«

Von Lichtenrade schnaubte und wischte sich mit einem T-Shirt-Zipfel über die Nase. »Also nee. Dit kann nich sein. Letztens war er noch quietschfidel.«

»Wann war das?«

»Na jestern oder vielleicht vorjestern, wa.«

»Also haben Sie ihn am Freitag gesehen. Gut, dann hätte ich da ein paar Fragen.«

»Also dit passt mir nu jar nich, wa. Ick war jestern den janzen Tach uff Achse und hatte 'ne lange Nacht, und heute is ooch wieder die Hölle los. Schon ma wat von kreativem Künstlerschlaf jehört?«

Kula gab nach. »Na gut, ich will mal nicht so sein. Kommen Sie … sagen wir, um dreizehn Uhr zu uns. Aber bitte pünktlich! Sie finden uns in der Akademie, also auf der anderen Seite des Gebäudes –«

»Ick wees, wo dit is!«

»… im ersten Stock, Zimmer 110. Bis später.«

***

Man ließ ihn warten. Seit knapp einer Stunde saß Bitterle nun schon vor Wölfles Zimmer neben einem maulfaulen Polizeibeamten, der Wache hielt, und hoffte darauf, Wölfle endlich befragen zu können. Wegen dringender Notfälle sei der behandelnde Arzt momentan unabkömmlich, wurde ihm von der Stationsschwester mitgeteilt. Zudem bestand sie darauf, auf keinen Fall Wölfle ohne Beisein des Herrn Doktor zu befragen. Bitterle lehnte sich zurück, schloss die Augen und dachte an Kula. Hoffentlich packte sie den Schlamassel mit ihrer Partnerin. Er konnte sie verstehen, dennoch durfte er keine Rücksicht darauf nehmen. Wenn nötig, musste sie wohl oder übel ein weiteres Mal zu der Belgierin, um Details über den Abend vor der Tat zu erfahren. Vor allem die ominösen Schotten lagen ihm im Magen.

Gummisohlenschritte rissen ihn aus seinen Gedanken.

»Sind Sie der Kommissar, der unbedingt unseren Patienten sehen möchte?« Der Arzt stand endlich vor ihm, fummelte an seinem Stethoskop herum und hielt einen Patientenordner unter den Arm geklemmt.

Bitterle blickte in ein blasses Gesicht mit jugendlicher Restakne und Goldrandbrille. Der Mann war knapp zwei Meter groß und schien Gefallen daran zu finden, auf sein Gegenüber hinabzusehen. Das Namensschild an seinem Kittel wies ihn als »Dr. Thomas Rott, Ass.-Arzt« aus. Er stand auf. »So ist es, Herr, äh, Assistenzarzt. Sie wissen, worum es geht?«

»Man hat mich darüber informiert. Ihre Ermittlung in allen Ehren, aber hier geht es um ein Menschenleben, für das ich verantwortlich bin. Unser Herr Wölfle braucht zunächst unbedingte Ruhe.«

Bitterle schürzte die Lippen und wippte auf den Zehenspitzen. »Wie Sie meinen. Könnte ich dann bitte Ihren Chef sprechen?«

»Der operiert!«

»Aha. Und wie lange gedenkt Ihr Chef zu operieren? Ich würde nur ungern mit dem Staatsanwalt hier auftauchen müssen«, sagte Bitterle und hoffte, dass Kulas übliche Strategie Erfolg haben würde.

»Hören Sie, Herr Kommissar, wir haben drei Schwerverletzte nach einem Unfall, dazu eine Notentbindung, von den alkoholbedingten Vatertagsunfällen ganz zu schweigen. Bislang halten wir Wölfle stabil, aber wann er wieder zu Bewusstsein kommen wird – falls überhaupt –, ist unmöglich vorherzusagen. Fest steht, dass es sich bei ihm um eine sehr seltene Medikamentenunverträglichkeit handelt, die seinen Zustand herbeigeführt haben könnte. Wobei uns schleierhaft ist, wieso jemand bei latenter Zyklothymie neben seinen üblichen Medikamenten noch Neuroleptika nimmt.«

»Und auf Deutsch?«

»Wie? Ach so, Wölfle ist bipolar, er leidet unter einer manisch-depressiven Erkrankung, nach dem Medikamentenausweis zu schließen, schon lange, und wie's aussieht, ist er entsprechend stabil eingestellt. Deshalb verstehe ich nicht, was das Dysurgal in seinem Blut zu suchen hat.«

»Wofür oder wogegen ist das?«

»Spasmen, Koliken.«

»Absicht?«

»Da fragen Sie mich was. Es gibt schönere Arten, sich das Leben schwer zu machen.«

»Also heimlich verabreicht?«

»Wohl kaum. Die Dinger sind gallebitter und lassen sich kaum auflösen. Sie entschuldigen mich, ich muss weiter.«

Bitterle zeigte auf die Akte. »Darf ich …?«

»Also bitte! Das sind vertrauliche Patientendaten, unbedingt schützenswert. Aber ich kann Ihnen versichern, sobald sich etwas Neues ergibt, werden wir uns bei Ihnen melden. Ihre Mobilfunknummer ist uns bekannt.« Der Assistenzarzt drehte sich um und quietschte davon.

Was für ein Morgen. Bitterle musste an sich halten, um nicht ausfallend zu werden. Vertraulich! Er musste einen Mörder fassen, und dieser Schnösel mit seinem Einser-Abi faselte was von Datenschutz.

Auf dem Weg zum Ausgang sprach ihn eine Pflegerin an. »Sie wollen zu Wölfle?«

Bitterle drehte sich um und sah in das kreisrunde Gesicht einer Chinesin. »Ja, aber das ist ja wohl nicht so einfach.«

Sie trat nah an ihn heran, legte einen Finger auf ihre Lippen und flüsterte: »Wenn Sie wollen, kann ich Sie ins Zimmer begleiten, aber nur ganz kurz, okay?«

Bitterle sah sie verblüfft an, worauf sie sich rasch umblickte und ihn dann am Ärmel mit sich zog. Der Polizeibeamte, der vor der Tür Posten bezogen hatte, schien vertieft in sein Outdoor-Magazin und nahm keine Notiz davon, wie die beiden das Krankenzimmer betraten. Wölfle lag da, als würde er schlafen und dabei schlecht träumen. Sein Gesichtsausdruck war angespannt, und er war bleich. An seinem Kopf waren zahlreiche Elektrokontakte unter einer Netzhaube befestigt, die in einen Apparat führten, der leise piepte. Auf dem Bildschirm zuckten grüne Linien entlang. Einige Linien waren beinahe still, andere zeigten aktive Vehemenz. Neben mehreren Venenzugängen, an denen Tropfflaschen hingen, war Wölfle an ein Beatmungsgerät angeschlossen, das ihn mit Sauerstoff versorgte und regelmäßige Pumpgeräusche von sich gab. Bitterle musste schlucken, als er den Mann so hilflos daliegen sah. Er machte auf Bitterle ganz und gar nicht den Eindruck eines Mörders, sondern eher den eines Opfers. Lass dich nicht täuschen, dachte er und zwang sich zur Nüchternheit. In jedem Menschen lauert ein Monster, das zuschlägt, sobald es geweckt wird. Es ist nur eine Frage der Hemmschwelle.

Die Pflegerin murmelte etwas auf Chinesisch, machte sich an einem Tropfventil zu schaffen und reduzierte die Sauerstoffzufuhr. Fast augenblicklich beruhigten sich ein paar der grünen Linien. Wölfles Gesichtszüge entspannten sich innerhalb weniger Sekunden.

»Sie kennen sich aber gut aus«, sagte Bitterle anerkennend.

»Nun ja, eigentlich bin ich fertige Ärztin, Fachgebiet Neurologie und Psychiatrie, aber meine Promotion der Universität von Hangzhou wird hier nicht vollständig anerkannt, deswegen muss ich einige Semester wiederholen. Wissen Sie, das ist einfach nur ärgerlich. Vor allem, wenn so junge Schnösel hier meinen, sie könnten einen herumkommandieren.«

»Verständlich. Aber wie kommt es, dass Sie so gut Deutsch sprechen?«

»Ich bin hier geboren, aber dann mit vierzehn zurück nach China, zu Verwandten, um meinen Wurzeln nachzuspüren.«

»Und? Hat es Ihnen nicht gefallen?«

»Doch, schon, das Land, die Menschen sind wunderbar, aber ich kam mit den politischen Zwängen nicht mehr klar. Auf Schritt und Tritt wirst du kontrolliert. Videoüberwachung, Internetzensur, lauter Schikanen. Und es soll noch schlimmer geworden sein. Xi Jinping zieht die Schraube immer weiter an. Dann lieber hier und dafür frei.«

Dieses Gebiet war Bitterle fremd, deswegen wechselte er das Thema. »Können Sie mir etwas über Wölfles Gesundheitszustand sagen? Dr. Rott sprach von einer Unverträglichkeit, wollte aber keine Einzelheiten nennen.«

»Haben Sie ein Smartphone?«

»Sicher, warum?«

Sie zog eine Seite aus der Klarsichthülle, die am Bettende hing, und legte sie auf den Tisch. »Hier sind die Untersuchungsergebnisse, vor allem die Blutwerte. Ich denke, da liegt das Problem. Aber machen Sie bitte schnell!«

»War Wölfle zwischendurch bei Bewusstsein, hat er vielleicht etwas gesagt?«, fragte Bitterle, während er die Aufnahme machte.

»Einmal, ja – aber ich weiß nicht, ob ich ihn richtig verstanden habe. Es klang mystisch, nur ein Wort. Etwas in der Art wie Excalibur. Wissen Sie, was damit gemeint ist?«

Bitterle hob eine Schulter und lächelte. »Vielleicht. Jedenfalls vielen Dank. Womöglich haben Sie mir sehr geholfen.«

Die Chinesin verabschiedete sich mit einer akkuraten Verbeugung. »Gerne!«

Ich muss unbedingt mit Lukas reden, dachte Bitterle, während er sich durch das Labyrinth der Klinik zu Ina Weichselbraun kämpfte. Er war ziemlich sicher, dass die Pathologin Jadewalds Leichnam inzwischen untersucht und erste Ergebnisse vorzuweisen hatte. Und sicher würde sie ihm auch das medizinische Kauderwelsch aus Wölfles Krankenakte erklären können.

»He, Konni, so früh schon unterwegs?« Dr. Weichselbraun spähte über den Rand ihrer neuen Brille, die aussah, als stamme sie aus einer Elton-John-Auktion.

»Servus, Ina.« Bitterle wunderte sich im ersten Moment, denn noch war er es nicht gewohnt, Ina beinahe akzentfreies Hochdeutsch reden zu hören. Er deutete ein Wangenküsschen an und zog sein Smartphone hervor. »Kannst du mir einen Gefallen tun? Ich habe hier Wölfles Krankenakte, würdest du für mich einen Blick darauf werfen?«

»Hoppala, wie kommst du jetzt dazu?« Sie griff sich das Handy und wischte über das Display. »Oha, also, des passt gar net zusammen! An Epileptiker lässt die Finger von narrischen Pflanzen.«

»Was bedeutet das?«

»Also, des Dysurgal, das euer Verdächtiger in seinem Blut hatte, des ist Atropin in Reinform. Die in der Klinik drüben sind ganz schön deppert. Des weiß doch a jeder.«

»Sagt mir immer noch nichts.«

»Atropin ist der Wirkstoff der Tollkirsche, lateinisch Atropa, auch Belladonna genannt. Es macht große schöne Augen und lindert nebenbei Magenkrämpfe, aber wenn du zu viel davon erwischst, wirst du narrisch! Deshalb heißt die Tollkirsche ja auch Wutbeere.«

Bitterles Gesichtszüge froren ein. »Wie bitte?«

»Der Wölfle is narrisch worn. Das würde auch zum Jadewald seinen Verletzungen passen. Ich hab's ja schon am Freitag gesagt, dass da wer a rechte Wut gehabt haben muss, so wie sie den zugerichtet haben. Am Schluss ist es halt zugegangen wie bei den drei Moiren.«

»Bitte bei wem?«

»Kennst des net von den Schicksalsgöttinnen? *Klotho mit der Spindel in der Hand wob den Lebensfaden der Sterblichen, Lachesis mit der Schriftrolle in der Hand maß dessen Länge zu, Atropos mit der Schere in der Hand schnitt ihn dann ab.* – Da, schau's dir mal an, dann weißt du, was ich mein.« Sie machte sich auf den Weg zu den Kühlfächern.

»Bitte, Ina, ich glaub's dir auch so. Also du meinst, die Einnahme von Tollkirschen hat bei Wölfle einen Wutanfall ausgelöst, bei dem er dann auf Jadewald eingestochen hat.«

»War wohl eher eine Verabreichung. Unwissentlich!«

»Wer tut so etwas?«

»Das rauszufinden is euer Part. Und jetzt lass mich bitte weiterarbeiten. Ich bin dabei, die Verletzungen zu analysieren. Die Tatwaffe, ein Messer, habt ihr ja wohl gefunden. Ich hab's von der Kriminaltechnik angefordert.«

»Warum das denn?«

»Ich will wissen, wie es zu den ausgefransten Stichwunden am Hals gekommen ist. Möchtest du es dir wirklich net einmal selber anschauen?«

»Ina!«

Nachdem Bitterle die Uniklinik verlassen hatte, entschloss er sich, auf einen Sprung in der Psychiatrie am Leimgrubenweg vorbeizuschauen. Der Notarzt, der Gudrun Jadewald dorthin eingewiesen hatte, hatte gemeint, sie wäre bei dem Professor in besten Händen. Allerdings fragte sich Bitterle, ob der bei seinen vielen Vorträgen und Publikationen wirklich noch Zeit für solche Patienten fand. Sei's drum, er musste dringend mit Frau Jadewald sprechen. Sie würde ihm sicher sagen können, wo sich ihre Tochter aufhielt.

Wie immer waren die Parkplätze an der Klinik knapp, und so stellte Bitterle den Ascona schräg neben den Müllcontainern ab. Am Empfang zeigte er seinen Ausweis und fragte, ob er mit Gudrun Jadewald sprechen könne. Nach wenigen Tastaturklicks sah die Dame hoch und sagte: »Tut mir leid, Herr Kommissar, aber Frau Jadewald ist nicht mehr bei uns.«

»Hm. Wissen Sie, wohin Sie gebracht worden ist?«

»Sie ist nirgendwohin gebracht worden, sie ist noch vor der Visite gegangen. Wie es aussieht, hat sie sich selbst entlassen. Vielleicht möchten Sie noch den Stationsarzt sprechen? Der ist allerdings nicht vor siebzehn Uhr wieder im Haus. Soll ich einen Termin für Sie machen lassen?«

»Danke, nicht nötig.«

***

Bitterle hatte Kula eine Nachricht geschickt: »Wie geht's dir? Bin noch wegen Wölfle unterwegs, noch nicht ansprechbar. Hat sich Lukas um diesen Balthasar gekümmert? Und um die Schotten? Sie müssen befragt werden. Bis gleich.«

Wenig später folgte eine zweite: »Die Jadewald ist verschwunden! Bin auf dem Weg nach Wiblingen.«

Kula wischte zurück und fand Lukas' SMS von gestern Abend: »Habe mit Balthasar und den Schotten gesprochen.«

Sie antwortete: »Wo steckst du? Komm ins Quartier! Es brennt!«

Iris Mützenrieder war dabei, Flyer zu falten und den Werbeaufsteller zu füllen, als Kula den Inforaum betrat.

Sie lehnte am Tresen, musterte Kula und fragte: »Na, hatten Sie Glück bei dem Herrn Baron?«

»Das wird sich zeigen.« Ohne ein weiteres Wort machte Kula sich auf den Weg ins Hauptquartier. Die Luft dort war abgestanden, sie öffnete drei Fenster und sah aufs Dashboard. Namen, Kreis und Pfeile – Bitterles Denkhilfe. Der Name Jadewald in der Mitte war umrandet. Ringsum standen Wölfle, Gudrun, Pauline, Schotten, Balthasar und Berliner. Kula wischte »Berliner« weg und schrieb den Namen Lotorius von Lichtenrade an dessen Stelle. Nach kurzem Zögern fügte sie ein Ausrufezeichen an. Den knöpf ich mir besonders vor, dachte sie und sah auf die Uhr. Kurz vor elf, noch zwei Stunden, dann wissen wir mehr.

Lukas stapfte in den Raum, er wirkte verpennt und murmelte einen Gruß.

»Ebenso«, sagte Kula. »Ging wohl lange letzte Nacht, ich hoffe, es hat was gebracht. Also, erzähl, was hast du rausgefunden?«

»Hey, mach mal halblang. Also ich hab mit den beiden Schotten gesprochen. Die kommen heute hierher, hoffe ich jedenfalls. Sie hatten mit Wölfle Kontakt und haben etwas von einem Schwert und einem Wettbewerb erzählt, was genau das war, haben sie nicht gesagt, aber wir können ja nachher nachhaken.«

»Mehr hast du nicht? Lukas, denk dran, du bist im Dienst.«

Lukas zog eine Schnute und hob den Zeigefinger. »Undercover, vergiss das nicht!«

Kula schnaubte. »Und sonst?«

»Den Barden Balthasar habe ich auch getroffen, der Typ weiß echt alles, ist schon seit bald vierzig Jahren in der Szene und kennt jeden. Der ist echt in Ordnung. Ich kann mir nicht vorstellen, dass er was mit der Sache zu tun hat.«

»Und wieso nicht?«

»Er war nur kurz bei Wölfle und den Jadewalds, und außerdem: Welches Motiv sollte er haben?«

Kula blickte ihn skeptisch an.

Lukas ließ sich davon nicht beirren. »Aber er hat mir einige interessante Dinge erzählt. Über diesen Jadewald kursieren wilde Gerüchte, aber so wie's aussieht, entsprechen sie der Wahrheit.«

»Aha, und die wären?«

»Jadewald hat oder besser hatte mit vielen von den Musikern und Ausstellern geschäftlich zu tun und sie vertraglich an sich gebunden, zum Teil zu miserablen Bedingungen. Balthasar und ich treffen uns übrigens am Nachmittag noch mal.«

»Am besten bringst du ihn her, drei Hirne denken mehr als eines, speziell deines!«

»Pff.«

Bitterle platzte mit einem Knall ins Zimmer. Er musste gegen die Tür gedrückt haben, bevor er die Klinke in der Hand hatte; eine Unart, die sich sonst nur Kriminalrat Sprekel herausnahm. »Die Jadewald ist verschwunden, hat sich wohl selbst entlassen, und in der Klinik weiß keiner Bescheid. Ein gottverdammter Saustall ist das hier. Und dann dieses nervtötende Getröte ringsum. Ich halte es nicht mehr aus.«

»Mach mal halblang«, sagte Kula, »und beruhige dich. So kommen wir auch nicht weiter. Was ist mit der Jadewald? Ich denke, die sollte unter psychiatrischer Aufsicht bleiben.«

»Frag mich was Leichteres. Fest steht, sie ist weg!«

»Dann besorge ich ihre Adresse, bin gleich zurück.«

Während Kula bei Frau Mützenrieder war, stand Lukas am Dashboard und zupfte an seinem Bart, kritisch beäugt von seinem Chef.

»Hier«, rief Kula, als sie zurückkam, »ich hab's. Die Jadewalds wohnen auf einem Weidegut namens Wintrup, irgendwo in Niedersachsen.«

»Hätte ich dir auch sagen können«, erklärte Lukas, und sah seine Kollegen an, als würde er Applaus erwarten.

Zwei Augenpaare starrten ihn an.

»Jetzt mach schon«, sagte Bitterle, »oder brauchst du eine Extraeinladung?«

»Balthasar hat mir gestern erzählt, dass die Jadewalds dort oben wohnen. Und nicht nur das, der Wölfle ist mit dabei.«

»Also eine Art Kommune«, kommentierte Bitterle.

Lukas schnippte mit den Fingern. »Genau! Und jetzt kommt's: Wölfle hat sich dort oben eine eigene Schmiedewerkstatt eingerichtet, und das ging nur, weil er einen Kredit von Nils Jadewald bekommen hat. Vielleicht liegt genau darin das Motiv.« Lukas blickte in die Runde, als erwartete er Beifall.

»Wie? Du meinst, Wölfle bringt Jadewald um, damit er seinen Kredit nicht zurückzahlen muss? Kann ich mir nicht vorstellen«, sagte Bitterle. Er rieb sich die Stirn und ging zum Fenster. »Das glaubst du doch selbst nicht.«

»Kommt auf die Höhe an«, sagte Kula. »Aber das müsste sich ja ermitteln lassen.«

Bitterle wandte sich um und überlegte laut: »Ina hat sich die Krankenakte vom Wölfle angesehen: Dem ist offenbar heimlich Belladonna, eine giftige Pflanze, verabreicht worden. Ina glaubt, dass er im Wahn Jadewald getötet haben könnte. Aber ich weiß nicht … Andererseits, wenn es irgendwelche Unstimmigkeiten wegen dieses Kredits gab, könnte solch eine Droge vielleicht dazu geführt haben, dass Wölfle die Kontrolle verliert?«

»Wölfle hat unwissentlich eine giftige Pflanze zu sich genommen? Am Abend des Mordes?« Kula sah Bitterle überrascht an. »Das würde erklären, warum ich keine Gläser in dem Zelt gefunden habe. Da hat jemand Beweise verschwinden lassen.«

»Möglich«, sagte Bitterle. »Also gut, finden wir es raus! Erstens: Jemand von der örtlichen Polizei soll auf diesem Weidegut nachsehen, ob die Jadewald dorthin verschwunden ist. Vielleicht finden sie da ja auch ihre Tochter.«

»Wird erledigt«, sagte Kula.

»Zweitens: Lukas, du knöpfst dir den Tontechniker vor, ich denke, du hast davon mehr Ahnung als ich. Frag ihn, ob er sich an eine Person am rechten Bühnenrand erinnern kann.«

Lukas stutzte. »Was für eine Person meinst du?«

»Wir haben eine Videoaufnahme von diesem Cantus-Ferrum-Konzert. Dort steht ein Mann, der zu Pauline hochsieht. Offenbar kennen die sich. Womöglich ist das dieser Puppenspieler.«

Kula schnippte mit den Fingern. »Paulines Freund. Könnte passen, nach dem, was wir bislang wissen.«

»So, an die Arbeit. Was ist mit den Schotten? Wann kann man die befragen?«

»Die wollten heute hierherkommen«, antwortete Lukas.

»Gut«, sagte Bitterle, »das übernehme ich.« Und an Kula gerichtet: »Hast du diesen Berliner ausfindig gemacht?«

»Ja, der Mann heißt Lotorius Lichtenrade. – Sorry, ich meine natürlich, *von*! *Von* Lichtenrade«, frotzelte Kula. »Kommt um eins, hoffe ich jedenfalls. Mir ist eben übrigens etwas aufgefallen: Er hat einen Triskel-Aufkleber an seinem Wagen.«

»Einen was?« Bitterle sah sie verständnislos an.

»Na, du weißt schon, dieses Symbol, das auch auf der Kette war, die am Drachenzuber gefunden wurde!«

»Richtig, ich erinnere mich. Und da siehst du einen Zusammenhang, stimmt's?«

»Auf jeden Fall! Es ist exakt das gleiche Motiv.«

»Gut, das werden wir überprüfen. Und bis dahin«, Bitterle sah auf die Uhr, »gehst du noch einmal zu dieser Belgierin. Sieh bitte zu, dass du alles über Pauline und ihren Freund in Erfahrung bringst.«

»Zu Japke de Fries? Muss das sein?«

»Kula, ich bitte dich. Das von gestern sind doch Kinkerlitzchen. Vergiss es. Denk an deinen Job, befrag sie, und gut ist.«

***

Spohn und Wannizeck waren ein eingespieltes Team. Seit Jahren fuhren die beiden Polizisten zusammen Streife und sorgten im Umkreis von Höxter für Ruhe und Ordnung. Die Anfrage aus Ulm, im Weidegut Wintrup nach dem Rechten zu sehen und nach einer Person zu suchen, kam ihnen gerade recht, da sie sonst nur auf den höxterschen Hauptstraßen auf und ab gefahren wären.

»Klacksache«, sagte Wannizeck und fuhr los, während Spohn das Navi programmierte.

»Wie schreibt man Wintrup? Mit einem oder mit zwei n? Und hinten? Ein oder zwei p?«

»Keinen Schimmer. Probier's einfach. Ich halte mich jedenfalls mal Richtung Norden, muss irgendwo hinter Sandebeck liegen.«

Sie fuhren durch das Weserbergland und sollten ihr Ziel laut Navi in etwa einer halben Stunde erreichen.

Doch nach ziemlich genau dreißig Minuten flötete die Stimme aus dem Gerät: »Drehen Sie nach Möglichkeit um!«

»Wieso das denn?«, maulte Spohn. »Es waren doch vorhin nur noch ein paar hundert Meter.«

»Du hast das Ding programmiert«, sagte Wannizeck. »Hast dich bestimmt vertippt.«

»Quatsch! Und jetzt?«

»Keine Ahnung. Hier geht es jedenfalls nicht weiter.« Wannizeck blickte aus dem Fenster. Der Weg endete vor einem Birkenwäldchen, links davon hatte der Mais ausgetrieben, und rechter Hand grasten Pferde.

»Zurück auf Los, was sonst. Es muss hier irgendwo sein, verdammich!«

Am Wagendach klopfte es rechts.

Spohn ließ die Scheibe zu drei Vierteln herunter und sah hoch. Ein älterer Herr stand an der Seite und lächelte ihm zu. Die paar spärlichen Haare waren quer zur Seite gescheitelt und schienen festgeklebt, hinter einer rahmenlosen Brille blitzten zwei blaue Augen, die Oberlippe zierte ein sorgfältig gestutzter weißer Schnurrbart. Auch sonst war der Mann seltsam förmlich gekleidet. Tadellos gebügeltes weißes Hemd mit bordeauxroter Fliege, darüber ein offensichtlich maßgeschneiderter Trachtenjanker. Seine seltsame Hose, die über dem Knie geschnürt und aus feinem Lodenstoff gewoben war, erinnerte Spohn an ein Gemälde aus dem 18. Jahrhundert, als ihn seine Frau während eines Hollandtrips in ein Museum geschleppt hatte. Die Füße steckten in dazu passenden polierten Lederstiefeln. In der linken Hand hielt er einen mattschwarz glänzenden Spazierstock mit silbernem Pferdekopfknauf, in der anderen eine Leine, an der zwei Beagles zerrten, die sich wie junge Schlittenhunde bei der Witterung des ersten Schnees gebärdeten.

»Kann ich Ihnen helfen? Suchen Sie etwas?«

»Familie Jadewald, kennen Sie diese Leute? Man sagte mir, die würden hier wohnen. Vielleicht wissen Sie ja auch, wie wir dorthin kommen?«

»Aber ja, was meinen Sie, wie oft ich das gefragt werde, das Weidegut ist schwer zu finden. Sie sind genau einhundertvierzig Meter zu weit gefahren. Sie hätten da vorne abbiegen müssen. Erst zweimal links, dann einmal rechts. Dann stehen Sie direkt davor. Der Eingang ist allerdings hinten und nur zu Fuß zu erreichen. Aber ich kann Ihnen gerne den Weg zeigen, wenn Sie gestatten. Immerhin wohne ich dort seit vielen Jahrzehnten, sozusagen als Gutsverwalter. Also mittlerweile. Wissen Sie, früher war ich ordentlicher Professor für Gestaltung und Malerei mit Lehrstühlen an allen wichtigen Akademien, aber heutzutage, als emeritierter Hochschuldozent, bleibt einem nicht viel mehr, als sich um die paar Schäfchen zu kümmern, die einem noch geblieben sind. In dem Weidegut wohnen und arbeiten ja seit Jahrzehnten schon Künstler aller Gattungen, müssen Sie wissen, denn –«

»Bitte verzeihen Sie, mein Herr, wir sind etwas in Eile. Sagen Sie doch einfach, wo ich diese Jadewalds finden kann beziehungsweise ob jemand von denen da ist, die Frau Jadewald vielleicht.«

»Ach ja, entschuldigen Sie meine Geschwätzigkeit. Das ist eine Gruppe von Leuten, die sich dem Mittelalter zugewandt hat. Sie tragen authentische Kleidung«, er hob den Zeigefinger samt Spazierstock, »größtenteils sogar selbst gefertigt, spielen Musik aus dieser Zeit – meiner Meinung nach ebenfalls authentisch – und leben auch sonst sehr, wie soll ich sagen –«

»Wo!«

»Wieso wo? Ach ja, richtig, verzeihen Sie! Sie sagten etwas von einem Festival in Ulm, wenn ich mich recht entsinne, so einer Art Mittelalterspektakel. Dort würden sie auftreten, sogar gleich mehrmals, jetzt während des langen Wochenendes um Christi Himmelfahrt. Ist das nicht schön, dass so alte Traditionen wiederbelebt werden, gerade von der Jugend, und dass sich dafür auch noch Anhänger finden. Aber bis nach Ulm. Ulm, das liegt doch meines Wissens ganz im Süden unserer Republik.« Er blickte nachdenklich in die Ferne. »So weit weg. Wenn ich mir vorstelle, die ganze Strecke bis da runter … Ach ja, zu Ulm fällt mir noch etwas ein, das ist allerdings schon Jahre – ach, was sage ich, Jahrzehnte her, da wohnte eine Gruppe hier, auch so eine Art Musikkommune, die kam ebenfalls aus Ulm. Die machten richtig formidable – wie soll ich sagen, eine Mischung aus Jazz und Rock, eine für damalige Zeiten vollkommen neue Art von … Wie war noch mal gleich deren Name? … Irgendwas mit Baumaschinen.«

»Hören Sie, wir müssen uns selbst überzeugen, dass die Wohnung der Jadewalds leer steht – und zwar jetzt! Haben Sie einen Schlüssel?«

Die Gesichtszüge des alten Herrn froren ein. »Das geht nicht. Ich kann Ihnen die Schlüssel nicht überlassen, außerdem habe ich sie nicht bei mir. Was ist denn mit den Jadewalds? Stimmt etwas nicht? Wieso fragen Sie nach Gudrun?«

»Zum letzten Mal!« Spohns Stimme wurde scharf. »Egal, wie auch immer, wir müssen uns davon überzeugen, dass Frau Jadewald nicht hier ist. Und deswegen fordere ich Sie auf, uns Einlass in deren Wohnräume zu gewähren.«

Der Gutsverwalter seufzte, zog ein leinenes Taschentuch hervor und tupfte sich die Stirn. »Wie Sie meinen. Ich erwarte Sie in zehn Minuten an der Pforte.«

Die Wohnung war leer. Dem Anschein nach hatte sie auch niemand in den letzten Tagen betreten. Die Luft war abgestanden, und nichts deutete auf irgendwelche Besucher hin.

»Fehlanzeige«, sagte Wannizeck und zog sein Sprechfunkgerät aus der Gürtelschlaufe. Er machte Meldung bei seiner Dienststelle und fuhr dann mit seinem Kollegen davon.

Der Gutsverwalter sah der Staubwolke hinterher, dann erinnerte er sich an den Namen der Ulmer Band und murmelte: »Richtig, Kraan, so hieß die Truppe seinerzeit. Was aus denen wohl geworden ist?«

ZWÖLF

Obwohl sie nicht die geringste Lust verspürte, Japke de Fries zu befragen, machte sich Kula auf den Weg zu ihr. Bitterle hatte leicht reden, von wegen Kinkerlitzchen und Professionalität einer Kripo-Beamtin. Der hatte ja keine Ahnung, wie das war, betrogen zu werden. Sie atmete tief durch und ging zum Paradiesgarten.

Schon von Weitem sah sie Japke, wie sie wieder mit ihren Wollfäden hantierte und so tat, als wäre nichts geschehen. Fröhlich wie tags zuvor scherzte sie mit den Kunden und bat Madeleine, ihnen Tee zu servieren.

»Hey, Kula, wie geht's? Was war denn mit dir gestern los, du bist so plötzlich auf und davon. Dich plagt der Fall, stimmt's? Gibt es denn schon was Neues?«

Kula wunderte sich über die unbedarfte Art, mit der Japke ihr begegnete, sie versuchte aber, sich nichts anmerken zu lassen. »Ich bin da, um dich noch mal wegen Pauline zu befragen. Kennst du sie näher? Du sagtest doch, sie wäre früher immer gekommen, um nach deinem Hund zu sehen.«

»Pauline? Ja, das ist wirklich komisch, sonst kam sie jedes Mal angerannt und hatte irgendwelche Leckereien für Herman dabei, aber diesmal war gar nichts in der Art. Hat nur einmal kurz hergewinkt und war dann gleich wieder verschwunden.«

»Wie lange kennst du sie denn schon?«

»Die Pauline? Ach, schon ewig. Schon als Mädchen saß sie oft auf meinem Schoß, da war sie vielleicht sieben oder acht. War fast wie eine kleine Schwester oder eine Tochter.«

»Aber ich denke, du bist erst das dritte Mal in Ulm, wegen der Meier-Gebäude.«

»Stimmt, aber ich bin ja sonst auch auf diesen Märkten unterwegs, schon seit Jahren. Wie gesagt, es ist hauptsächlich wegen Madeleine, dass die mal aus ihrem Heimalltag rauskommt. Das tut ihr jedes Mal so gut.« Japke lächelte zufrieden. Als Madeleine ihren Namen hörte, drehte sie sich um und rief fröhlich: »Hallo!« Kula blickte in ihre Richtung und sah, wie sich dort ein Mann rückwärts aus dem Zelt mühte und auf sie zukam. Er war kaum größer als Japke, dafür aber doppelt so breit, hatte ein beinahe schon unverschämtes Grinsen im Gesicht und hielt eine kleine Schale in den Händen.

»Kula, darf ich dir meinen Mann Eric vorstellen? Er hat es nicht mehr ausgehalten ohne mich und ist extra von Lüttich mit dem Nachtzug hergefahren. Er tut zwar immer so, als müsse er mir unbedingt seine neuesten Kreationen vorstellen, aber so wie ich ihn inzwischen kenne, hält er es einfach keine drei Tage ohne mich aus und fährt mir nur deswegen immer nach.« Japke schmunzelte. »Mir geht's übrigens genauso.«

Eric streckte Kula das Schälchen entgegen, zeigte auf die Pralinen darin und sagte im selben charmanten flämischen Tonfall wie Japke: »Freut mich, dich kennenzulernen, Kula. Hier, probier mal. Exklusiv für das Mittelalterspektakel auf der Basis von orientalischen Früchten und Gewürzen.«

Kula starrte Eric an. »Wie jetzt, das ist dein Mann?«

»Jawohl«, sagte Japke, »und das seit genau fünf Jahren. Und ich bin mir sicher, er hat alles stehen und liegen lassen, sein Geschäft zugemacht, um mich zu besuchen. Du musst wissen, Eric ist einer der gefragtesten Chocolatiers von Belgien. Er verkauft seine Pralinés in die ganze Welt.«

Nachdem sich Kula eine dieser matt glänzenden Kugeln in den Mund gesteckt und die cremige Masse auf der Zunge hatte zergehen lassen, verstand sie, warum es hieß, Schokolade mache glücklich. Im Nu hatten sich all ihre Bedenken bezüglich Svenja und Japke in nichts aufgelöst. Sie lächelte, und endlich war es wieder ihr echtes Lächeln.

»Wow, die sind wirklich *richtig* gut«, sagte Kula, obwohl sie noch den Mund voll hatte.

Eric verneigte sich scherzhaft, »danke für das Lob«, und setzte sich zu Madeleine.

»Also Japke, noch mal wegen Pauline«, begann Kula, als sie wieder den Mund leer hatte. »Weißt du, ob sie jemanden hatte, an den sie sich wenden würde, wenn sie Probleme hat? Eine beste Freundin oder irgendwelche Verwandte, Tante, Onkel …?«

»Nun ja, wenn man es genau nimmt, ist Gudrun ihre Tante«, sagte Japke.

»Wie jetzt?«

»Pauline ist von den Jadewalds geadopteerd worden, aber genau genommen ist sie Gudruns Nicht. Sagt man so, von die Tochter der Schwester?«

»So ähnlich, bei uns heißt das adoptiert und Nichte.«

»Genau, Nichte. Pauline ist Gudruns Nichte, und sie haben sie nach dem schrecklichen Unfall ihrer Eltern zu sich genommen. Da war sie gerade erst zwei Jahre alt.«

»Was ist passiert?«

»Ein Stau. Sie mussten anhalten, und dann ist einer von hinten mit großem Tempo herangebraust gekommen und hat ihr Auto unter einen Lastwagen geschoben. Nur Pauline hat überlebt.«

»Wie schrecklich, das tut mir leid.« Kula sah zu Boden. »Aber ich frage deshalb, weil Pauline verschwunden ist. Gudrun Jadewald ist auch nirgends zu finden. Man hat sie gestern in die Klinik zur Beobachtung gebracht, aber sie ist einfach abgehauen.«

»Typisch Gudrun«, sagte Japke, »die kannst du nirgendwo halten. Und Pauline, bestimmt ist sie bei ihrem Freund, dem Prager Puppenspieler.«

»Weißt du, wo ich den finde?«

»Der schläft immer irgendwo da draußen in seinem alten Mercedes, so einem Kombi.« Japke wies mit der Hand Richtung Straße.

»Kannst du den Wagen beschreiben?«

»Hm, auf das Kennzeichen habe ich nicht geachtet. Aber er ist recht alt, ziemlich lang und dunkelrot.« Japke schürzte die Lippen und hob den Zeigefinger. »Doch, da war noch was. Das Auto hat hinten so bunte Kasper-Aufkleber und einen Schriftzug. Irgendwas mit Prag. Aber frag mich nicht, was da genau draufsteht.«

»Hey, das ist prima fürs Erste«, erwiderte Kula. »Hast du denn die beiden zusammen gesehen?«

»Ja, aber auch nur ganz kurz.«

»Kannst du dich erinnern, wann das war?«

»Das muss noch vor der Eröffnung gewesen sein. Wir waren gerade beim Aufbau. Aber wie gesagt, die Pauline hat uns da schon kaum beachtet. Und auch sonst ...«

»Ja?«

»Na ja, die beiden haben irgendwie bedrückt gewirkt. Aber das ist nur so ein Gefühl – hat die Madeleine jedenfalls gemeint.«

Kula drehte sich um und beobachtete Madeleine, wie sie Wollfäden in den Kessel tunkte, und winkte ihr zu. Voller Freude winkte sie zurück, kam angerannt und umarmte Kula.

»Schön, du nicht mehr böse!«, sagte sie und strahlte.

»Wie kommt sie denn auf so was?«, fragte Kula irritiert.

»Wie gesagt, Madeleine spürt geheime Dinge, nenn es sechster Sinn oder wie auch immer.«

Einer spontanen Idee folgend fragte Kula: »Sag mal, Madeleine, du kennst doch auch die Pauline und den Puppenspieler. Hast du sie getroffen? Geht es denen gut?«

Madeleine nagte an ihrer Unterlippe, ihre Augen wanderten umher, dann sprudelte es aus ihr heraus. »Nein! Gar nicht gut. Beide ganz, ganz traurig. Pauline geweint, und Marek hat getröstet.«

»Weißt du, warum?«, hakte Kula nach.

Madeleine kniff die Lippen zusammen und murmelte: »Weiß nicht, warum, nur viel traurig, ganze Zeit, wo sie waren da.«

»Na gut, dann vielen Dank.« Kula erhob sich. »Bis später«, und mit dem Daumen in Richtung Wollfäden, »und viel Erfolg.« Sie verschwand aus dem Paradiesgarten und suchte auf der Straße nach dem alten Mercedes des Puppenspielers. Sie ging die Mauer entlang der Schlossstraße bis vor zur Abteistraße, auf der sich der Verkehr staute, und zurück. Dabei sah sie sich jedes Fahrzeug an, doch nirgendwo stand ein dunkelroter alter Mercedes-Kombi. Von dem Wagen fehlte jede Spur. Der Puppenspieler war verschwunden! Bitterle würde begeistert sein.

***

Der Tontechniker stand auf der Bockleiter und richtete die Scheinwerfer neu aus. Anstelle von Cantus Ferrum hatten Balthasar und Elena das Abendprogramm übernommen und würden als Fairy Dream auftreten. Diese Nachricht hatte sich wie ein Lauffeuer herumgesprochen und war das Thema schlechthin. Alle waren gespannt auf diese Show, galt sie doch als ein Highlight sondergleichen. Fairy Dream im Wiblinger Klosterhof, was für ein Wahnsinn; wo sie doch noch kurz zuvor in der historischen Arena von Verona von zweieinhalbtausend Fans bejubelt worden waren.

Da Lukas' Undercover-Tarnung ohnehin aufgeflogen war, stand er in seiner üblichen Löcherjeans und einem verwaschenen Stones-Zungen-Shirt am Bühnenrand und sah hoch. »Hey, hast du einen Moment?«

»Bin gleich so weit. Worum geht's denn?«

»Cantus Ferrum. Du hast sie doch abgemischt am Donnerstag, den Sound, meine ich.«

Der Tontechniker steckte sein Werkzeug in die knielange Cargohose und stieg von der Leiter. Ein letzter prüfender Blick nach oben, dann hüpfte er vom Bühnenrand und streckte Lukas die Hand entgegen. Neben seinem spärlichen Haarzopf fiel vor allem sein weißer Nikolausbart auf. »Servus, Gunter Urban, aber mich nennen sie alle bloß Gurke.«

Lukas zeigte seinen Ausweis.

Gurke warf einen flüchtigen Blick darauf, sagte: »Hoppla, so gleich? Richtig amtlich!«, und legte ungefragt los. »Schöne Scheiße, oder? Machen die einfach den Jadewald platt. Einfach so, ratzfatz. Dabei standen die am Anfang einer richtig geilen Karriere. Volles Rohr, woisch wie?«

Lukas zog die Nase kraus. »Keine Ahnung. Wie meinst du das?«

»Na Wacken! Cantus Ferrum hatten es nach Wacken geschafft. Diesen Sommer, Ende Juli. Und der Hammer dabei ist, dass sie sogar auf der Hauptbühne hätten spielen sollen. Da wo sonst Iron Maiden, Metallica oder Alice Cooper ihre Show abziehen. Die Gigs auf der kleineren Wackinger-Stage waren klar, aber dann hat eine Mittelalter-Metal-Band für Freitag auf der Main-Stage abgesagt, und sie haben Cantus Ferrum verpflichtet. Sind ja nur noch ein paar Wochen bis dahin. Hammergeil, oder? Vor allem wegen Guidos Trommelshow.«

»Wieso? Was ist daran so besonders?«, fragte Lukas.

»Nicht gesehen? Da hast du echt was verpasst. Wie der da auf seinem Amboss rumdonnert, total neue Idee. Und dann nennt er sich auch noch Thorwald Feuerfaust.« Gurke zappelte vor Begeisterung und tat kleine Hüpfer. »Der hat sich einen Kunststoffamboss machen lassen und mehrere Tonabnehmer dran befestigt, oben, unten, vorne, hinten und an den Seiten, woisch wie. Obwohl, eigentlich war das ja die Idee vom Jadewald, also das mit der MIDI-Steuerung.«

»MIDI-Steuerung?«

»Pass auf, das ist ganz einfach. Du nimmst verschiedene Geräusche auf, Scheppern, Trommeln, Kanonendonner und so weiter – vieles kann man auch fertig kaufen, oder es ist bereits im Drum-Sampler vorprogrammiert –, und die Töne werden dann abgerufen, wenn du auf so einen Tonabnehmer haust. Dazu kommt, dass der Amboss transparent war und drinnen LEDs hatte, die bei jedem Schlag geleuchtet haben, mal mehr, mal weniger hell, je nachdem. Voll abgefahren.«

Lukas hatte zwar nur einen Bruchteil davon verstanden, dennoch schützte er Sachverstand vor. »Okay, klingt echt cool. Aber was mich mehr interessieren würde, ist der Moment, als links zwei Schotten aufgetaucht sind und dem Wölfle irgendwas mitgeteilt haben. Es gibt da einen Videoclip von. Ist dir das auch aufgefallen?«

»Klar. Der Guido war ja kurz völlig aus dem Häusle. Meinst du das?«

»Genau. Irgendeine Ahnung, worum's dabei ging?«

Gurke dachte kurz nach. »Nö. So genau habe ich nicht hingesehen. Und gehört hast du eh nichts. Muss aber wichtig gewesen sein. Wie gesagt, der Guido war für einen Moment wie weggebeamt.«

»Schade. Aber da gibt es noch was …« Lukas zog sein Handy

hervor und scrollte zum Teil der Aufnahme, bei dem auf den rechten Rand geschwenkt worden war. »Siehst du den Typen, der da steht und zu dem Mädchen hochschaut, das ist doch Pauline, oder? Der steht die ganze Zeit bloß da und starrt in ihre Richtung.«

Gurke fummelte eine Supermarkt-Lesebrille aus einer seiner vielen Taschen und betrachtete den Videoclip. »Logo, das ist Marek, der Puppenspieler aus Prag. Den scheint's ganz schön erwischt zu haben. Ich glaub, der hat was mit Pauline.« Dabei zwinkerte Gurke und zog die Schultern kurz hoch. »Woisch wie?«

»Hm, kennst du den?«

»Na ja, was heißt kennen? Aber sein Puppenspiel ist klasse. Ich war mit meinem Neffen dort und habe mir seinen ›Hans im Glück für Dummies‹ angesehen. Das war vielleicht abgefahren. Vor allem, was der Marek erzählt hat und wie er zu der Puppe gekommen ist. Sie ist extra für ihn angefertigt worden. Tolle Geschichte. Der hat sich richtig Zeit für meinen Neffen genommen. Da merkt man, dass der Kinder mag. Woisch wie? Ganz toll fand ich auch, wie er nach der Aufführung dem Kleinen die Puppe gezeigt hat. Der Bursche hat keine Ruhe gegeben, er wollte Hans im Glück von Nahem sehen, und der Marek hat sich sogar richtig gefreut, dass der so viel Interesse zeigt. Die Puppe war wirklich toll gemacht, also ich versteh ja nicht so viel davon, aber das war echte Holzschnitzkunst, woisch wie?« Gurke sah auf die Uhr. »Wir können ihn ja besuchen, vielleicht werkelt er an seinem Theater rum, und du kannst selber mit ihm reden. So viel Zeit hab ich noch.«

Sie gingen über den Platz zwischen den Buden, vor denen wieder viele Besucher standen und sich die absurdesten Versprechungen der Aussteller anhörten. Abrupt blieb Gurke zwischen einem Rindenschiffchenstand und einer Bude für Kräutersalben stehen.

»Ja wie jetzt?«, fragte er und blickte mehrmals von links nach rechts. »Das kapier ich nicht. Sein Theater ist verschwunden.«

Lukas hatte so etwas bereits geahnt. »Das heißt also, dieser Marek ist weg.«

»Sieht so aus. Genau hier hat er vorgestern noch alles aufgebaut.« Gurke zeigte auf eine freie Stelle im Kies. »Das Ding war aus Holz und kaum größer als ein Dixi-Klo, und davor«, Gurke beschrieb einen Halbkreis, »saßen die ganzen Kinder auf dem Boden und haben vor Aufregung an den Nägeln geknabbert. Und jetzt haut der einfach ab. Das kapier ich echt nicht! Da waren doch täglich jeweils vier Aufführungen vorgesehen.«

Lukas überlegte, welche Möglichkeiten es gab, Marek ausfindig zu machen. Oder zumindest eine Spur zu ihm. »Die Puppe war von einem Holzschnitzer, sagtest du. Extra für ihn gemacht. Weißt du was Näheres über den? Kennst du dessen Namen?«

»Von dem Holzschnitzer? Hm-m. Mit Namen hab ich's nicht so, woisch wie? Ich weiß bloß, dass in dem Schatullendeckel ein Messingschildchen war. Wie gesagt, Name – Fehlanzeige.«

»Mist. Würdest du dich bei mir melden, wenn dir noch etwas dazu einfällt?«, fragte Lukas und reichte ihm sein Kärtchen.

»Klar, mach ich.«

***

Frau Mützenrieder hatte Bitterle die Liste der Anmeldungen kopiert. Der Puppenspieler hatte sich unter »Daniel Hawelka« mit einer Prager Anschrift eingetragen. Bitterle stöhnte auf. Einerseits freute er sich, denn die Spur wurde endlich breiter. Andererseits würde es schwierig sein, einen Hawelka in Prag ausfindig zu machen. Auf dem Flur trafen er und Kula zusammen. Richtung Hauptquartier, wie Raum 110 mittlerweile von allen genannt wurde, berichtete sie von ihrem Gespräch mit Japke. »Also Pauline und dieser Marek waren definitiv ein Paar, das war was Ernstes. Allerdings scheint der Puppenspieler verschwunden, samt seinem Auto.«

»Wahrscheinlich zusammen mit Pauline, wie wir schon vermutet hatten.« Bitterle raufte sich die Haare. »Und? Marke? Kennzeichen? Besonderheiten?«

»Japke meinte, es wäre ein alter roter Mercedes-Kombi mit Kasper-Aufklebern und einem Schriftzug am Heck, irgendwas mit Prag. Kennzeichen wusste sie allerdings nicht.«

»Na, immerhin etwas. Ich denke, wir sollten ihn zur Fahndung ausschreiben.« Danach fragte er Kula: »Und? Wie war es sonst?«

Kula winkte ab. »Du hattest recht. Gott, war ich bescheuert. War ein Irrtum, aber das ist jetzt Nebensache.«

Bitterle brummelte Unverständliches und wühlte durch seinen Papierstapel, machte sich Notizen und hielt dann einen der Zettel hoch. »Hier, was ist jetzt mit diesem von Lichtenrade? Hattest du ihn nicht zur Befragung beordert? Ich habe hier vermerkt, er sollte um eins hier sein. Jetzt ist es bereits zehn nach!«

Kula sah auf die Uhr. »Stimmt, ich denke, es ist besser, ich seh mal nach.« Sprach's und war auch schon aus der Tür.

Bitterle lehnte sich in seinem Stuhl zurück und dachte nach. Wen kannte er, der ihm beim Aufspüren dieses Puppenspielers helfen könnte?

Er erinnerte sich an einen Jahre zurückliegenden Fall, bei dem er und ein Neu-Ulmer Kollege mit der tschechischen Kripo zu tun gehabt hatten. Er dachte öfter an diese Begegnung, denn sie hatte zur Festnahme einer skrupellosen Menschenhändlerbande geführt. Glücklicherweise war die Nummer dieses Beamten noch immer in seinem Verzeichnis gespeichert. Er wählte, und gleich beim zweiten Klingeln nahm jemand ab. Nachdem der Schwall Tschechisch vorbei war, fragte Bitterle zaghaft: »Spreche ich mit Kommissar Zeman, Pawel Zeman?«

Nach kurzem Schweigen kam die Antwort in nahezu akzentfreiem Deutsch. »Ja, warum? Wer ist da?«

»Konrad Bitterle hier, kannst du dich erinnern? Der Fall damals, zusammen mit meinem Freund Reinhold Groner und –«

»Jaja, Mensch, klar kann ich mich erinnern. Hallo, Konrad, wie geht es dir?«

»Was soll ich sagen? Es ist immer das Gleiche. Und selbst?«

»Bei mir ist es nicht anders. Die Gauner glauben zwar, sie wären uns eine Nase voraus, aber da täuschen sie sich. Was macht Reinhold? Trinkt er immer noch keinen Schnaps?« Zeman lachte.

»Dafür umso mehr Rotwein. Jedem das Seine.«

»Gut, Konrad. Spaß beiseite, worum geht's?«

»Ich suche einen Puppenspieler namens Daniel Hawelka.

Seinen Angaben zufolge wohnt er in Prag in der Ke Štvanici Nummer 656. Ich wollte nachfragen, ob er dort gemeldet ist.«

»Wie bitte? Ein Puppenspieler soll in der Štvanici wohnen?« Zeman klang amüsiert und kicherte. »Vielleicht vor hundert Jahren. Aber heute ist das so ziemlich die teuerste Gegend in unserer Goldenen Stadt. Das ist in der Nähe des Regierungsviertels. Und in der 656 residiert die Allianz-Versicherung. Die haben sich dort breitgemacht und ziehen uns die Kronen aus der Tasche. Also wohnen tut da mit Sicherheit niemand. Erst recht kein Puppenspieler.«

»Bist du sicher?«

»Ganz sicher. Ich sag dir, da hat dich jemand gewaltig hinters Licht geführt.«

»Vielleicht ist ja nur die Hausnummer falsch.«

»Vergiss es. Das komplette Viertel ist mittlerweile so gut wie unbezahlbar geworden.«

»Wenn du das sagst. Dann hat uns dieser Bursche tatsächlich verarscht.«

»Sag ich doch. Immer eine Nasenlänge voraus. Aber nicht lange. Irgendwann schnappen wir sie«, entgegnete Zeman aufmunternd.

»Das wünschen wir uns doch alle. Klappt ja auch – meistens.«

»Aber vielleicht weißt du sonst irgendetwas über ihn, Irgendeine Auffälligkeit. Wie war noch mal sein Name?«

»Hawelka, Daniel Hawelka.«

»Ausgerechnet Hawelka. Hast du eine Ahnung, wie viele es davon gibt?«

»Ich kann es mir denken. Ist wahrscheinlich so, als ob du in München nach einem Huber oder im Ruhrpott nach einem Schimansky fahndest. Trotzdem. Die Person, die ich suche, nennt sich auch Puppenmarek, ist wohl allein unterwegs und tritt auf Märkten auf. Vielleicht hilft das weiter?«

Bitterle hörte Tastaturgeklapper, Schlürfgeräusche und das Absetzen einer Tasse, dann wieder Tastaturgeklapper. Schließlich sagte Zeman: »Treffer! Daniel Hawelka, hier haben wir ihn. Er ist 2012 einmal erkennungsdienstlich behandelt worden, da er mit seinem Puppentheater ohne gültigen Gewerbeschein unterwegs war, der war abgelaufen. Also nichts Weltbewegendes. Ich würde sagen, er ist so weit sauber. Aber mit einer Adresse kann ich leider nicht dienen. Ohne festen Wohnsitz. Seinen Angaben zufolge wohnte er damals mal hier und mal da, bei Freunden oder bei einer Tante in Ungarn. Tut mir leid, Konrad.«

Bitterle stieß einen tiefen Seufzer aus und brummte: »Das habe ich fast befürchtet. Trotzdem danke, Pawel.«

»Keine Ursache, Konrad. Ich wünsche dir jedenfalls viel Glück. Und richte Reinhold meine Grüße aus. Ich werde heute Abend einen Becherovka auf ihn trinken.«

»Mach das – und noch mal vielen Dank, Pawel.«

»War mir ein Vergnügen.«

Bitterle legte auf. Mist! Er lehnte sich zurück, starrte die Decke an und sehnte sich nach einer Lösung des Falls. Im Klosterhof hatte sich inzwischen eine Gruppe Dudelsackspieler und Trommler getroffen, die für den nächsten Auftritt zu proben schienen und die unter Bitterles Büro auf und ab marschierten. Bevor er Hawelkas Wagen zur Fahndung ausschreiben ließ, schloss er die Augen und döste trotz des Krawalls für einen Moment ein.

DREIZEHN

»Was ist mit dir los?«, fragte Kula. Sie stand vor Bitterles Tisch, Lotorius von Lichtenrade im Schlepptau, und blickte ihren Chef forschend an.

Bitterle schrak hoch und rieb sich die Stirn. »Was soll sein? Ich habe nachgedacht.«

»Und? Zu welchem Ergebnis bist du gekommen?«

»Sag ich dir später.« Dabei deutete er mit dem Kopf in Richtung des Mannes an ihrer Seite.

Kula verstand sofort und fragte nicht weiter nach. Stattdessen schob sie von Lichtenrade beherzt auf den Stuhl, der vor Bitterles Tisch stand. »Hier, ich habe dir jemanden mitgebracht.« Dann bezog sie Stellung am Fenster.

Bitterle betrachtete sein Gegenüber. Seine grauen Haare, die wirr vom Kopf abstanden, seinen gezwirbelten Spitzbart, der fast bis zur Brust reichte, und die runde Metallrandbrille, die seine Augen riesig erscheinen ließ. Dabei nahm er sich Zeit. Selbst als von Lichtenrades Blick nervös zwischen Bitterle und Kula hin- und herzuwandern begann, sagte Bitterle immer noch nichts.

Bis dieser den Anfang machte: »Ähh, wat is denn nu? Ha' ick wat verpasst, oder wieso bin ick hier?«

»Was denken Sie denn?«, fragte Bitterle in aller Seelenruhe.

»Wees ick doch nich! Keen Schimmer. Is wohl wejen dem Jadewald; also ick meen, wejen dem Toten. Dit kann ick Ihnen gleich sa'n, damit ha ick nüscht zu tun, wa.« Er wedelte dabei mit dem Zeigefinger vor seinem Gesicht und schniefte kurz. »Ick steh deswejen noch immer janz jewaltich unter Schock.«

»Soso, unter Schock«, kam es trocken von Bitterle. Insgeheim genoss er von Lichtenrades Dialekt, dieses robuste Berlinerisch, erinnerte es ihn doch an alte Zeiten, als er mit seinem Kumpel und Neu-Ulmer Kollegen Reinhold Groner bei den Jazztagen in Berlin nach den Konzerten die Stadt unsicher gemacht hatte. Kantstraße, Wilmersdorfer und die Gegend rund ums Kottbusser

Tor. Dort hatte er seinen ersten Döner probiert und den ersten Raki-Absturz. »Dafür wirken Sie aber erstaunlich fit. Können Sie sich wenigstens an den Abend zuvor erinnern?«

Lotorius von Lichtenrade zog eine Schnute. »Nö, nich im Jeringsten.«

»Ich bitte Sie, Herr äh …«, Bitterle befeuchtete einen Finger und blätterte in gespielter Geschäftigkeit durch seine Notizen, »… von Lichtenrade. Es gibt genügend Zeugen! Aber vielleicht sollten wir erst einmal mit den Formalitäten beginnen.« Er griff nach seinem Handy, aktivierte die Aufnahmefunktion und fragte der Form halber: »Was dagegen, wenn wir das Gespräch aufzeichnen?«

Lichtenrade stierte auf das Gerät. »Muss dit sein?«

»Das muss sein, aber keine Sorge, das ist nur fürs Protokoll. Also, Sie heißen?«

Von Lichtenrade sah im Raum umher und zog den Rotz hoch. »Na jut. Lotorius Freiherr von Lichtenrade.«

»Geboren?«

»Am 2. Juni 63 in Spandau, also ick meen, dit jehört ja ooch zu Berlin, wa.«

»Beruf?«

»Ick bin freischaffender Künstler, allet amtlich jemeldet, falls Sie darauf hinauswollen.«

»Was darf ich unter Ihrer Tätigkeit verstehen?«

»Na, Konzerte, Galaauftritte bei so janz jroßen Firmenevents wie Telekom und so wat. Ick war ooch schon im Bundestach bei so 'nem Staatsempfang, wa.« Von Lichtenrade streckte sich und hielt den Kopf schief.

»Sie sind also einer der ganz Großen im Mittelaltergeschäft, sehe ich das richtig?«, fragte Bitterle, nun mit ebenfalls vorgestrecktem Kinn. Er überlegte, ob er ihn mit der Triskel-Motiv-Übereinstimmung zwischen der gefundenen Kette und dem Aufkleber an seinem Wagen konfrontieren sollte, beschloss aber, diesen Trumpf erst später aus dem Ärmel zu ziehen.

»Sozusagen. Aber wat hat'n dit mit dem Jadewald sein Tod zu tun? Dit versteh ick nich!«

»Nun, erst mal gar nichts. Was machen Sie in Wiblingen auf diesem Mittelalterfest?«

»Na ja, wie jesacht, hier bin ick als Barde zuständich für dumme Sprüche und Musike. De Jäste hier, die wolln so wat. Und für mich is ditte so 'ne Art Ausgleich für d' sonst jroße Bissness, wa. Da kann ick meiner künstlerischen Identität mal wieder so richtig freien Lauf lassen, wenn Se wissen, wat ick meene.«

»Aha. Ausgleich, künstlerische Identität. Verstehe. Nun, Herr von Lichtenrade, in welcher Beziehung standen Sie zu dem Mordopfer?«

»Ick? Beziehung? Na, man kennt sich eben von die Märkte un die janzen Feste. Aba Beziehung würd ick dit nich nenn'n.«

»Und Sie hatten keinen Streit mit Wölfle oder mit Jadewald? So wie Wölfles Behausung aussieht, muss es ja da ordentlich zugegangen sein. Was wissen Sie darüber?«

»Jar nüscht. Ick wees von keen Streit. Wir ham jefeiert, dit eene oder andere Glas jetrunken, bisschen rumjealbert, jemütlch zusamm'jesessen. Un dit war't ooch schon.«

»Glas zusammen getrunken, sagen Sie. Wir haben aber keine Gläser gefunden. Wie erklären Sie sich das?«

Lotorius von Lichtenrade stemmte die Hände auf die Knie und räusperte sich. »Na, da wird wohl jemand uffjeräumt haben, wa. Soll ja een ordenlichet Völkchen sein, die Schwaben, wat so jesacht wird.«

»Na, da wissen Sie ja gut Bescheid über uns. Wann haben Sie denn dieses, wie Sie behaupten, gemütliche Beisammensein verlassen?«

Von Lichtenrade blies Luft ab. »Also wat Sie allet wissen wollen. Zwölfe wird dit jewesen sein, vielleicht ooch halb eins. Aba so janz jenau kann ick Ihnen dit ooch nich mehr sagen. Jedenfalls war et noch relativ früh.«

Kula mischte sich ein. »Tja, Zeugen sagten aber aus, es wäre bis in die frühen Morgenstunden gegangen. Wie in einem Tollhaus, wird behauptet.«

»Quatsch! Wer sacht'n so wat? Also, ihre sojenannten Zeugen müssen sich irren.«

»Und von Wölfles Zustand wissen Sie nichts? Wie es dazu gekommen ist?«, fragte Bitterle weiter.

»Keene Ahnung.«

»Soso, keine Ahnung«, ging Kula erneut dazwischen. Sie griff sich ein paar lose Blätter von Bitterles Schreibtisch und tat, als würde sie etwas nachlesen. »In Wölfles Zelt wurde ein kaputtes Etui gefunden. Sieht aus, als ob es zu einem Schwert gehören würde. Wir haben aber kein Schwert gefunden. Wissen Sie denn darüber etwas?«

Herr von Lichtenrade schluckte, wischte sich über die Stirn und blickte an Bitterle vorbei zur Tafel. »Schwert? Nee, wees ick nüscht von, kenn ick nich. Un wat meen' Se eigentlich mit Zustand? Wat für'n Zustand denn?«

»Wölfle liegt im Koma«, sagte Bitterle.

»Koma? Nee, also damit ha ick nu echt nüscht zu tun. Wo jibt's denn so wat? Koma!«

Kula stieß sich vom Fensterbrett ab, schnappte sich einen Stuhl und setzte sich rittlings darauf, direkt gegenüber dem Freiherrn. In mehr als versöhnlichem Tonfall sagte sie: »Ich denke, das Beste wird sein, wir sehen uns einmal in Ihrem Wagen um. Vielleicht finden wir ja dort den einen oder anderen Hinweis, der uns weiterbringt. Immerhin suchen wir einen Mörder.«

»Wat wolln Se? In meine Karre? Mo-ment, dit muss ick nich. Ick hab och Rechte, wa! Ick muss Se da nich rumschnüffeln lassen. Dazu brauchen Se doch so 'ne Art Beschluss vonne Amt. Dit seh ick doch richtig, wa?«

Kula lächelte. »Da haben Sie natürlich völlig recht, lieber Herr von Lichtenrade. Allerdings haben wir langes Wochenende, und bis der richterliche Beschluss da ist …«

Sie ließ den Satz in der Luft hängen.

Bitterle blickte Kula an, hielt den Kopf schräg und dachte: Oha, jetzt bin ich aber mal gespannt.

»Überlegen Sie doch mal, weswegen Sie hier sind«, nahm sie den Faden wieder auf und beugte sich vor. »Sie wollen doch Ihren Spaß auf dem Festival, und Sie haben bestimmt auch eine ganze Menge Publikum, das schon sehnsüchtig darauf wartet,

Sie zu erleben, Ihre Kaspereien, Ihre Lieder. Nur deswegen haben Sie doch die lange Strecke von Berlin hierher – das müssen mindestens sechshundert Kilometer sein bis nach Ulm – in Kauf genommen. Und so«, Kula musterte den Freiherrn von oben nach unten, »in Sweatshirt, Jogginghosen und den Badelatschen macht das wohl nicht den besten Eindruck.«

»Na, hörn Se mal. Natürlich würd ick mir davor umkleiden. Ick bin schließlich Profi!«

Kula beugte sich noch weiter zu dem Freiherrn hinab und sagte betont leise: »Hm-m! Das werden Sie sich leider abschminken müssen.«

»Wat? Wieso? Wat solln ditte jetz werden?«

»Wir bedauern das wirklich sehr, aber in dem Fall müssen wir Ihr Wohnmobil versiegeln, und zwar umgehend, bis wir die entsprechenden Papiere vom Staatsanwalt haben. Der macht meines Wissens eine Bike-Tour durch den Pfälzer Wald. Und der ist bekanntermaßen ein einziges riesengroßes Funkloch. Und selbst wenn wir ihn erreichen sollten … Also vor Montag wird das nichts. Auch wenn wir uns noch so viel Mühe geben. Frühestens!«

»Versiegeln? Aba dit jeht doch nich. Wo soll ick denn schlafen?«

»Och«, sprang Bitterle Kula bei und musste ein Schmunzeln unterdrücken, »da machen Sie sich mal keine Sorgen, Herr von Lichtenrade. Hier in den Räumlichkeiten des Klosters finden wir bestimmt eine Klause für Sie. Ruhig und abgeschieden, mit rückenschonender Matratze, eigenem Waschbecken. Ich werde mich umgehend darum kümmern.« Bitterle hatte sich schon halb erhoben, da lenkte der Freiherr ein.

»Na ja, meinetwejen. Ick ha' ja nüscht zu verberjen.«

Das wird sich noch zeigen, dachte Kula, der das Gehabe dieses Adelsablegers schon die ganze Zeit auf die Nerven ging.

»A' ick will dabei sein. Damit dit klar is!«

»Kein Problem«, sagte Bitterle.

»Na, dann wolln wir mal«, sagte Kula. Sie fasste von Lichtenrade, als der sich erhoben hatte, am Ellbogen und begleitete ihn Richtung Ausgang. »Und wenn Sie tatsächlich nichts zu verbergen haben, sind wir auch ruck, zuck wieder verschwunden. Sie können auftreten, und wir vergessen die ganze Angelegenheit.«

»Na, dit will ick Ihnen ooch jeraten ham, wa.«

Kaum auf dem Gang, kam ihnen Frau Mützenrieder entgegen. »Herr Kommissar, ich denke, Sie sollten dringend nach draußen schauen. Ich glaube, Sie werden dort gebraucht.«

»Wieso das denn? Was ist passiert?«

»Vor dem Drachenzuber gibt es so eine Art Tumult. Presse, Radio, Fernsehen. Alle wollen sie wissen, was hier los war, und einer schwingt große Reden.«

Bitterle hatte eine Ahnung und fragte: »Doch nicht etwa dieser Pfaffenschneid?«

Frau Mützenrieder seufzte. »Genau der!«

Bitterle wandte sich an Kula. »Geht ihr am besten schon einmal vor, ich komme gleich nach.«

Beim Eingangstor spähte Bitterle nach rechts auf den Parkplatz. Frau Mützenrieder hatte nicht übertrieben. Im Gegenteil. Neben- und hintereinander parkten die Fahrzeuge der Südwest-Presse, der Neu-Ulmer Zeitung, von Radio 7 und Donau 3 FM, und natürlich war der SWR nicht nur mit den Hörfunkreportern, sondern gleich mit einem Fernsehteam der »Landesschau aktuell« angerückt. Damit nicht genug. Ein ganzer Stab Techniker lud Lampen und Stative aus einem Kombi mit Mainzer Kennzeichen und schleppte sie in den Brauhof. Zum Glück kannte ihn niemand von denen, und Bitterle konnte sich unerkannt unters Volk mischen. Zumindest vorerst. Er lehnte sich an die Ecke und beobachtete die Szenerie. Sein Handy summte. Er ignorierte es, denn er konnte jetzt nicht noch eine zweite Baustelle gebrauchen.

Im Mittelpunkt des Presseauflaufs stand Pfaffenschneid, der sich trotz der immer noch gespannten Absperrung vor den Stufen des Drachenzubers postiert hatte und in diverse Mikrofone sprach. Soeben zeigte er auf Vitus Breitinger. »Und hier ist der arme Mann, dessen Badezuber wegen dem Todesfall leer steht. Welcher Festivalbesucher will denn schon in ein Blutbad steigen, und das ausgerechnet noch an Himmelfahrt? Ein Blutbad an Himmelfahrt braucht niemand! Stimmt's nicht, Vitus?«

Breitinger trat von einem Bein aufs andere und sah sich verlegen um. Ihm schien die Angelegenheit eher peinlich, und er rang nach Worten. »Ja mei«, sagte er und kratzte sich hinter einem Ohr, »i hoff halt, dass die bald wen verhaften.« Es folgte ein längeres Räuspern. »Und dass i nacherd mei Bad wieder aufmachn ko.«

Pfaffenschneid klopfte ihm auf die Schulter, sagte: »Wenigstens hast du unser aller Mitgefühl«, und blickte beifallheischend in die Menge.

Die blutjunge Journalistin eines Lokalsenders drängte sich vor und hielt Pfaffenschneid ihr Wuschelmikro direkt vor die Nase. »Na los! Sie müssen doch einen Verdacht haben. Komm, raus damit! Unsere Hörer wollen Neuigkeiten. Was meinen Sie? War's einer aus der Szene? Vielleicht einer von den Gothic-Zombies, die alle schwarz gekleidet sind und den Teufel anbeten, wer weiß das schon? Das würde doch passen. Ein Messermord soll es gewesen sein, habe ich gehört. Wie viel Messerstiche waren es denn?«

Bitterles Handy summte erneut, doch er schenkte ihm immer noch keine Beachtung, denn nun wurde es ihm zu dumm, er musste handeln! Er löste sich von der Mauer, zwängte sich durch das Knäuel der Journalisten und baute sich vor Pfaffenschneid auf. »Schluss jetzt!« Seine Stimme war trotz des allseitigen Geraunes nicht zu überhören. »Raus hier. Alle, und zwar sofort! Dies ist immer noch ein Tatort, und hier hat niemand etwas zu suchen. Der Platz ist umgehend zu räumen!«

Zwei Uniformierte, durch die Tumulte im Brauhof angelockt, kamen auf Bitterle zu und stellten sich demonstrativ neben ihn. Sie blickten mit vor der Brust verschränkten Armen und versteinerten Mienen in die Menge.

Protest wurde laut, von Pressefreiheit war die Rede, Verschleierung und dem Recht auf freie Meinungsäußerung, von hinten rief einer sogar: »Das sind Faschistenmethoden!«

Bitterle hob beide Hände und rief: »Ruhe jetzt! Hier wird überhaupt nichts verschleiert; aber zum momentanen Zeitpunkt können wir keine Details preisgeben, das müsste Ihnen doch bekannt sein. Wir stecken noch mitten in den Ermittlungen. Ich bitte Sie alle um Ihr Verständnis.«

»Aha«, meldete sich einer von ganz hinten. »Und wann erfahren wir dann etwas? Die Bevölkerung hat ein Recht auf Information. Womöglich sind weitere Besucher in Gefahr. Oder handelt es sich etwa um einen terroristischen Anschlag? Wollen Sie dann die Verantwortung dafür übernehmen, falls es weitere Opfer gibt?«

Bitterle kamen diese Floskeln irgendwie bekannt vor, und er sah für einen Moment zu Pfaffenschneid, der breitbeinig dastand und seinen Blick über die Menge schweifen ließ – Siegerpose. Von wegen »der sagt keinen Piep mehr«, dachte er. Kula hatte sich mit dem Kerl gewaltig verrechnet. »Es wird demnächst eine Pressekonferenz geben, bis dahin wissen wir bestimmt mehr.«

Doch die Menge bohrte weiter. Ein Mann mit Baskenmütze und Nickelbrille rief von der Seite: »Aha, eine Pressekonferenz also. Und warum können Sie unsere Fragen nicht gleich beantworten? Hier, an Ort und Stelle?«

***

Kula ging neben von Lichtenrade über den Klosterhof Richtung Haupttor. »Sie scheinen ja wirklich ein spannendes Leben zu haben. Ich meine, mit Ihrer Musik, immer auf Achse, immer an anderen Orten?«

»Na logisch! Ick jehöre schließlich, wie schon jesacht, zur Elite, wa! Die Veranstalter buchen mir jahrelang im Voraus. Wo ick bin, herrscht jute Laune, und wo jute Laune herrscht, wird jesoffen.« Lichtenrade rieb Daumen und Zeigefinger gegeneinander. »Da rollt der Rubel, wenn Se wissen, wat ick meene.«

Kula hörte nur mit einem Ohr zu, denn sie war gespannt, was die Inspizierung des Wohnmobils zutage bringen würde, denn egal was der Typ ihr erzählte, ihr Bauchgefühl sagte ihr, dass da etwas ganz gehörig faul war. Während sie den Weg entlang der Klostermauer unterhalb der Bibliothek in Richtung Illerwald gingen, klingelte ihr Handy, und sie blieb stehen. Sie blickte aufs

Display und erschrak. Sprekel! Ausgerechnet jetzt. »Da muss ich ran, sorry.« Lichtenrade wollte weitergehen, sie hob die Hand und sagte: »Augenblick bitte, dauert bestimmt nicht lange.«

»Keen Problem, lassen Se sich ruhig Zeit. Ick jeh eben nur kurz lüften, wa. Nich dat Se noch denken, ick würde in een Kaninchenstall hausen. Se wissen ja, wo Se mir finden.«

Kula nickte, nahm das Gespräch an und stellte auf laut, da vom Klosterhof Getrommel zu hören war. »Guten Tag, Herr Kriminalrat, das ist ja eine Überraschung. Wie geht es Ihnen? Haben Sie eine gute Zeit in Baden-Baden?«

»Sparen Sie sich Ihr Geplänkel. Wo ist Bitterle? Ich habe mit ihm zu reden, und zwar umgehend!«

»Bitterle? Der ist hier in Wiblingen«, sagte Kula scheinheilig. »Sie müssten doch seine Nummer haben.«

»Der geht nicht ran. Sehen Sie zu, dass Sie ihn auftreiben. Ich will ihn sprechen. Und zwar sofort, sonst gibt es ein Donnerwetter, das Sie nicht so schnell vergessen werden.«

»Ich schau, was sich machen lässt.« Auch das noch, dachte Kula, atmete tief durch und machte sich auf den Weg zurück zum Brauhof. Dort war Bitterle immer noch von den Journalisten eingekesselt und versuchte, sie zu vertrösten. Sie hielt ihr Handy hoch und wedelte damit in seine Richtung. Er hatte Kula offenbar bemerkt, aber seine Handbewegung ließ keine Zweifel, dass er nicht zu sprechen war, für wen auch immer.

Kula zögerte nur eine Sekunde, dann nahm sie das Telefon wieder ans Ohr. »Hallo, Herr Dr. Sprekel, hören Sie mich?«

»Wird auch langsam Zeit! Wo steckt denn nun Bitterle?«

»Hallo! Hallo? Herr Kriminalrat.« Kula drückte ihr Handy gegen die Jacke. »Ich kann Sie nur ganz schlecht verstehen. Hören Sie mich? Die Verbindung ist …« Dann drückte sie ihren Chef weg.

Sie ging zurück und entlang der Klostermauer. Doch als sie an der Rückseite des Klosters ankam, war der Platz leer. Der Wagen war verschwunden. Nur ein großer Ölfleck erinnerte an das Wohnmobil. Und von dem Freiherrn fehlte jede Spur.

VIERZEHN

Kula hastete zurück ins Hauptquartier, um von Lichtenrade zur Fahndung ausschreiben zu lassen. Doch dort erlebte sie eine Überraschung. Vor Bitterle standen zwei urige Gestalten, die unterschiedlicher nicht hätten sein können. Während der eine ein Zwillingsbruder Sean Connerys zu sein schien – hünenhaft, faltig und mit gestutztem Vollbart, glich sein Partner eher einem Sancho Pansa, zwei Köpfe kleiner, dafür doppelt so breit. Unübersehbar waren allerdings ihre Gemeinsamkeiten. Da war zuerst die Aufmachung. Sie waren zwei schottische Bilderbuchexemplare mit allem Drum und Dran und hätten auf die Titelseite eines Reiseführers gepasst. Schottenrock mit Clanmuster, angepassten Kniestrümpfen, federbestückter Bauchtasche, passender Schärpe und entsprechendem Käppi. Über den Schultern hingen furchteinflößende Dudelsäcke, rot kariert mit schwarzen Rohren, die der Bezeichnung »Warpipes« mehr als gerecht wurden. Zum anderen umhüllte sie ein eigenwilliger Geruch, eine Mischung aus Lagerfeuer, schwerer körperlicher Arbeit und der Ausdünstung größerer Mengen zuvor genossener Malzdestillate. Kula grüßte knapp und lehnte sich mit verschränkten Armen ans Fenster.

Bitterle wies auf die Stühle gegenüber und hoffte, sein Englisch würde ausreichen, die beiden Männer zu befragen. Er wollte mit einem *»Well«* beginnen, als ihm der kleinere Schotte zuvorkam und ihn mit unüberhörbar fränkischer Färbung ansprach.

»Man sagte uns, Sie wollen uns sprechen, Herr Kommissar. Hier sind wir.« Er deutete auf seinen Nachbarn. »Mein Freund, Calum McAllister, Dudelsackspieler aus Glasgow, und meine Wenigkeit Eduard Högerlein, Dudelsackspieler aus Erlangen. Wie können wir Ihnen helfen?«

Der echte Schotte erhob sich und sagte mit knapper Verbeugung: *»Sir.«* Es klang wie ein Höhlenecho.

Bitterle war dankbar, sich nicht mit unverständlichem Englisch abplagen zu müssen. Er legte die Unterarme auf den Tisch und begann mit geöffneten Handflächen: »Nun, wie Sie bestimmt mitbekommen haben, gab es in der Nacht von Donnerstag auf Freitag einen Todesfall auf dem Gelände, zudem haben wir einen Verletzten, und deswegen möchte ich Sie zu einigen Details befragen.«

Der Franke übersetzte, dann begann er. »Sie müssen scho entschuldigen, dass mir erst jetzat Zeit gefunden haben, zu Ihnen zu kommen, Herr Kommissar, aber mir waren gestern den ganzen Tag über in Ulm. Dieses Ulmer Münster ist ja wirklich kolossal. I bin immer noch erstaunt, wie mir es geschafft haben, diese siebenhundertachtundsechzig Stufen bis nach oben zu meistern, linksrum, rechtsrum, immer im Wechsel, ungelogen ohne Schwindel. Und dann der Blick auf die Alpen. Allmächd. Aber das Tollste, als wir dort droben auf dem Aussichtskranz waren«, Högerlein richtete wieder ein paar Worte an seinen Freund, »richtig, in einer Höhe von hundertdreiundvierzig Metern; da spricht uns doch tatsächlich ein Einheimischer an und wollte wissen, ob wir als Schotten auch Ahnung von Whisky hätten. Mein Freund war fei regelrecht entsetzt, denn er ist der Überzeugung, dass ihm bezüglich Single Malt keiner das Wasser reichen kann, und meinte, nur die Schotten verstünden es, an wirklich an guten Whisky zu brennen. Aber dieser Ulmer bestand darauf, dass wir unbedingt eine schwäbische Whiskybrennerei besuchen müssten. Der Typ, dem der Laden ghört, wäre keine zwanzig Kilometer südlich von Ulm, und ein Freund von ihm würde dort an Whisky in am sechsfachen Brennvorgang herstellen, der keinen Vergleich mit den weltbekannten Sorten aus Schottland zu scheuen bräuchte. Calum hat natürlich abgewunken und gmeint, des wäre unmöglich, aber der Ulmer war ned umzustimmen, ja, er hat sogar angeboten, uns dorthin zu bringen.« Högerlein kicherte. »Tja, wie schon gesagt, es hat a Menge an Überzeugungskraft braucht, mein Freund zu überreden, aber als wir dann dort gewesen sind und mir uns die Anlage ham zeigen lassen – immerhin hat die Familie seit 1820 die Brennrechte – und wir verkosten ham müssen, ich kann Ihnen sagen –«

Bitterle unterbrach Högerleins Redefluss. Er hatte zwar eine vage Ahnung, welche Brennerei die beiden besucht haben könnten, aber er fragte rein interessehalber nach. »Können Sie sich an den Namen erinnern?«

Högerlein hob die Schultern. »Oh mei, mit Namen hab ich es ned so.«

»Oder vielleicht den Ort.«

»Auch bloß so ungefähr. Das Dorf hieß irgendwas mit ›Reck‹, aber Recklinghausen war es nicht.«

»Meinen Sie vielleicht Regglisweiler?«

McAllisters Zeigefinger schnellte in die Höhe und stach in Bitterles Richtung. *»That's it. Regglisweiler was the name of the village where the distillery is situated!«*, und mit verträumtem Blick fügte er hinzu: *»Really, really a fantastic stuff.«*

Högerlein stimmte zu. »Also, der Besitzer war sichtlich überrascht, dass ein waschechter Schotte seinen Whisky trinkt und ihn auch noch lobt. Horch, hab ich zu dem Besitzer gesagt: ›Also da können S' fei wirklich stolz drauf sein‹, hab ich gsagt. Na ja, ab da war der Nachmittag so gut wie gelaufen. Von den Obstbränden – darin bin jetzt ich eher der Experte – ganz zu schweigen. Eine Flasche nach der anderen hat der Typ aufgemacht. Und ich bin dann am End an der ›Ulmer Butterbirne‹ hängen geblieben.«

Bitterle sah auf die Uhr. »Verzeihen Sie, meine Herren, aber die Zeit drängt.«

»Oh, natürlich, sorry, wissen Sie, wenn ich einmal ins Schwärmen komme, dann –«

Bitterle unterbrach den Franken erneut. »Eine Zeugin hat ausgesagt, sie hätten Kontakt zu dem Verletzten, einem gewissen Guido Wölfle, einem Kunst- und Waffenschmied, gehabt. Können Sie das bestätigen?«

Nach der Übersetzung begannen McAllisters Augen zu leuchten, und er redete voll Begeisterung auf Högerlein ein, sodass dieser ihn mehrmals bremsen musste, und hatte dabei doch stets Bitterle im Auge. »Also, mein Freund Calum meint, ein solch ein wunderbares Schwert hätte er noch nie gesehen. Ein absolutes Meisterstück, diese Kopie eines Excalibur.«

»Excalibur?« Bitterle runzelte die Stirn. Hatte die Krankenschwester diesen Namen nicht heute Morgen erwähnt? Er musste an das leere Etui mit dem kaputten Deckel denken, das Kula gefunden hatte. »Was genau soll das sein?«

Kula, die die ganze Zeit schweigend zugehört hatte, klärte Bitterle auf: »Der Sage nach hatte der Zauberer Merlin das Schwert in einen Stein gestoßen, und erst der auserwählte zukünftige Herrscher wäre in der Lage, es dort wieder herauszuziehen.«

»Aha, verstehe.« Bitterle wandte sich wieder den Zeugen zu. »Und Wölfles Schwert war eine solche Wunderwaffe?«

»Es war einzigartig!« Högerlein fuhr fort: »Diese unglaublich präzise Gravur im Stahl, die Auswahl der Edelsteine am Griff und die schimmernde Politur der Klinge haben dieses Schwert zu einem Meisterwerk sondergleichen gemacht. Calum ist sich sicher, dass es bei der ›Excalibur-Competition‹ in Edinburgh den ersten Platz machen würde und –«

»Moment, bitte. Was genau ist das für eine Veranstaltung in Edinburgh?«, wollte Bitterle wissen.

»Ein Wettbewerb, wo Kunstschmiede aus aller Welt zusammenkommen und ihre Schwerter ausstellen. Wölfle hatte schon davon gehört, und Calum hat sich für ihn um die Anmeldung gekümmert. Sie hätten sehen sollen, wie der Guido aus dem Häuschen war, wie wir ihm gesagt haben, dass es klappt mit der Teilnahme.«

»Wann war das?«

»Am Donnerstagabend, bei dem Konzert. Aber wissen Sie, des Beste ist, zur Ehre vom ersten Platz kommt fei noch ein Preisgeld.«

»Um welche Summe geht es dabei?«

Von Högerlein angesprochen wiegte McAllister den Kopf, hob abwägend die Hand und nannte eine Summe.

»Er meint, fünfzigtausend Euro wären angemessen, aber manche Amis oder Japaner wären womöglich bereit, sogar das Doppelte dafür zu bezahlen.«

Ein Pfiff entwich Bitterles Lippen. Er lehnte sich zurück, klatschte mit den Handflächen auf den Tisch und sagte: »Donnerwetter! Das ist in der Tat eine ganze Menge Geld. *Lot of money!*«

»*Yes, indeed*«, sagte McAllister.

Bitterle fuhr fort: »Es gibt eine Aufnahme, die ein Festivalbesucher während des Konzerts von Cantus Ferrum gemacht hat, auf der sind Sie am vorderen Bühnenrand zu sehen.« Er suchte die Stelle auf dem Videoclip und drehte den Laptop in Richtung der Zeugen. »Hier! Worum ging es dabei, als Sie stehen geblieben sind und Wölfle ein Zeichen gegeben haben? Er war für einen Moment komplett aus dem Takt und schien, wie soll ich sagen, völlig aus dem Häuschen zu sein. War das der Moment, in dem Sie ihm von der geglückten Anmeldung zu diesem Wettbewerb berichteten?«

McAllister und Högerlein blickten auf den Bildschirm, zeigten hin und wieder mit dem Finger darauf und lachten oder murmelten. »Da können Sie aber sicher sein, Herr Kommissar.«

Bitterle grübelte, worin der Zusammenhang zwischen dem Wettbewerb, Wölfles Gesundheitszustand und dem Verschwinden des Schwertes bestand, und fragte deshalb: »Wann findet diese Excalibur-Competition statt?«

»Wie immer am letzten Juliwochenende, das ist dieses Jahr vom 31. Juli bis zum 2. August.«

Bitterle erhob sich. »Meine Herren, haben Sie vielen Dank für Ihre Aussage. Ich denke, Sie haben uns damit sehr geholfen.«

Die beiden Zeugen erhoben sich ebenfalls, schüttelten Bitterle die Hand und wurden von Kula zur Tür begleitet. Währenddessen ging der Kommissar zur Tafel und notierte das Datum über Wölfles Namen, umkreiste es mehrmals und fügte zwei dicke Fragezeichen an. Eines davor und eines dahinter. Als er sich umdrehte, stand Kula direkt hinter ihm.

»Ich muss dir was sagen.«

»Stimmt. Wie war's bei Lichtenrade? Irgendwas gefunden?«

Kula biss sich auf die Lippen. »Ich glaube, ich habe Mist gebaut.«

»Wie das?« Er musterte sie forschend. Als sie seinem Blick auswich, dämmerte es Bitterle. »Sag bloß, er ist dir entwischt.«

»Kann man so sagen. Auf dem Weg zu seinem Wagen kam mir Sprekel dazwischen und wollte dich sprechen.«

»Der war das, hätte ich mir fast denken können. Und, was wollte er?«

»Er hat wohl Wind von der Sache hier bekommen, hat noch gemeint, wir könnten uns auf was gefasst machen. Dann habe ich was von schlechter Verbindung gefaselt und ihn weggedrückt.«

Bitterle winkte ab. »Du und deine Funklöcher.« Er nahm sein Handy und ordnete eine Fahndung an. Zu Kula sagte er anschließend: »Noch einer flüchtig. Hört das denn nie auf!«

***

Lotorius von Lichtenrade freute sich wie Bolle, als der in Pankow seinen Jüngsten wiedergefunden hatte. Dieser Wach-Pfosten auf dem Klostergelände hatte ihm tatsächlich abgekauft, dass er zu seiner Zeugenaussage ins Polizeipräsidium nach Ulm gebeten worden war, extra auf Anweisung des Kommissars, höchstpersönlich, wie er betonte. Der Beamte hatte genickt, kurzerhand die Absperrung zur Seite gerückt und ihn durchgewinkt. Hätte er das vorher geahnt, wäre ihm die heimliche Entsorgung einer gewissen Mülltüte im Unterholz erspart geblieben.

Als Erstes musste er aus Baden-Württemberg verschwinden, denn ihm war klar, dass sie ihn früher oder später suchen würden. Er fuhr durch Ulm und landete kurz darauf auf der A 7, hoch Richtung Norden. Wenige Kilometer vor dem Autobahnkreuz A 6 wurde er immer öfter von hinten angeblinkt, oder überholende Autos hupten. Er konnte sich denken, warum, der Schrauber, der sein Wohnmobil in Schuss hielt, hatte ihn oft genug gewarnt und letztendlich recht behalten: »Lass mich nach deinem Kurbelgehäuse sehen. Das ist garantiert undicht, und irgendwann verbrennst du nur noch Motorenöl anstatt Diesel.«

Und nun war es so weit. Die Qualmwolke, die von Lichtenrade hinter sich herzog, hätte jedem liberianischen Seelenverkäufer die Show gestohlen. Ich muss schleunigst von der Straße runter, dachte er und erinnerte sich an seinen alten Kumpel Jens, der auf der Burg Fürsteneck bei Fulda einst die Musikseminare organisiert hatte. Bestimmt konnte er fürs Erste dort untertauchen und von ihm den Motor inspizieren lassen. Jens war gut in so was. Er hoffte, dass sein Wohnmobil die restlichen knapp zweihundert Kilometer bis dahin durchhalten würde, fummelte sein Handy aus der Tasche, aktivierte den Lautsprecher und rief Jens an.

»Hey, Lotorius, altes Haus, bist du das?«

»Jaa, Mensch, janz jenau der! Ick wees jar nich, wie lange dit nun schon her is.«

»Jahre, wenn nicht noch länger.«

»Weeste noch, du und icke, bei dir untern Dach, wo wir deine spanischen Leuchtfarbenliköre verkostet ham. Mensch, wir warn ja so wat von knülle. Keener von uns konnte mehr aus den Ojen kieken am Neujahrsmorjen.«

»Ich habe heute noch Kopfweh, wenn ich daran denke. Wie geht's dir denn? Wo steckst du?«

»Ick dachte, ick könnte dir mal 'nen Besuch abstatten.«

»An wann hast du gedacht?«

»Na heute. Ick bin jerade inner Jegend und vermute mal, ick könnte so in etwa zwee Stunden bei dir uffschlagen.«

»Hm, ich muss noch auf die Burg, die neuen Teilnehmer für den Tanzkurs begrüßen. Aber am Abend habe ich Zeit.«

»Keen Problem, ick komm absolut alleene klar. Kennst mir doch.«

»Du weißt noch, wo der Schlüssel liegt?«

»Klar, Mann.«

»Spontan wie eh und je. Also, bis später, ich freu mich.«

»Ähh, du, Jens, Momentchen mal, dit is so'n lästijet Jeblinke von links. Ach du Scheiß, dit sind Bullen, die wolln, dat ick anhalte. Na, muss ick ja wohl. Aba ick denke, dit wird nich allzu lange dauern, wa. Bis denne. Ick melde mir!«

Der Daimler neben Lotorius von Lichtenrade, der ein Blaulicht aufs Dach geklemmt hatte, wurde langsamer. Vom Fenster der Beifahrerseite winkte eine rote Kelle und wies damit in eine vor ihnen liegende Parkbucht.

Verdammter Mist, jetzt nur nicht die Nerven verlieren!

Von Lichtenrades Wohnmobil kam mit scheppperndem Rappeln zum Stehen. Er kurbelte die Scheibe zwei Handbreit nach unten und sah dem Mann in Zivilkleidung entgegen, der auf ihn zusteuerte, während ein zweiter begann, sein Fahrzeug zu umrunden.

»Schönen guten Tag, der Herr, Fahrzeugkontrolle. Führerschein, Zulassung, wenn ich bitten darf. Außerdem haben wir Sie dabei beobachtet, wie Sie während der Fahrt Ihr Mobiltelefon benutzt haben.«

»Ähh, da müssen Se entschuldijen, wa. Dit war quasi en Notfall. Ick ha Unrejelmäßigkeiten am Motor festjestellt und wollte nach ner Werkstatt kieken.«

Der Mann streckte die Hand aus und sagte knapp: »Erst mal die Papiere.«

Lotorius von Lichtenrade klopfte seine Jackentaschen ab, klappte die Sonnenblende nach unten und wühlte im Handschuhfach. »Na klar, da kann ick lange suchen. Die müssen noch im Spind inner Umkleide vom letzten Ufftritt liejen. Ick bin aba auch so wat von doof, wa. Nu kann ick die janze Strecke zurückfahren.« Von Lichtenrade lächelte knabenhaft und rieb sich die Nase. »Könn Se nich mal 'n Ooge zudrücken?«

Der Mann, der das Fahrzeug inspiziert hatte, ging auf den anderen zu und hielt ihm sein Smartphone unter die Nase. Der blickte auf das Display, und als er erkannte, dass die Kfz-Nummer mit derjenigen einer Suchmeldung übereinstimmte, gab er seinem Kollegen ein Zeichen und zog die Tür des Wohnmobils auf. »Herr von Lichtenrade, würden Sie bitte aussteigen. Sie sind vorläufig festgenommen!« Und an seinen Kollegen gewandt: »Alkoholtest?«

Der wedelte mit der Hand vor der Nase und sagte: »Unbedingt!«

FÜNFZEHN

Lagebesprechung im Hauptquartier. Bitterle tigerte vor den Fenstern auf und ab, Kula saß auf dem Schreibtisch und baumelte mit den Beinen, Lukas stierte auf den Bildschirm des Laptops.

»Dass uns dieser seltsame Baron entwischt ist, hätte nicht passieren dürfen«, sagte Bitterle. »Ich bin sicher, er steckt tief in dieser Angelegenheit drin.«

Kula sagte kleinlaut: »Sehe ich genauso. Hat die Fahndung schon was gebracht?«

»Hm-m! Bis jetzt gibt's nichts Neues«, sagte Lukas. »Und du hast wirklich nichts davon mitbekommen, wie der weg ist? Er muss doch direkt an dir vorbeigefahren sein.«

»Nicht ganz. Ich hatte Sprekel an der Strippe, und der hat sich nicht so einfach abwimmeln lassen.«

Bitterle ging zum Flipchart. »Hört auf mit irgendwelchen Schuldzuweisungen oder Rechtfertigungen. Das bringt uns jetzt auch nicht weiter. Passiert ist passiert. Lasst uns lieber überlegen, wie es jetzt weitergeht. Lukas!«

»Okay, ich hab was! Na ja, also zumindest einen Anhaltspunkt, was den Puppenspieler und die Jadewalds betrifft. Der Tontechniker hat mir einen Hinweis auf die Adresse dieses Holzschnitzers gegeben. Er hat noch einmal bei seinem Neffen nachgefragt, und der konnte sich tatsächlich an Details auf dem Messingschildchen in der Puppenschatulle erinnern. Er sagte etwas von Annaburg-Bergholz. Hat zwar eine Weile gedauert, bis ich drauf gekommen bin, dass mit Annaburg-Bergholz eigentlich Annaberg-Buchholz gemeint war, aber der Name war ein Volltreffer. Trotz mehrerer Uhligs gibt es dort nur einen Holzschnitzer, der so heißt.«

»Ja und?«

»Ich habe versucht, mit ihm zu reden, aber der scheint mir ein ziemlich maulfauler Zeitgenosse zu sein.«

Bitterle zog die Brauen nach oben.

»Ja, war leider nichts. Uhlig hat gemauert, bloß gesagt, er wisse von nichts und wolle in nichts reingezogen werden. Dann hat er aufgelegt. Als ich es noch einmal versucht habe, ist keiner rangegangen.«

»Und du bist sicher, dass du den richtigen an der Strippe hattest?«, hakte Bitterle nach.

»Klar, wie gesagt, es gibt dort keinen weiteren Holzschnitzer mit diesem Namen.«

Kula sah auf die Uhr, kurz nach vier. »Weißt du was?«

Bitterle hob den Kopf. »Das dauert mir hier alles zu lange. Wer weiß, ob Marek und die Jadewalds nicht auf der Flucht vor diesem seltsamen Lichtenrade sind. Womöglich wissen die etwas, was ihn belasten könnte.«

»Was hast du vor? Die Fahndung nach seinem Wagen läuft doch. Und die nach Pauline sowieso.«

»Schon, aber ich gehe lieber auf Nummer sicher.«

»Und das heißt?«

»Ich fahre nach Sachsen und versuche, über den Uhlig diesen Puppenmarek, also den Daniel Hawelka, aufzutreiben. Wenn er Lukas gegenüber gemauert hat, weiß er womöglich etwas. Vielleicht kann er uns sogar sagen, wo die drei stecken. Uhlig ist doch unsere einzige Chance, nachdem die Prager Adresse ein Flop war. Bestimmt sogar, da bin ich mir ganz sicher.«

»Sag mal, Kula, geht's noch? Schon mal was von Kompetenzüberschreitung gehört? Das ist Aufgabe der Landespolizei in Sachsen. Da hast du überhaupt nichts verloren«, murrte Bitterle. »Außerdem liegt gegen den Uhlig nichts vor, vielleicht ist er ja bloß … was weiß denn ich?«

»Schon«, sagte Kula, »aber ich habe ein ungutes Gefühl bei der Sache. Überleg mal, in ihrem Haus in Wintrup sind Gudrun und Pauline nicht, und Hawelkas Adresse in Prag ist falsch. Von dem fehlt jede Spur, als ob es ihn überhaupt nicht gäbe.«

»Kula! Ich sage es noch mal: Gegen Uhlig liegt nichts vor, und außer dass Hawelkas Wagen verschwunden ist, haben wir nichts gegen ihn in der Hand. Nach Auskunft der Tschechen ist er sauber, außer dieser Sache mit dem ungültigen Gewerbeschein.«

»Trotzdem. Ich denke, ich sollte bei dem Holzschnitzer nachhaken. Du hast ja Lukas gehört. Am Telefon sagt der nichts. Und das den sächsischen Kollegen überlassen … Nein, die kennen den Fall nicht, ich will ihm persönlich auf den Zahn fühlen.«

Bitterle lehnte sich zurück und verschränkte die Finger vor dem Bauch. Wieder einmal fiel ihm dabei auf, wie sein Hemd an den Knöpfen spannte, und wieder einmal nahm er sich vor, etwas dagegen zu tun. Demnächst. Er seufzte. »Kula, das geht nicht!«

»Doch, das geht! Und zwar privat.« Sie schenkte Bitterle ihre beiden Wangengrübchen und sagte: »Hiermit melde ich mich für heute vom Dienst ab, bin bis morgen Mittag zurück. Und falls du allein nicht weiterkommst, unser Mittelalter-James-Bond ist ja auch noch da.«

Bitterle gab sich geschlagen. Er ließ die Hände auf den Tisch fallen und muffelte: »Mach doch, was du willst. Hat ja eh keinen Sinn.«

Bitterles Laune war auf dem Tiefpunkt angelangt. Nicht nur, dass ihnen dieser von Lichtenrade entwischt war, nein, zu allem Überfluss musste Kula auch noch wieder einen ihrer Alleingänge durchziehen. Er brauchte dringend Bewegung und frische Luft. Er verließ das Hauptquartier und winkte Frau Mützenrieder kurz zu, die dabei war, Besuchern Bibliotheks-Prospekte in die Hand zu drücken. Im Freien angekommen wandte er sich dem Haupttor zu, um so schnell wie möglich dem Trubel zu entkommen. Dabei entdeckte er den badischen Streifenbeamten, der schon am Tag zuvor versucht hatte, ihm das Leben schwer zu machen, und noch am selben Platz Wache schob.

Bitterle ging auf ihn zu und stellte ihn zur Rede. »Hören Sie mal! Ist Ihnen entgangen, dass dies als gesicherter Bereich gilt? Wieso haben Sie unsere Anordnung nicht befolgt und einen Verdächtigen einfach so durchgelassen?«

Der Angesprochene nahm Haltung an und reckte das Kinn. »Herr Kommissar, ich bin mir keiner Pflichtverletzung bewusst. Ich habe den Fahrer, der sich als Lotorius Freiherr von Lichtenrade ausgewiesen hatte, auf diesen Umstand aufmerksam gemacht, worauf dieser mir zur Antwort gab, dass Sie ihn höchstpersönlich in die Kriminalpolizeidirektion in der Lindenstraße wegen einer Protokollangelegenheit bestellt hätten und er schon viel zu spät dran wäre, um seiner Bürgerpflicht nachzukommen. Ich habe ihm natürlich geglaubt, denn er hat mich noch nach dem Weg dorthin gefragt. Ich sah keinerlei Veranlassung, an seiner Aussage zu zweifeln, und habe ihn deswegen passieren lassen.«

Bitterle musterte den Beamten und bebte innerlich, hatte aber im Prinzip keine Handhabe gegen ihn. Dennoch sagte er: »Wieso haben Sie nicht einfach bei mir nachgefragt? Dieser Bursche wird des Mordes verdächtigt, und Sie lassen ihn einfach laufen. Falls weiteres Unheil geschehen sollte, ziehe ich Sie persönlich dafür zur Verantwortung.« Der Polizist sah zu Boden und ballte die Fäuste.

Bitterle ließ ihn stehen und wandte sich um.

***

Kula kam zügig voran. Die Wiblinger Straße entlang, über die Adenauerbrücke und weiter durch die Unterführung zum Blaubeurer Ring fuhr sie noch gesittet, dann gab sie Gas und bog wenig später von der B 10 auf die A 8 Richtung Elchinger Kreuz. Kurz darauf war sie auf der A 7 und drehte den Gashahn bis zum Anschlag auf. Ihre Ninja fegte über den neuen Flüsterasphalt. Kula war froh, dass kaum Verkehr herrschte und die Linksbummler mit einem Satz nach rechts auswichen, wenn ihr Fernlicht hinter ihnen auftauchte und sich wie ein Blitz näherte. Ihr kam es vor, als würde sie fliegen. Dabei flog die Belastung, die sie wegen Japke verspürt hatte, von ihr, Kula fühlte sich glücklich und frei wie lange nicht mehr; vielleicht auch wegen der knapp hundertachtzig Sachen, mit denen sie über die Straße bretterte. Trotz des Tempos fuhr sie konzentriert, gleich einer Meditation, und achtete weder auf die Landschaft noch auf das Wetter.

Zwischen Heilbronn und Nürnberg blockierte ein Stau die Fahrbahn. Bald bewegte sich der Verkehr nur noch auf zwei Spuren, und schließlich blieb nur noch eine bis zur Baustelle. Kula fuhr Schritttempo – beide Füße berührten fast den Boden – und schlängelte sich zwischen den vorwärtsruckelnden Fahrzeugen hindurch. Von Brummi-Fahrern und Familienvätern wurde sie angehupt und den wütenden Gesten nach auch beschimpft. Kaum dass sie wieder freie Fahrt hatte, wurde sie von einem Streifenbeamten der Autobahnpolizei rausgewinkt. Wie der Cop aus einem Ami-Streifen rückte er seine Sonnenbrille zurecht und schlenderte auf sie zu. Mit den Zähnen zog sie einen Handschuh runter und nahm den Helm ab.

»Servus«, sagte der Beamte. »Da sammer aber ganz schön schnell unterwegs. Ham S' des Limit net gsehn?«

Kula fuhr sich durch die Haare, strich sie hinters Ohr und setzte ihr Wangengrübchenlächeln auf.

Die Miene des Bayern entspannte sich. Er nahm die Sonnenbrille ab und schob sie in die Brusttasche.

Kula fummelte ihren Ausweis aus der Ärmeltasche und wedelte damit vor seiner Nase. »Bin quasi im Dienst.«

»Ja, da schau her, au no a Kollegin, dazu noch so a ganz a hübsche. Wohin hammer's denn so eilig?«

»Zeugenbefragung.«

»Aha. Du woast aber scho, dass mir hier in Bayern sind und dass ihr da nix zu melden habts. Des is unser Revier!«

»Logisch, ey. Klar weiß ich das. Aber ich bin ja bloß auf der Durchreise nach Sachsen. Außerdem habe ich da nur ein paar Fragen an einen komischen Kauz, der am Telefon nix sagen will. Und drum muss ich jetzt da hoch und dumme Fragen stellen, wo wir doch eigentlich Wochenende haben.«

»Jaja, die Sachsen«, sagte der Bayern-Cop, »nix wie Ärger hat man mit denen.« Er zog sein Mobilfunkgerät hervor, ordnete etwas von ›Freie Fahrt für eine grüne Ninja‹ an, wandte sich wieder Kula zu und faltete seine Sonnenbrille auseinander. »Also, dann pack mer's wieder. Gute Fahrt und viel Erfolg wünsch ich.«

Kula bedankte sich, machte sich startklar und gab Gas. Im Rücken spürte sie seinen Blick und ahnte, dass er dabei nicht das Profil ihrer Reifen im Auge hatte.

Beim Dreieck Bayerisches Vogtland wechselte sie auf die A 72, nahm die Ausfahrt Stollberg-West und gurkte über Zwönitz und Geyer entlang der B 95 Richtung Bad Wiesenbad und brauchte deshalb erst gar nicht durch Chemnitz. Kurz vor acht war Kula in Annaberg-Buchholz. Dreieinhalb Stunden, dachte sie, na ja.

Wenig später stellte sie das Motorrad vor einer Bäckerei gegenüber dem Marktplatz ab, ging die Buchholzer Straße entlang und fragte sich nach der Siebenhäusergasse durch. Endlich stand sie vor einem kleinen Haus, das noch den sandfarbenen Verputz aus DDR-Zeiten hatte; auch sonst hätte es schon längst vernünftige Fenster und ein neues Dach gebraucht. In eine kunstvoll verzierte Holztür waren der Name Johann Uhlig und darunter »Bildhauer« geschnitzt. Einen Klingelknopf suchte Kula vergebens, stattdessen hing ein Messingklopfer an einem Löwenkopf, der sie grimmig anstarrte. Sie schlug zweimal dagegen und lauschte. Nichts rührte sich. Danach schlug sie dreimal, diesmal kräftiger, und rief seinen Namen.

»Herr Uhlig, hier ist Kula Skoulatopulos von der Kriminalpolizei aus Ulm. Mein Kollege Lukas Langenwalter hatte am Nachmittag versucht, Sie zu erreichen. Es geht um Daniel Hawelka.«

Von drinnen waren Schritte zu hören. »Wie gesagt, ich gebe keine Auskünfte über meine Kunden. Verschwinden Sie.«

»Herr Uhlig, bitte! Hören Sie mir einen Moment zu. Es geht nicht nur um Herrn Hawelka, sondern auch um seine Freundin Pauline und ihre Mutter Gudrun Jadewald. Sagen Ihnen diese Namen etwas? Ich fürchte, die drei Personen sind in Gefahr.«

Nach einem Moment der Stille knirschte ein Schlüssel, und die Tür öffnete sich einen Spaltbreit. Eine Geruchsmischung aus Holz und Firnis strömte Kula entgegen. Sie blickte in ein schmales Gesicht mit einer gewaltigen Nase, über müden Augen wölbten sich buschige Augenbrauen. »Was wollen Sie von denen? Wieso Gefahr?«

»Daniel Hawelka ist aus Ulm verschwunden, und auch von seiner Freundin Pauline und ihrer Mutter fehlt jede Spur. Die drei sind womöglich Zeugen in einem Tötungsdelikt, und der Tatverdächtige ist auf der Flucht.«

»Tötungsdelikt, sagen Sie? Tatverdächtiger? Ist den dreien etwas passiert?« Uhligs Augen weiteten sich, und er zog die Tür so weit auf, dass Kula ihn ganz sehen konnte. Herr Uhlig war schmal, klein und wirkte ausgemergelt.

Kula trat einen Schritt näher und stützte sich mit der Hand am Türrahmen ab. »Bitte. Im Moment fällt uns niemand außer Ihnen ein, der uns bei der Suche helfen könnte.«

»Und deswegen sind Sie extra von Ulm hierhergefahren?«

»So ist es. Glauben Sie mir, es eilt wirklich.«

Uhlig zögerte noch einen Moment, dann sagte er: »Na gut, dann kommen Sie meinetwegen rein. Aber viel Zeit habe ich nicht, das muss ich Ihnen gleich sagen.«

»Ich denke nicht, dass es lange dauern wird. Sobald ich weiß, wo ich die drei finden kann, lasse ich Sie wieder allein.«

Uhlig führte Kula den Flur entlang. Sie betraten ein kleines Wohnzimmer, und er knipste das Licht an. »Bin gleich wieder da«, sagte er knapp und verließ den Raum.

Als Erstes fiel Kula der Fliegenfänger ins Auge. Er hing von der Decke herab, reichte bis knapp über den Tisch und war schwarz. Während Uhlig in der Küche klapperte, sah sie sich weiter um. Jede freie Fläche war mit Holzfiguren zugestellt. Zwischen düster dreinblickenden Bergarbeitern mit Kiepe und Schubkarren waren Musikanten in diversen Uniformen zu sehen. Sternsinger standen zwischen Tierfiguren und Waldmännern. Auf einem Mahagonischränkchen stand ein alter Röhrenfernseher, darüber, auf einem Spitzendeckchen, lehnte schräg ein Bilderrahmen mit einem schwarzen Trauerflor. Kula trat näher und betrachtete das Bild. Es zeigte eine hübsche Frau, vielleicht Anfang zwanzig, mit dunklen Locken, die den Betrachter anlächelte. Einsamer alter Mann, dachte Kula, vielleicht kapselt er sich deswegen ab und ist so mürrisch.

»Sie müssen Durst haben nach der langen Fahrt.«

Kula drehte sich um und betrachtete Uhlig, der sie ansah, als könne er ihre Gedanken lesen. »Sie ist vor sieben Jahren von mir gegangen. Das Übliche. Zum Glück musste sie trotz Chemotherapie nicht allzu lange leiden.«

»Und seitdem leben Sie allein?«

»Das sieht man doch, oder?« Uhligs Stimme wurde brüchig, und er goss Wasser in die beiden Gläser. »Also, was genau war da in Ulm los? Und was haben Daniel und Pauline damit zu tun?« Uhlig wies auf einen Stuhl, und Kula nahm Platz.

»Wie gesagt, sie sind womöglich in Gefahr.«

»Wieso, wer sollte denen etwas antun wollen?«

»Es gab auf dem Mittelalterfest in Wiblingen bei Ulm einen Todesfall. Nils Jadewald – falls Ihnen der Name etwas sagt – ist tot.« Kula überlegte einen Moment, wie viel sie über den Fall sagen konnte, aber irgendwie musste sie an Uhlig herankommen, und so entschied sie sich für Offenheit. »Aller Wahrscheinlichkeit nach war es Mord.«

»Mord, sagen Sie?« Uhligs Neugier schien geweckt, denn er beugte sich vor und zeigte sich mit einem Mal kooperativ. »Armer Junge, dass er in so etwas hineingezogen wird ... Der Puppenmarek aus Pilsen, so ein lieber Kerl.«

»Pilsen? Ich denke, er stammt aus Prag. Kennen Sie ihn näher?«

Uhlig schob die Unterlippe vor. »Jaja, das stimmt schon, geboren ist er in Prag, aber seine Mutter ist mit ihm, als er noch ein kleiner Bub war, nach Pilsen gezogen, nachdem sie sich von ihrem Mann getrennt hatte. Der Kerl war ein übler Bursche. Ein Taugenichts und Tagedieb, hat nie richtig gearbeitet, bloß gesoffen und den Kleinen und seine Mutter ständig verprügelt. Irgendwann wurde es ihr zu dumm, und sie hat den Kerl verlassen.« Uhlig blickte betrübt zu Boden.

»Verstehe«, sagte Kula, »und dann?«

»Och, das ist bestimmt schon fünfzehn Jahre her. Mehr weiß ich auch nicht darüber. Aber auf den Daniel lass ich nichts kommen. Der hat sich richtig hochgearbeitet mit seinem Puppenspiel. Er ist ein Naturtalent.«

»Wie meinen Sie das?«

»Nach der Schule hat er eine Ausbildung zum Möbeltischler gemacht und träumte von handgefertigten Designermöbeln, individuell nach Kundenwunsch, ist dann aber in einem schwedischen Betrieb für Billigmöbel gelandet, wo er Schichtholzplatten im Akkord zuschneiden musste. Talentvergeudung, sage ich nur. Irgendwie hat er dann Kontakt zum Chemnitzer Handpuppentheater bekommen, ist bei denen eingestiegen und hat dabei seine wahre Begabung erkannt. Also hat er sich selbstständig gemacht und zieht seitdem durch die Gegend, bis er seine eigentlichen Pläne umsetzen kann. Sie hätten den erleben sollen, als er seine neue Figur abgeholt hat, seinen neuen Hans im Glück.«

Marek betrachtete die neue Figur. Der Holzschnitzer hatte sie genau nach seinen Vorstellungen gefertigt. »Dein neuer Hans im Glück wird der Renner, glaub mir«, sagte Uhlig und legte ihm wie ein Vater die Hand auf die Schulter, »keiner hat wie du die Gabe, diese alten Märchen in die heutige Zeit zu übertragen. Du wirst sehen, die Kinder werden begeistert sein, ganz zu schweigen von den Eltern. Und wenn du erst dein eigenes Theater eröffnet hast und sie dir die Bude einrennen, kommst du noch ganz groß raus, wirst damit sogar auf Tour gehen.«

Natürlich glaubte Marek ihm, denn schon in zwei Tagen würde er sein neues Programm vor Publikum auf dem Mittelaltermarkt in Wiblingen präsentieren. Noch mehr freute er sich allerdings auf Pauline. Sie war auch dort und würde auftreten. Er hatte sie seit Monaten nicht mehr gesehen – eine ganze Ewigkeit –, und die beiden würden endlich wieder einmal Zeit füreinander haben. Er würde sie in seine Pläne einweihen und sie fragen, ob sie mit ihm kommen wollte. Mit ihr etwas Gemeinsames aufzubauen war sein größter Wunsch. Er war fest davon überzeugt, dass ihr das neue Programm, überhaupt seine ganze Idee mit dem eigenen Theater gefallen und sie begeistert Ja sagen würde.

Langsam drehte er den Kopf der Puppe hin und her. Unglaublich, wie stilisiert und gleichzeitig menschennah sie aussah. Dieses spitze, lang nach unten gezogene Dreiecksgesicht mit den riesigen weißen Augen, die an halbierte Tischtennisbälle erinnerten. Dazu die großen, alles wissen wollenden Pupillen, die von den fragend hochgezogenen Augenbrauen betont wurden; ganz oben der schwarze struppige Haarschopf, der aussah, als wäre er mit einem Starkstromkabel in Berührung gekommen. Der ganze Kerl war ein einziges Fragezeichen. Die perfekte Figur für sein neues Stück. Er schmunzelte, hatte sie doch gewisse Ähnlichkeit mit ihm selbst. Natürlich war sein Kinn nicht ganz so spitz, die Nase runder, fast mädchenhaft; und auch die Augen waren anders, kleiner und von tiefem Blau, Chrpa hatte sie seine Mutter immer genannt, wie zwei Kornblumen – selbst heute sagte sie das noch manchmal, wenn er sie in Pilsen besuchte.

Marek legte die Puppe behutsam zurück in die Schatulle, bedeckte sie mit dem Seidentuch, schloss den Deckel und verabschiedete sich von Uhlig. Er startete seinen alten 220er Kombi, der anfangs immer etwas stotterte und hustete und schwarze Qualmwolken ausstieß, bis er endlich rundlief, und machte sich auf den Weg nach Chemnitz, um zu packen. In einer Remise hatte er seine Utensilien gelagert; seine Figuren, seine Requisiten, vor allem aber das mobile Theater aus dunklem Holz, das kaum größer war als ein Beichtstuhl. Er hatte es selbst gebaut und darauf geachtet, dass es so weit zerlegbar war, dass er noch im Wagen schlafen konnte, selbst wenn er alles andere darin verstaut hatte.

Sein Theater. »Puppenmarek – Praha«, stand in geschwungenen Goldlettern auf der Vorderseite über dem Bühnenfenster mit den roten Samtvorhängen, und Marek war stolz darauf. Schließlich hatte er sein Handwerk an der Akademie gelernt. Und in Prag galt Puppenspiel von jeher als eigene Kunstform, die nicht – wie mancherorts sonst – einfach als Kinderkram abgetan wurde. Seit Beginn hatte er all seine Energie darauf verwandt, das Puppenspiel auf das Niveau des echten Schauspiels zu heben. Neuerdings änderte er sogar die alten Märchen dahingehend, dass sie einen kritischen Zeitgeist spiegelten. Und endlich war es so weit. »Hans im Glück für Dummies«, Grimms Märchen 2.0 sozusagen, hatte am Donnerstag Premiere.

Morgennebelschwaden lagen wie sanfte Wattebäusche in den Talmulden des Vogtlandes, als sich Marek am Mittwoch auf den Weg nach Ulm machte. Er kurbelte die Scheibe herunter, um die würzige Waldluft einzuatmen, und freute sich auf das Wochen-

ende. Während er Richtung Plauen fuhr, spielte er im Geist sein neues Stück durch.

Hans hat ein Jahr lang bei einer Spedition im Lager geschuftet und bekommt anstelle eines Goldklumpens ein nagelneues Smartphone geschenkt. Doch um sich seine Lieblingsmusik darauf zu laden, fehlt ihm das Wissen. Er fragt einen jungen Mann, den er auf der Straße trifft, ob er ihm helfen könne. Der ist scharf auf das Handy, nutzt die Gelegenheit und macht ihm vor, dass das alles viel zu kompliziert und auch zu teuer wäre und bietet ihm stattdessen seinen alten Discman mit fünf CDs zum Tausch an.

Hans stöpselt sich die Hörer ins Ohr, drückt auf Play und verabschiedet sich begeistert von seinem neuen Freund. Doch leider muss er bald darauf feststellen, dass die restlichen CDs so zerkratzt sind, dass sie sich nicht mehr abspielen lassen oder höchstens ein Nang-nang-nang, ein Njub-njub-njub oder Wat-wat-wat von sich geben.

Er geht in ein Café, bestellt sich einen Kakao und probiert alles Mögliche, um Musik zu hören, doch ohne Erfolg. Der Wirt wird auf Hans aufmerksam und beobachtet ihn. Schließlich geht er zu ihm hin und bietet ihm einen Walkman mit zehn Kassetten zum Tausch an, denn der alte Discman hat inzwischen Museumswert, und Sammler sind bereit, ein kleines Vermögen dafür zu bezahlen. Hans greift begeistert zu und ist dem Wirt dankbar, da er ihm auch noch das Getränk spendiert hat.

Er zieht weiter, muss jedoch kurz darauf feststellen, dass die Kassetten furchtbar eiern und sich das Band um Rollen und Stifte wickelt, bis das Gerät keinen Mucks mehr von sich gibt.

Er bleibt vor dem Schaufenster eines Trödlers stehen, betritt den Laden und bittet den Inhaber um Hilfe. Der betrachtet das Gerät, weiß, dass dieser Fehler nur bei zu alten Batterien auftritt, und bietet Hans dafür im Tausch ein grün-gelbes Kofferradio mit runden Ecken, zwei Drehknöpfen an den Seiten und einer langen ausziehbaren Antenne an.

Hans ist glücklich, freut sich über den Tausch und zieht weiter. Bald lässt er die Stadt hinter sich und marschiert auf schmalen

Wegen zwischen Wald und Feldern ins Ungewisse. Als er müde wird, setzt er sich auf einen Stein und probiert das Radio aus. Doch anstelle von Musik hört er nur Knistern, Knacken, an- und abschwellendes Rauschen und hin und wieder fremdartige Geräusche, die ganz entfernt an Stimmen erinnern. Denn dass dies ein Kurzwellenempfänger ist, bei dem kaum Sender zu empfangen sind, und falls doch, dann bestenfalls bei Nacht, hat ihm der Trödler verschwiegen.

Und wieder ist Hans traurig und den Tränen nahe, als eine Gruppe Wanderer fröhlich singend auf ihn zukommt. Als sie Hans so einsam auf dem Stein sitzen sehen, bleiben sie stehen. Eine Frau mit geblümtem Kopftuch, der ganzen Art nach vielleicht eine Gemeindehelferin, fragt, warum er denn so verzweifelt wäre. Mit hängendem Kopf klagt er ihr sein Leid. Er sagt, dass er nirgendwo Musik hören könne, und erzählt, was sich alles zugetragen hat.

»Aber Junge, das ist doch kein Grund, traurig zu sein«, sagt die Frau, »dann musst du eben selber singen.« Sie lädt Hans ein, sich ihnen anzuschließen.

Hans ist vor Freude außer sich, legt das alte Radio beiseite und lauscht dem Text, den ihm die Frau beibringt. Im Nu hat er das Lied gelernt und singt nun laut und voller Inbrunst mit und klatscht dabei in die Hände:

Heute hier, morgen dort,
Bin kaum da, muss ich fort,
Hab mich niemals deswegen beklagt …

Bestimmt singen die Kinder mit, wenn sie merken, dass ihre Eltern das Stück kennen, dachte Marek und freute sich auf die leuchtenden Augen der Zuschauer, wenn er sie zurück in ihre eigene Jugend führen würde. Und sei es auch nur für einen kurzen Augenblick.

»Der scheint ja wirklich ein Herz für Kinder zu haben, nach dem, was Sie mir schildern«, sagte Kula.

»Wohl wahr. Sie hätten ihn erleben sollen, nachdem er erfahren hat, dass er bald Vater werden würde. Er hat nur noch von seiner

Pauline und den gemeinsamen Plänen geredet. Nichts anderes hatte Daniel mehr im Sinn.«

»Wie bitte? Habe ich das eben richtig verstanden, Pauline erwartet ein Kind von Daniel?« Auf einen Schlag wurde sich Kula der Tragweite dieser Information bewusst und hakte nach. »Sie haben vorhin seine Zukunftspläne erwähnt …«

»Ja, er will mit Pauline ein neues Puppenspiel-Theater in Chemnitz eröffnen. Nachdem die ehemaligen Markthallen in ein Kulturzentrum umgebaut worden sind, wollen sie sich dort einmieten und etwas Eigenes aufziehen. Ich gönn's ihnen ja von ganzem Herzen. Es geht wohl nur noch um irgendwelche Nutzungsverträge, städtische Gründungsdarlehen und Kreditsicherheiten oder so, was weiß ich. Und Chemnitz bekäme durch Daniel mit dem Theater wieder etwas von dem alten Glanz, ganz bestimmt!«

Kula beugte sich auf dem Sessel nach vorne und fragte: »Und wo finde ich Marek, ich meine, Daniel Hawelka? Wohnt er auch in Chemnitz? Haben Sie vielleicht seine Adresse?«

»Moment«, sagte Uhlig, stand auf und verschwand im Flur. Kurz darauf kam er mit einer schwarzen Kladde wieder und blätterte darin herum. Dutzende von Zettelchen und Kärtchen waren an die Seiten getackert oder mit Büroklammern angeklemmt. »Er hat mir doch erst beim letzten Mal …« Uhlig blätterte zurück, dann wieder vor. »Ha! Hier hab ich's! Er hat mir noch erzählt, dass das auch nur eine vorübergehende Bleibe wäre, da das Gebäude – ach was, den ganzen Straßenzug wollen die feinen Herren sanieren.« Uhlig hielt den Handrücken an den Mund, als ob er ein Geheimnis verraten würde, und flüsterte: »Wenn der Rubel erst mal rollt, macht er alles platt. Früher war's auch schon so. Nichts hat sich geändert, wenn Sie mich fragen.«

Kula wurde ungeduldig und sah auf die Uhr, die über der Anrichte tickte. »Mein Gott, es ist schon nach neun.« Sie wandte sich wieder Uhlig zu. »Haben Sie denn nun Hawelkas Adresse?«

»Ja natürlich, Verzeihung. Moment, ich hole nur einen Stift.«

Uhlig war dabei, sich zu erheben, da zog Kula ihr Smartphone hervor und entdeckte mehrere Nachrichten von Bitterle. Das muss warten, dachte sie und sagte: »Nein, schießen Sie los, ich kann es mir hier notieren.«

»Der Daniel wohnt in Chemnitz im Stadtteil Sonnenberg in der Sebastian-Bach-Straße, die Nummer weiß ich nicht, zwischen zwei Gründerzeitbauten, die gerade saniert werden, wie er mir verraten hat. Aber wie lange das noch so geht und wann er da rausmuss, konnte ihm auch niemand sagen. Versuchen Sie da Ihr Glück.«

Kula lächelte, stand auf und streckte Herrn Uhlig die Hand entgegen, der sie erst zögernd nahm und dann nicht mehr loslassen wollte. »Vielen Dank. Ich bin mir sicher, Sie haben mir sehr geholfen.« Schnell fügte sie hinzu: »Und vor allem natürlich Daniel und Pauline. Nochmals vielen Dank.«

»Ich hoffe, den beiden passiert nichts.« Uhlig begleitete Kula bis vor die Tür.

Sie blieb nach zwei Schritten stehen und wandte sich um. »Ach Gott, das habe ich jetzt ganz vergessen. Ich brauche noch etwas zum Schlafen. Wissen Sie vielleicht ein einfaches Hotel oder ein Zimmer?«

Johann Uhlig lächelte. »Da gehen Sie am besten zu meiner Schwägerin, die betreibt eine Pension. Gleich bei der Bäckerei am Marktplatz. Und grüßen Sie sie von mir, bitte.«

»Mach ich! Und nochmals vielen Dank.« Aus den Augenwinkeln sah sie, wie Uhlig hinter ihr herwinkte, bis sie um die nächste Ecke verschwunden war.

SECHZEHN

Während Kula auf dem Weg Richtung Chemnitz war, um dem Holzschnitzer auf den Zahn zu fühlen, hatte Lukas seinen Mitbewohner gebeten, ihm seinen eigenen Laptop zu bringen. Ein Zeuge eines früheren Falles hatte ihm darauf Programme installiert, die viel schneller zum Ziel führten, allerdings offiziell nicht zu bekommen waren. Und er wollte keine Zeit mit umständlichen Downloads auf den akademieeigenen Rechner verschwenden. Doch zunächst ging es um das keltische Symbol an der Kette, die am Tatort gefunden worden war. Kula hatte ihm die Fotos weitergeleitet mit der Bitte, Recherchen zu dem Motiv anzustellen. In Gedanken ging er schon einmal durch, wie er, sobald er erste Ergebnisse hatte, weiterforschen könnte, ohne im Netz groß Spuren zu hinterlassen.

Keine Viertelstunde später nahm Lukas seinen Computer in Empfang. Sein Kumpel hatte sich kurzerhand aufs Rad geschwungen und war entlang der Donau und der Iller auf den Uferwegen gefahren.

Lukas zog die Dateien, die Kula ihm geschickt hatte, vom Handy auf den Laptop und betrachtete die Bilder. Das Besondere an diesem Triskel-Motiv waren die scharfen Zacken am Rand und die Signatur in der Mitte. Form und Design des Amuletts waren tatsächlich mit der des Aufklebers an von Lichtenrades Wohnmobil identisch. Selbst die Buchstabenkombination SnD in der Mitte war die gleiche. Bei seinen Recherchen wurde Lukas jedoch weder bei Triskel-Abbildungen noch bei den Buchstaben fündig. Womöglich ging es dabei um einen Code oder eine Band? Hatte Balthasar nicht erwähnt, dass er nach knapp vierzig Jahren in dieser Szene so gut wie jeden kennen würde? Kurz entschlossen machte Lukas sich auf den Weg zum Partyzelt am Ende des Paradiesgartens.

Die Hochzeitsfeier war bereits in vollem Gang, Fairy Dream hatte die Gesellschaft zum Kochen gebracht. Die beiden hatten zum Glück gerade Pause, als Lukas dort auftauchte, denn einer der Gäste hielt eine Rede. Lukas ging auf Balthasar zu, der ihn verwundert ansah, sich aber gleich erhob und ihm entgegenkam.

»Nur ganz kurz, sorry, dass ich störe«, sagte Lukas, »aber wir kommen nicht weiter. Schau bitte mal auf die beiden Bilder hier. Sagen sie dir etwas?«

Balthasar sah sich die Abbildungen genau an, blickte zur Decke, strich über den Bart und rieb die Stirn. »Hm, sieht aus wie das Logo einer irischen Band. Könnte vielleicht zu ›Stout n' Dedalus‹ passen, Mitte der Achtziger in Berlin. Wo hast du das her?«

Lukas zögerte. Wie viel durfte er von den Ermittlungen preisgeben? »Spielt momentan keine Rolle, aber vielleicht bringt uns das bei dem Fall weiter. Weißt du mehr über diese Band?«

»Muss eine ziemlich durchgeknallte Truppe gewesen sein. Leider habe ich sie nie persönlich kennengelernt. Ich weiß nur so viel, dass Nils Jadewald mit dabei war. Er an der Mandoline, die anderen beiden Trommel und Akkordeon. Sie haben Folkpunk mit Texten von James Joyce gemischt, ziemlich intellektuell, aber viel zu derb, wenn du mich fragst. Hat kein Schwein verstanden, zur damaligen Zeit. Mehr kann ich dazu leider nicht sagen.«

»Okay, danke. Was machst du denn heute Abend, ich meine, wenn das hier vorbei ist?«

»Das hier, das geht wohl die ganze Nacht. Warum fragst du?«

»Hm, ich würde gerne eine eigene Band gründen und dachte, du könntest mir etwas dazu sagen, so von wegen Instrumente, Stücke und Trends und so.«

Balthasar schmunzelte. »Kein Problem, schau einfach hier vorbei, bis zwölf bin ich mit Sicherheit da.«

Lukas bedankte sich und ging zurück ins Hauptquartier. Dort saß Bitterle auf seinem Stuhl und stierte ins Leere. So bedrückt hatte Lukas seinen Chef nur selten erlebt. »Was ist los?«

»Wir stecken fest. Findest du nicht auch?«

Lukas schürzte die Lippen. »Weiß nicht, ist halt diesmal komplizierter als sonst.« Dann deutete er auf das Flipchart. »Was ist das für ein Datum neben den Namen der Schotten?«

Bitterle drehte sich um. »Meinst du das im August? Da findet ein Schwertschmiedewettbewerb in Edinburgh statt. Der Schotte meinte, Wölfle hätte große Chancen, dort den ersten Preis zu machen. Dabei geht es um mindestens fünfzigtausend Euro. Wieso fragst du?«

»Hey, das ist es! Das ist das Motiv. Wölfle hatte demnach allen Grund, Jadewald umzubringen.«

»Wie kommst du denn darauf?«

»Vom Tontechniker weiß ich, dass Jadewald mit seiner Band beim Heavy-Metal-Festival in Wacken auf der Hauptbühne hätte spielen sollen, vor zigtausend Leuten. Das wäre der Durchbruch für Cantus Ferrum geworden, Anschlusskonzerte, Plattenverträge, eventuell sogar Tourneen durch die USA und Japan. Wie's aussieht, ist das zeitgleich mit diesem Edinburgh-Termin.«

»Ja und? Dann sucht er sich eben einen anderen Schlagzeuger. Wo ist das Problem?«

»Das geht nicht so einfach. Das ist eine eingespielte Truppe. Bis so etwas wirklich läuft, dauert das Monate. Außerdem geht es bei denen weniger ums Trommeln als um die Show, denk mal daran, was auf dem Video zu sehen war; was der Wölfle da veranstaltet hat. Ich glaube, der wollte die Chance in Edinburgh nutzen und hat deshalb bei Cantus Ferrum sozusagen gekündigt. Und dann wäre der Auftritt in Wacken geplatzt. Deswegen hat ihn Jadewald mit dem Kredit erpresst und ihm gedroht, ihn aus dem neuen Atelier in Wintrup rauszuschmeißen. Das hätte das Ende seiner Kunstschmied-Karriere bedeutet. Könnte doch so gewesen sein, oder? So sehe ich das jedenfalls im Moment.«

»Hm, da ist was dran. Aber sag mal«, Bitterle zog die Stirn in Falten, »hat dieser Krawall wirklich so viele Anhänger?«

»Ob du es glaubst oder nicht, die füllen Stadien! Nach Wacken kommen inzwischen rund siebzigtausend Besucher, selbst nach Selb, zu dem Mediaval im September, kommen mittlerweile fast dreißigtausend Fans. Aber sag mal: Ist der Wölfle inzwischen bei Bewusstsein?«

»Sein Zustand ist nach wie vor unverändert. Er hatte wohl kurzzeitig vitale Momente, ist aber insgesamt benommen und orientierungslos. Bin gespannt, ob er den Anschuldigungen etwas entgegenzusetzen hat. Für mich ist der Fall mittlerweile eindeutig. Bauchgefühl hin oder her. Zuerst das Messer mit seinen Fingerabdrücken und jetzt noch die Sache mit Edinburgh. Damit wäre Wölfle auf einen Schlag seine Schulden bei Jadewald los gewesen und hätte in seiner Werkstatt machen können, wozu er Lust hatte, neue Band und was weiß ich. Nur wie die Belladonna-Vergiftung da reinpasst, verstehe ich trotzdem nicht. Hoffentlich ist er bald vernehmungsfähig, und wir können diese Akte endlich schließen. Was hast du jetzt vor? Wozu brauchst du deinen eigenen Laptop?«

Lukas rieb sich die Unterarme. »Ich will der Sache mit dem Amulett nachgehen. Womöglich sind wir auf einer völlig falschen Fährte, und dieser komische Baron hat mit der Sache doch mehr zu tun, als wir gerade vermuten.«

»Zuzutrauen ist diesem von Lichtenrade alles, so wie der sich aufgeblasen hat. Also mach, vielleicht bringt uns das ja weiter. Ich hole mir derweil einen Kaffee. Für dich auch?«

Lukas winkte ab.

Schon nach wenigen Minuten Recherche hatte Lukas erste Hinweise auf die Band namens Stout n' Dedalus gefunden. Die Truppe hatte sich tatsächlich Anfang der Achtziger in Berlin einen Namen gemacht. Lukas fand entsprechende Kritiken in diversen Szeneblättchen, darunter ein Zitat von Jürgen von der Lippe, als er die Band bei einem Konzert in der ehemaligen Kongresshalle im Tiergarten mit den Worten »Stimmungswogen erschütterten überfüllten Wirtshaussaal! In diesem Sinne viel Spaß mit Stout n' Dedalus« ankündigte. Ein Link verwies auf einen anderen Bericht, der womöglich damit in Zusammenhang gebracht werden konnte, denn nur wenige Wochen nach dem Konzert war die »Schwangere Auster«, wie die Berliner das Gebäude nannten, in sich zusammengebrochen. Lukas forschte weiter. Plötzlich stutzte er, denn er war auf ein Bild der Band gestoßen, auf dem jeder von ihnen ein volles Glas Guinness in die Höhe streckte, untertitelt mit den Worten: »Stout n' Dedalus haben es mal wieder ordentlich krachen lassen.« Der folgende Bericht war Lukas gleichgültig, vielmehr interessierten ihn die

Gesichter der Mitglieder. Er zoomte heran. Neben Pinky, einem stachelköpfigen und kettenbehangenen Punk, war Nils Jadewald trotz der schulterlangen Mähne eindeutig zu erkennen. Die dritte Person kam ihm, obwohl ziemlich verpixelt, ebenfalls bekannt vor. Lukas zoomte noch näher und starrte auf den Bildschirm. Er stieß Luft aus, lehnte sich zurück und ließ die Finger auf die Tischkante fallen. Obwohl er allein im Raum war, sagte er laut: »Das glaub ich jetzt nicht! Der Dritte ist doch unser Lotorius von Lichtenrade.« Lukas' Spürsinn war geweckt, und er begann weiterzuforschen.

Bitterle kam zurück, blies in die Tasse und nippte am Kaffee. »Und, schon was gefunden?«

»Yep! Das glaubst du nicht, hier, schau mal.«

Bitterle beugte sich über Lukas' Schulter und betrachtete den Bildschirm. »Wie bist du denn darauf gestoßen? Das ist doch unser Freund Lichtenrade. Wie nennt er sich da? Kaum zu glauben. Na, der kann was erleben, wenn der auftaucht. Aber weißt du was?«

Lukas sah hoch.

»Das behalten wir vorerst für uns, okay? Bin gespannt, wie der reagiert, wenn wir ihn damit konfrontieren.«

»Wie jetzt, haben sie ihn etwa geschnappt?«

»Eben kam eine Meldung vom Präsidium. Sie haben ihn auf der A 7 erwischt. Kaputtes Auto, Handy am Steuer und jede Menge Alkohol im Blut. Noch ist er in Ulm und wird erkennungsdienstlich behandelt. Wären mir die Mediengeschichte und die Schotten nicht dazwischengekommen, wären wir schon längst weiter. Trotzdem, gute Arbeit, Lukas. Such weiter. Ich geh kurz nach draußen. Bin gleich zurück.«

Lukas hob den rechten Daumen.

Als Bitterle auf dem Weg zurück ins Hauptquartier war, schoss Frau Mützenrieder auf ihn zu.

»Gut, dass Sie da sind, Herr Kommissar. Gerade eben hat sich ein weiterer Zeuge gemeldet, Sie wissen, wegen dem Flugblatt von Ihrer Kollegin, und der hat gemeint, er hätte Jadewald am Donnerstagnachmittag im Gespräch mit einer Kerzenmacherin gesehen. Die ganze Angelegenheit kam ihm merkwürdig vor, er hatte den Eindruck, dass sich die junge Frau bedrängt gefühlt hat. Vielleicht hilft Ihnen das ja weiter.«

»Bestimmt, vielen Dank, Frau Mützenrieder. Hat dieser Zeuge auch gesagt, wo wir die Kerzenmacherin finden?«

»Sie hat ihren Stand schräg gegenüber vom Mäusezirkus. Waren Sie schon mal da?«

»Wo, beim Mäusezirkus? Ich weiß nicht einmal, was das ist.«

»Das müssen Sie gesehen haben, Herr Bitterle. Die Kinder sind hellauf begeistert, wenn sie sehen, wie die kleinen Mäuslein, weiße, schwarze und braune, kreuz und quer durch die Gegend wuseln. Torbögen, Aussichtstürme, Zugbrücken, eine ganze Burganlage ist im Miniformat dort aufgebaut.« Iris Mützenrider legte eine Hand über den Mund. »Ach Gott, was plappere ich da die ganze Zeit und halte Sie von der Arbeit ab.« Sie trat einen Schritt auf Bitterle zu, beugte sich ein wenig vor und machte große Augen. »Sagen Sie, gibt es denn schon etwas Neues? So, wie Sie alle nachforschen, müssten Sie doch den Täter bald gefasst haben. War es denn einer von hier? Ich meine, jemand von den Ausstellern oder eher von den Gästen?«

»Das wird sich noch herausstellen, inwieweit das eine mit dem anderen zu tun hat. Aber lange wird es nicht mehr dauern, bis wir Klarheit haben werden. Und dann herrscht hier wieder Ruhe.«

»Hm, aber dann sehen wir uns ja gar nicht mehr.«

Bitterle wiegelte ab. »Na ja, noch ist es nicht so weit. Aber nun muss ich zusehen, dass ich die Kerzenmacherin befrage.« Er trat auf den Flur und ging Richtung Treppe, überlegte es sich dann aber anders, denn er wollte erst noch einmal nach Lukas sehen.

Der saß tief über den Laptop gebeugt und nahm gar nicht wahr, dass sich sein Chef hinter ihn stellte und ihn dabei beobachtete, wie er auf die Tastatur hämmerte.

Bitterle stutzte, denn die Zahlen und Buchstabenreihen, die über den Hintergrund rasten, waren ihm fremd. »Was tust du da?«, fragte er.

Lukas schrak auf. »Ähh, ich, ähh, ich suche nach Informationen über diesen – äh, du weißt schon. Reine Recherche.«

Bitterle wurde skeptisch, denn wenn Lukas das Unschuldslamm mimte, steckte meist etwas Fragwürdiges dahinter. »Soso, Recherche. Und was hat deine Recherche ergeben?«

Lukas sah nach oben und hob den Zeigefinger. »Pass auf, was ich rausgefunden habe! Der Wirt der ›Mittelalter-Speiserey‹ in Spandau hat berichtet, dass von Lichtenrade dreimal in der Woche bei ihm als Musikus und Gästeunterhalter auftritt. Den Vertrag hat er allerdings mit Jadewald gemacht, und er geht davon aus, dass Jadewald den Löwenanteil der Gage kassiert. Und da hat mich interessiert, warum der sich das gefallen lässt.«

»Aha. Und?«

»Auch darüber wusste der Wirt Bescheid. Jadewald hatte von Lichtenrade in der Hand, denn er wusste von seinen früheren Drogengeschäften. Kannst du dir das vorstellen? Er stand deswegen vor einiger Zeit sogar schon vor Gericht, musste aber mangels Beweisen freigesprochen werden. Tja, und da bin ich dann richtig neugierig geworden. Dieser angebliche Freiherr war eine richtig große Nummer im Berliner Bausenat und hat bei einer Ausschreibung Mist gebaut! Die Sache wurde aber vertuscht, und über der Akte liegt ein Sperrvermerk – streng geheim sozusagen. Und was da drinsteht, zieht dir im wahrsten Sinn des Wortes den Boden unter den Füßen weg. Pass auf –«

»Moment, wie bist du da rangekommen? Das klingt hochgradig illegal, was du da treibst.«

»Na ja, so ein bisschen nach Art der Lisbeth Salander eben.«

»Wer zum Kuckuck ist denn das nun schon wieder?«

»Lisbeth Salander, der Name sagt dir echt nichts?«

»Woher auch?«

»Das ist die Profihackerin schlechthin, die lädt dir Obamas Terminkalender auf dein Handy, wenn's sein muss.«

»Aha, und die kennst du natürlich persönlich.«

»Quatsch, das ist doch nur eine Romanfigur in einem Krimi.«

Bitterles Handy sirrte. Genervt zog er es aus der Tasche, blickte aufs Display und las Inas SMS: »Konni, es gibt Neuigkeiten! Ich habe etwas herausgefunden, das ich dir zeigen muss. Am besten, du kommst hoch.«

»Hallo, Ina, was gibt's so Wichtiges, dass du dich herablässt, dir den Samstagabend zu versauen?«, tippte er zurück.

»Wart's ab.«

»Und wohin?«

»Uniklinik.«

»Bin unterwegs. Bis gleich.«

Bitterle blickte auf die Uhr und entschied, zuerst die Kerzenmacherin zu befragen, bevor er zu Ina ging. Er sollte sich beeilen. »Bleib dran«, sagte er und verließ den Raum.

Lukas' Finger flogen über die Tastatur, und er murmelte vor sich hin: »Nur eine Romanfigur in einem Krimi, so wie wir doch alle hier.«

Die Hinweise, die Lukas gefunden hatte, ließen ihm keine Ruhe, und er bohrte weiter. Jetzt wollte er alles über von Lichtenrade herausfinden. Es dauerte, denn er musste Umwege über verschiedene Server nehmen, bis er am Ziel war. Dann hatte er die gesuchten Informationen vor sich. Von Lichtenrades Leben, vor allem seine Verfehlungen, lagen vor ihm wie ein offenes Buch.

Lukas rieb sich die Augen: »Na, das ist ja ein Ding.« Er zog die wichtigsten Details auf einen Stick und kopierte sie auf Bitterles Tablet.

***

Bitterle erwischte die Kerzenmacherin im letzten Moment, sie war gerade im Begriff, zusammenzupacken und Feierabend zu machen. Er hielt ihr seinen Ausweis unter die Nase und sagte: »Guten Abend, ich bin Kommissar Bitterle von der Ulmer Kripo. Ich hätte da ein paar Fragen. Hätten Sie einen Augenblick Zeit für mich?«

»Schon okay. Ich bin die Bille, Sybille Daun. Ich habe Sie schon gesehen. Sie kommen bestimmt wegen dem Mord an Nils. Wie kann ich Ihnen helfen?«

Bitterle trat einen Schritt in den Stand. »Ein Zeuge hat ausgesagt, Herr Jadewald hätte Sie am vergangenen Donnerstagabend irgendwie bedrängt. Ist da was dran?«

»Was? So ein Quatsch! Der will doch nichts von mir.« Bille lächelte müde. »Nicht mehr. Dem bin ich doch schon viel zu alt.«

»Was wollte er dann?«

»Er hat gefragt, ob ich noch mit zu Wölfle ins Zelt kommen würde, den Auftritt feiern. Aber ich war viel zu fertig. Diese Hitze, der Staub und dann der ganze Krach.« Bille hob die Schultern und ließ sie nach unten sacken. »Mein Gott, früher war das anders. Da haben wir nächtelang durchgefeiert. Vor allem zu Beginn, als das Mediaval noch ganz neu bei uns in Selb war.«

»Zu Beginn? Heißt das, dass Sie sich schon länger kennen?«

»Klar, die Jadewalds haben immer bei uns gewohnt, während sie dort gespielt haben. Und wir hatten unseren Stand auf dem Gelände.«

»Wir?«

»Mein Mann und ich. Früher waren wir immer gemeinsam unterwegs, aber seit wir Kinder haben, wechseln wir uns ab. Mal ich, mal er. Wie's halt so ist.«

»Verstehe. Also dann war da nichts weiter mit dem Jadewald.«

»Nein«, sagte Bille entschieden. »Gar nichts.«

»Selb, sagen Sie – eine recht abgelegene Ecke. Wie wohnen Sie da, wenn ich fragen darf?«

»Richtig weg vom Schuss. Mitten in der Pampa haben wir ein altes Bauernhaus hergerichtet. So ein echter Aussteigertraum. Könnte ich jetzt fertig zusammenpacken?«

»Aber selbstverständlich. Bitte entschuldigen Sie die Störung. Nur eine Bitte noch. Ich bräuchte Ihre Adresse, einfach fürs Protokoll.«

Bille zeigte auf einen Ständer mit Visitenkarten. »Bitte bedienen Sie sich.«

Bitterle trat in den Stand und schnupperte. »Sagen Sie mal, das Wachs riecht wirklich gut. Wo haben Sie das her?«

Bille lächelte. »Eigene Bienen, alles bio. Sie sollten erst mal den Honig probieren.« Sie griff in einen Karton und drückte Bitterle ein Glas und eine violett schimmernde Kerze in die Hand. »Hier, für Sie. Beides mit Lavendel, das ist schlaffördernd, Sie sehen müde aus.«

»Da sagen Sie was.«

***

Genau genommen war Lukas bettreif. Erst der Stress am Gardasee, dann die Fahrt nach Ulm, Undercover-Befragungen und die ganzen Recherchen am Laptop hatten ihm ordentlich zugesetzt. Er war fertig und wollte nur noch seine Ruhe haben. Nichts mehr sehen, nichts mehr hören, einfach schlafen. Aber die Gelegenheit, sich mit Balthasar zu unterhalten und von ihm ein paar Tipps über Instrumente und Musikstücke für eine eigene Band zu bekommen, wollte er sich dann doch nicht entgehen lassen. Wer weiß, ob und, wenn ja, wann wir uns wieder einmal über den Weg laufen, dachte er und riss sich am Riemen.

Die Feier war auf dem Höhepunkt und schon von Weitem zu hören. Dudelsäcke und Schalmeien wurden von Trommlern begleitet, wobei die Djemben in der Überzahl waren. Auf dem Weg dorthin schaute er noch bei Bienen-Berti vorbei und holte sich einen Krug mit Kräutermet. Beim Zelt angekommen, stellte er fest, dass dies nicht nötig gewesen wäre, denn Getränke gab es eimerweise. Die gesamte Rückseite stand voller Fässer, Flaschen und Gläser, und alle schienen ordentlich Gebrauch davon gemacht zu haben, denn die Stimmung war ausgelassen. Vom Brautpaar abgesehen war der größte Teil der Gäste mehr als angeheitert. Weiter drinnen strömten ihm dann auch die Gerüche des Festes entgegen. Neben gegrilltem Spanferkel roch es nach Zigarettenrauch – da und dort gemischt mit Dope –, Parfüms und Schweiß, eine einzigartige Duftnote.

Als Balthasar Lukas entdeckte, hob er grüßend die Hand und kam ihm entgegen. »Da bist du ja. Und, seid ihr schon weitergekommen bei eurem Mord?«

Bevor Lukas berichten konnte, schielte Balthasar in seinen Krug, sagte: »Momentchen noch«, und stapfte in Richtung der

Getränke. Elena Pescatori bemerkte Lukas ebenfalls und winkte ihm zu, drehte sich jedoch gleich wieder zum Brautvater hin, einem älteren Herrn, der sie mächtig anbaggerte. Sie schien es zu genießen und schoss eine Lachsalve nach der anderen ab.

»Also, dann leg mal los mit deinen Fragen«, sagte Balthasar, nachdem er mit Lukas angestoßen und einen langen Schluck genommen hatte. »Apfelschorle«, sagte er zwinkernd und lachte.

Lukas überlegte, wo er anfangen sollte. »Viele sagen, du hättest mit Ritchie Blackmore zusammen gespielt. Stimmt das?«

»Schon, aber warum willst du denn gerade etwas darüber wissen? Ich denke, dir geht's um Musik und Instrumente.«

»Mich interessiert das deshalb, weil ich neulich mit Dudelsack angefangen habe, ich habe dir ja von meinen Instrumenten erzählt.«

»Richtig, du hast Rogge erwähnt.«

»Na ja, bis vor Kurzem habe ich Bass in einer Metal-Band gespielt, aber das Geschrubbe ging mir irgendwann auf den Sack, und ich will mich jetzt musikalisch verändern. Und nun frage ich mich, wie es zum Beispiel dazu kam, dass Ritchie Blackmore bei Deep Purple ausgestiegen ist, um was Eigenes – etwas ganz anderes – zu machen und Blackmore's Night zu gründen. Kannst du mir das erklären?«

Balthasar strich sich wie immer über den Bart und lachte. Klar. »Das sind keine Geheimnisse. Darüber gab es sogar einen ganzen Zeitungsartikel. Der stand damals in der Ulmer Südwestpresse. Momentchen, ich hole eben mein Tablet.«

Balthasar wischte durch die Dateien. Er strahlte, als er den Artikel gefunden hatte, und hielt ihn Lukas unter die Nase.

SÜDWESTPRESSE MAGAZIN: Des Rockers neue Leier

Ritchie Blackmore war zu wilden Hardrock-Zeiten ein Held der E-Gitarre. Inzwischen greift er bisweilen zu Laute und Drehleier.
Die Geschichte eines Wandels.

Ein Abend im Jahre 1993. In der Realschule des oberschwäbischen Städtchens Laupheim spielt »Des Geyers schwarzer Haufen«, eine deutsche Band, die durch Folkmusik mit mittelalterlichen Instrumenten und Texten bekannt geworden ist. Etwas abseits sitzt, in schwarzem Ledermantel und mit vor der Brust verschränkten Armen, ein damals knapp fünfzigjähriger Herr mit langen, dunklen Haaren. Der Mann, der inkognito bleiben und lediglich das Konzert der seit einigen Jahren mit ihm befreundeten Barden genießen will, ist Richard Hugh (»Ritchie«) Blackmore, einer der bedeutendsten Rock-Gitarristen der Geschichte.

Lukas ließ das Tablet sinken. »Ja, wie jetzt«, fragte er, »war das echt so? War Blackmore wirklich in Laupheim? Und wer sind Des Geyers schwarzer Haufen?«

Balthasar winkte ab. »Das war meine frühere Band. Lang ist's her.«

»Und da war Blackmore tatsächlich bei einem eurer Konzerte?«

»Klar, Purple hatten ein Konzert in Stuttgart in der Schleyer-Halle. Ritchie hat sich vorher angekündigt. Wir mussten ihm versichern, dass er einen Platz mit Blick auf die Bühne bekommt, aber trotzdem weit ab vom Schuss ist, wo ihn niemand sehen kann.«

»Nicht zu fassen.«

Balthasar lächelte. »Ritchie wollte genau wissen, wie wir das machen, denn er hat uns zuvor als Band auf einer Burg gesehen. Es hat damals ja schon ziemlich gekriselt bei Purple, und wer weiß, womöglich gab das den letzten Anstoß, was ganz Neues mit alter Musik zu machen.«

Lukas lachte. »Der Spruch war jetzt gut. Was Neues mit was Altem machen.«

»Hehe. Und dann haben sie sogar hier im Klosterhof gespielt, mit uns als Vorband.«

»Sag bloß! Aber doch nicht während so einem Mittelalterfest.«

»Quatsch! Richtig fette Bühne mit allem Drum und Dran. Das ganz große Besteck. Rund fünftausend Besucher waren da.«

»Und da warst du dabei!«, sagte Lukas voller Ehrfurcht.

»Klar. War 'ne tolle Sache damals. Seinerzeit allerdings wie gesagt noch als Vorband. Dabei ist er wohl auf mich aufmerksam geworden. Überhaupt war die ganze Tour erste Sahne. Zu jedem Konzert kamen mehr Fans, einmal musste ein Auftritt sogar von einem Schlosssaal in eine größere Halle verlegt werden, weil schon im Vorverkauf so ein Mordsandrang geherrscht hat.«

Lukas' Augen wurden immer größer. »Und warum hast du dann später da aufgehört? So eine Chance bietet sich doch kein zweites Mal.«

»Das ist schon richtig, aber es war der permanente Druck. Was mich vor allem irgendwann genervt hat, waren die Vertragsbestimmungen. Bei Blackmore's Night musstest du Ritchie exklusiv zur Verfügung stehen. Da konntest du nicht mal so schnell ein paar Konzerte nebenher machen. Aber das hat wahrscheinlich Carol so festgelegt, die Mutter seiner Frau Candice. Sie ist die Managerin. Steht da, glaub ich, auch was drüber drin.«

Lukas beugte sich wieder über das Tablet.

Auf Blackmores Weg von der E-Gitarre zur Klampfe, von der Verstärkerwand zur Drehleier spielt eine blonde Dame eine wichtige Rolle. Die New Yorkerin Candice Night lief ihm schon zu Deep-Purple-Zeiten über den Weg, wurde seine Lebensgefährtin und Ehegattin, sang bei seiner Nachfolgegruppe »Rainbow« im Hintergrund und ist heute Frontfrau und Stimme von »Blackmore's Night«.
Candice schaffte es, den stets abweisend wirkenden Gitarrenhelden auf andere Gedanken zu bringen. Den mürrischen, unnahbaren Blick, den man schon aus frühen Auftritten von ihm kennt, pflegt Blackmore zwar immer noch, er zertrümmert aber keine Gitarren mehr, wirft nicht länger mit vollen Bierbechern und zündet auch keine Lautsprecher mehr an. Stattdessen bedient der Saitenvirtuose bisweilen höchstselbst die Drehleier. Begleitet von Candices Lästereien.

»Echt jetzt«, sagte Lukas, »Ritchie Blackmore spielt Drehleier?«

»Na ja, hin und wieder. Seine Hauptinstrumente sind natürlich alle möglichen Gitarren.«

»Ist das schwer, Drehleier zu spielen?«

»Kommt ganz darauf an, was für Ansprüche du hast.« Balthasar nahm den letzten Schluck seiner Schorle und fragte Lukas: »Und? Auch noch was?«

Lukas lehnte ab, scrollte zum Ende des Artikels und las den letzten Abschnitt.

> *»Sie spielen aber gut Gitarre, mein Herr«, lobte ihn unlängst ein Passant, als Blackmore an der Promenade von Long Island mit Candice und seinem Dudelsackspieler ein neues Stück probierte, und drückte ihm ein paar Münzen in die Hand. Szenen wie diese bereiten der Rocklegende diebische Freude.*

»Das warst bestimmt du, der mit dem Dudelsack, stimmt's?«, sagte Lukas, als Balthasar wieder neben ihm stand.

»Stimmt. Das war wirklich eine Gaudi, Ritchie hat sich gar nicht mehr eingekriegt, so hat der sich gefreut.«

»Weißt du denn, wie er als Musiker überhaupt so erfolgreich geworden ist?«

»Ich glaube, wirklich entscheidend war, dass im Zweiten Weltkrieg in Weston-super-Mare die komplette Flugzeugindustrie zerstört wurde. Sein Vater hat da gearbeitet. Die ganze Familie musste dann notgedrungen nach London, denn am Heathrow-Airport gab's die einzige Möglichkeit für den alten Blackmore, Geld zu verdienen. Dort hat Ritchie dann Anschluss zur damals entstehenden Rock-Szene gefunden. Er war gefragt, denn er konnte gut Gitarre spielen. Mit elf hat er sein erstes Instrument bekommen – stell dir vor, ausgerechnet eine Framus aus Deutschland. Sein Vater hat darauf bestanden, dass er ordentlichen klassischen Unterricht nimmt. Drum spielt er dir noch heute alles vom Blatt. Egal ob Dowland, Susato oder Bach.«

»Und jetzt hat er sich tatsächlich ganz aus dem Hardrock zurückgezogen?«

»Na ja, hin und wieder blitzt schon noch die alte Leidenschaft durch. Besonders vor historischer Kulisse wie Schlössern und Burgen juckt es ihn in den Fingern. Dann schnappt er sich seine alte Strat und macht sich damit an Klassikern zu schaffen. Aber in aller Regel gibt er in ritterlichem Gewand den Mannschaftsspieler im Hintergrund, den eher unauffälligen Leiter wie bei einer Country-Band. Dabei kann es allerdings passieren, dass er mitten im Konzert kurzerhand Programm oder Tonarten ändert, weil seine Candice meint«, Balthasar verdrehte die Augen, »sie würde ein leichtes Halskratzen verspüren.«

»Sachen gibt's«, sagte Lukas, leerte seinen Krug und wischte sich über den Mund. »Ich denke, ich sollte mir als Erstes ein paar Stücke von denen downloaden. Und dann sehe ich weiter.«

»Gute Idee, mach das«, sagte Balthasar. »Bloß einen Tipp noch: Bleib beim Dudelsack und lass die Finger von der Drehleier, es sei denn, du findest einen wirklich guten Instrumentenbauer. Ansonsten wirst du nicht glücklich damit. Diese Mistdinger machen meist nur Ärger, vor allem dann, wenn man sie braucht.«

»Was spielst du denn für eine? Kannst du mir vielleicht die Adresse von deinem Bauer geben?«

»Augenblick, ich seh mal nach. Womöglich habe ich noch ein Kärtchen von ihm im Etui.«

SIEBZEHN

Kula fand die Pension neben dem Marktplatz auf Anhieb. Ein Emaille-Schild mit Schnörkelschrift »Pension Uhlig« wies mit einem Pfeil in ein Gässchen, das gleich neben der Bäckerei nach oben führte. Neben der Tür hing ein Rahmen, in dem ein grünes Schild mit der Aufschrift »ZIMMER FREI« steckte. Sie läutete.

Eine mollige Frau in Uhligs Alter öffnete und musterte Kula. Ihr Blick war kühl und blieb an der Motorradkluft und der winzigen Reisetasche hängen. »Sie wünschen?«

»Ihr Schwager schickt mich.« Kula deutete mit dem Daumen über die Schulter. »Ich brauche ein Zimmer.«

»Meinen Sie den Johann?« Die Miene der Wirtin hellte sich auf. »Ja, wenn das so ist. Bitte, treten Sie doch ein.«

Kula folgte Frau Uhlig eine halbe Treppe nach oben. Hinter einem winzigen Tresen hingen vier Schlüssel an geschnitzten, bunt bemalten Zwergen, an denen die Farbe größtenteils abgeblättert war.

»Hier, nehmen Sie Zimmer 4, das geht nach hinten raus und ist ruhig.«

Kula drehte die Figur zwischen den Fingern und konnte sich nicht entscheiden, ob sie das für Kunst oder Kitsch halten sollte.

»Sind schon ganz alt, die Figuren. Hat mein Schwager als Kind geschnitzt. Alle waren so davon angetan, dass sie sagten, er müsse unbedingt auch Holzbildhauer werden, so wie zuvor schon sein Vater und sein Großvater.«

»Hat ja wohl geklappt«, sagte Kula mit einem Lächeln.

»Gehen Sie einfach den Korridor entlang und dann hinten links. Letztes Zimmer. Wann möchten Sie denn frühstücken? Wenn's Ihnen recht ist, besorge ich aus der Bäckerei ein paar Schmeckerchen. Die machen köstliche Eierschecken und wunderbare Leipziger Lerchen, falls Sie es süß mögen. Oder gleich eine frische Bäbe zum Ditschen.«

Kula sah die Wirtin ratlos an.

»Ach so, Sie sind wohl nicht aus der Gegend. Also, Bäbe ist ein Napfkuchen mit Rosinen, den können Sie in den Kaffee tunken.« Sie strich sich über den Bauch. »Wer könnte da schon widerstehen.«

»Verstehe. Ja doch, süß wäre prima. Gerne. Und was, überlasse ich Ihnen, vielleicht so gegen halb acht.« Gugelhupf am Morgen, so hoffte Kula, vertreibt meine Sorgen.

Das Zimmer war ungewöhnlich eingerichtet, es erinnerte an ein Gebrauchtmöbellager. Zwischen poliertem Gründerzeitvertiko mit Spitzendeckchen und beige lackiertem Türrahmen war ein Siebziger-Jahre-Schränkchen aus Teakholzimitat gestellt, auf dem ein kleiner Röhrenfernseher stand. Das Einzelbett und das Nachtschränkchen waren Massenware vom Discounter. Durch die Vorhänge schimmerte Licht vom Nachbarhaus. Kula stellte die Tasche ab und ließ sich nieder. Wenigstens war die Matratze halbwegs fest, und das Kissen roch frisch gewaschen. Sie streifte die Jacke ab, zog die Stiefel aus und ließ sich zurücksinken.

Sie musste sofort eingeschlafen sein, denn als sie aufwachte, war es stockfinster. Kula lag noch immer angekleidet auf der Decke und fröstelte. Sie entsperrte ihr Handy und sah auf die Uhr. Halb drei. Dabei bemerkte sie erneut Bitterles Nachrichten: »Wölfle war es nicht. Ina Weichselbraun hat nachgeforscht. Die Fingerabdrücke auf dem Messer wurden manipuliert. Von Lichtenrade war auf der Flucht, sitzt jetzt aber in U-Haft. Melde dich! Und sei vorsichtig!«

Danach konnte sie nicht mehr einschlafen, Bitterles Nachricht mit den Fingerabdrücken ging ihr nicht mehr aus dem Kopf.

Nach dem Frühstück gab Kula Hawelkas Adresse in das Navi ein und machte sich auf den Weg.

Der Chemnitzer Verkehr ruhte noch an diesem Sonntagmorgen, als Kula in die Sebastian-Bach-Straße einbog. Nur vereinzelt waren Autos unterwegs. Auf Anhieb fand sie den Flachbau zwischen den beiden alten Häusern, die mit Gerüsten umstellt und mit Säcken verhangen waren. Uhlig hatte recht, diese Baulücke würde bald geschlossen werden, wie überall, wo Wohnraum gefragt war. Sie stellte sich auf Zehenspitzen und spähte durch ein Fenster, konnte jedoch kaum etwas erkennen. Sie klopfte und wartete. Nichts rührte sich. Sie erinnerte sich daran, wie schwer es gewesen war, Lotorius von Lichtenrade wach zu kriegen, deswegen schlug sie mehrmals mit der flachen Hand gegen die Scheibe und rief Hawelkas Namen.

Gegenüber wurde ein Fenster geöffnet, und jemand brüllte: »Ruhe, verdammt noch mal. Wir ham Sonntag!«

Kula ignorierte den Rufer und klopfte weiter. Wieder nichts. Sie ging zur Tür. Dort baumelte ein einzelner Klingelknopf an zwei Drähten. Sie drückte, von drinnen hörte sie ein Surren. Keiner kam, auch beim zweiten Läuten öffnete niemand. Sie huschte entlang der Fassade, fand eine offene Stelle zwischen den zerschlissenen Gewebeplanen und schlüpfte hindurch. Die beiden Flügel des Eingangstors, das in den Hinterhof führte, waren aus den Angeln gehoben und lehnten seitlich im Durchgang. Im Hof standen zwei Container voller Bauschutt, Fensterrahmen mit zerbrochenen Scheiben lagen achtlos am Boden, und an der Rückfront des Flachbaus türmten sich Dutzende blauer Müllsäcke. Eines der Fenster schien morsch, denn am Rahmen zeigten sich Risse. Kula schob sich zwischen den Säcken hindurch, stieg auf einen leeren Farbeimer und drückte dagegen. Das Fenster gab nach und schwang nach innen. Kula sah sich sicherheitshalber noch einmal um, erklomm den Sims und hüpfte in die Wohnung. Sie landete in der Küche. Auf dem Tisch standen halb volle Gläser, Tassen und zwei Pizzakartons, in denen angebissene Reste von Fliegen umschwärmt wurden.

»Hallo, Daniel! Pauline, Frau Jadewald, sind Sie hier?«

Keine Antwort, sie ging weiter. Ein schmaler Flur führte in ein Zimmer. Die Luft war abgestanden, und es roch nach kaltem Rauch. Ein Aschenbecher quoll über. Auf dem Boden lagen Matratzen, Kleidungsstücke und Plastiktüten. Alles sah nach überstürztem Aufbruch aus. Wer auch immer hier gehaust haben mochte, war weg. Sie mussten gewarnt worden sein. Uhlig!

Kula sah auf die Uhr und rief Bitterle an, der gleich nach dem zweiten Läuten abhob und sofort loslegte: »Mensch, Kula, wo zum Teufel steckst du? Warum gehst du nicht ans Handy? Ich mach mir Sorgen!«

»Alles klar, Konrad, reg dich ab. Ich bin in Chemnitz, in Hawelkas Wohnung. Scheint, als sei Pauline tatsächlich hier gewesen, jedenfalls liegen Frauenkleider herum. Das Dumme ist nur, hier ist niemand mehr, die sind verschwunden.«

»Ich sagte doch, das ist eine Schnapsidee. Und jetzt? Denkst du, die sind zu Hawelkas Mutter nach Pilsen?«

»Glaub ich nicht, schon wegen möglicher Grenzkontrollen.«

Bitterle zögerte einen Moment. »Nun, wenn du schon mal da oben bist – eine Möglichkeit gäbe es noch. Ich habe mit einer Zeugin gesprochen, die Nils Jadewald seit vielen Jahren kennt. Sie sagte, dass die ganze Familie früher während eines Festivals öfters bei ihnen gewohnt hätte.«

»Das klingt doch vielversprechend. Hast du eine Adresse für mich?«

»Ich schicke sie dir aufs Handy.«

»Wo bist du denn?«

»Ich bin auf dem Weg nach Söflingen ins Präsidium. Fahre aber gleich wieder nach Wiblingen wegen der Pressekonferenz.«

»Gut, ich hätte gerne mit Hawelka und Pauline gesprochen, bevor sie hier aufgegriffen werden. Vielleicht eine letzte Chance, das Ganze ohne großes Tamtam zu Ende zu bringen.«

»Was liegt dir bloß an denen? Jetzt, da Wölfle aus dem Schneider ist, gehören sie mit dem von Lichtenrade zu unseren Hauptverdächtigen. Sie werden unter anderem gesucht wegen des Verdachts auf Mord, schwere Körperverletzung und unterlassene Hilfeleistung.«

»Eben drum. Deshalb will ich die Sache bei uns geklärt haben und nicht der Polizei in Sachsen überlassen. Wer weiß, wie die auf dieses Mittelaltervölkchen zu sprechen sind. Nach allem, was man so hört, gehen die mit Andersdenkenden nicht gerade zimperlich um. Außerdem tun sie mir irgendwie leid.«

»Wieso das denn?«

»Weiß nicht, einfach ein Bauchgefühl.« Kula sah dabei deutlich vor sich, wie Bitterle beim letzten Satz die Augen verdrehte.

»Mannomann, du mit deinen Ahnungen.« Bitterle atmete lange und hörbar aus. »Also gut. Sobald du die Adresse hast, gebe ich dir, sagen wir, zwei Stunden. Wenn ich bis dahin nichts von dir höre, geht eine Fahndung raus. Hast du mich verstanden?«

»Ich beeil mich! Bis dann – und danke, Konrad.« Sie war kurz davor, das Gespräch wegzudrücken, da fiel ihr ein, dass sie Bitterle noch gar nicht nach den Neuigkeiten der Pathologin gefragt hatte. »Moment! Konrad, bist du noch dran?«

Sie hörte ein Brummen. »Was ist denn noch?«

»Was war denn jetzt mit den Fingerabdrücken auf dem Messer?«

»Richtig, das Messer. Pass auf, ich war gestern in der Uniklinik, die Weichselbraun hat mich hinbeordert. Du glaubst nicht, was sie rausgefunden hat.«

»Mach's nicht so spannend, Konrad. Du weißt, ich muss los.«

»Ich fasse mich kurz, aber so viel muss sein. Gib acht: Sie hat sich die Tatwaffe von der KTU besorgt und genau analysiert. Weil sie sich keinen Reim auf die ausgefransten Stichwunden machen konnte, hat sie sich auch gleich noch die Fingerabdrücke genauer angesehen.«

»Ja und? Die konnten doch zweifelsfrei Wölfle zugeordnet werden.«

»Das schon, aber die Abdrücke stimmten nicht mit der Haltung des Messers überein, als es benutzt wurde.«

»Kapier ich nicht.«

»Ging mir anfangs genauso. Aber Ina hat es mir sogar demonstriert.«

»Na, wenigstens lebst du noch. Also?«

»Sie stand hinter mir, hatte einen Stift in der Hand und damit die Stichbewegung in Richtung meines Nackens simuliert. Jetzt die Frage: Wie würdest du das Messer dabei halten, wenn das Opfer vor dir in einem Badezuber sitzen würde?«

»Na, in der Faust, wie sonst?«

»Richtig, dabei wäre der Daumen oben am Griff, und der kleine Finger würde nach unten zur Klinge hin zeigen. Oder?«

»Ja klar, worauf willst du hinaus?« Kula schwieg für einen

Moment, dann fiel der Groschen. »Sag bloß, die Fingerabdrücke waren andersrum? Das würde ja bedeuten, der Täter hat zugestochen, dann seine Abdrücke beseitigt und danach das Messer Wölfle in die Hand gedrückt. Und es hinterher beim Drachenzuber so platziert, dass es mit Sicherheit gefunden wird.«

»Du hast es erfasst, Kula.«

»Ganz schön clever, bis auf den Fehler mit dem Griff. Wer macht so was?«

»Jemand, der einen Riesenhass auf Wölfle gehabt haben muss. Da wollte ihm jemand die Tat anhängen. Also, nun weißt du Bescheid.«

»Siehst du einen Zusammenhang mit der Vergiftung?«

»Möglich, da fehlen jedoch noch ein paar Puzzleteile. Aber vielleicht liegen wir auch komplett falsch, und das eine hat mit dem anderen gar nichts zu tun. Jedenfalls weißt du nun, dass wir es mit einem ziemlich skrupellosen Täter zu tun haben. Also Kula, pass auf dich auf, hörst du!«

»Mach ich doch immer, Konrad. Du kennst mich doch.«

»Gerade deshalb!«

Zehn Minuten später hatte Kula die Adresse und ein paar Infos über die Kerzenmacherin auf dem Handy. Ein Bauernhof im bayerischen Vogtland, wo sie mit ihrem Mann und zwei Kindern wohnte. Kula startete ihre Ninja und brauste durch das morgendliche und noch immer verschlafene Chemnitz.

Endlich auf der Autobahn, riss sie das Gas auf und schoss auf der A 72 zurück Richtung Westen. Hin und wieder gönnte sie sich einen Blick auf die im Frühdunst liegende Landschaft mit ihren weichen Waldkuppen und den Senken, in denen sich Nebel sammelte, und dachte an Urlaub. Doch kaum schob sich dabei Svenja ins Bild, sackte ihre Laune wieder in den Keller. Wir müssen reden, nahm sie sich vor, so schnell wie möglich.

Kurz vor Hof, am Dreieck Hochfranken, wechselte Kula auf die A 93 Richtung Regensburg. Laut Navi hatte sie noch knapp dreißig Kilometer bis Selb zu fahren. Von dort nach Silberbach war es ein Katzensprung, und Kula erreichte gegen zehn ihr

Ziel. Sie stellte das Motorrad etwa zweihundert Meter vor einer Gruppe von Gebäuden ab und sah sich um. Aus dem Unterholz roch es intensiv nach Bärlauch. Bis auf ein Wispern in den Baumkronen und das Gezwitscher der Vögel war alles ruhig. Das Haupthaus mit seinem tief in die Giebel gezogenen Krüppelwalmdach und den kleinen Fenstern erinnerte sie an das Bauernhaus im Nachbarort von Ehingen, wo sie aufgewachsen war. Sie musste an die vielen Kätzchen denken, die dort durch den Garten gehuscht waren und die sich anfangs vor ihr gefürchtet hatten. Sobald der alte Kater um die Ecken geschlichen kam, waren die Spatzen ins Efeu geflüchtet.

Kula wischte die Erinnerungen beiseite und ging auf das Haus zu. Direkt neben dem Eingang stapelten sich, nur von Wellblechplatten geschützt, mehrere Festmeter gespaltene Brennholzscheite. Ein rot gepunktetes Kinderrad mit Stützrädchen lehnte dagegen. Vorsichtig ging Kula weiter und spähte bei den Birkenstämmchen um die Ecke. Sie hatte richtig vermutet! Unter einem Vordach, das an einen Schuppen anschloss, parkte Hawelkas roter Mercedes. Der Schriftzug und die Kasperfigur waren trotz der Schatten, die die Bäume warfen, deutlich zu erkennen. Sie waren da.

Schräg dahinter und erst von hier aus zu sehen standen vor aneinandergereihten, stallartigen Nebengebäuden ein metallicbrauner BMW X5 mit dem Kennzeichen DD-AH 2004, dicht daneben ein schwarzer Nissan Pick-up, der sämtliche Klischees einer Rabaukenkarre erfüllte: Bullenfänger, sechs Halogenscheinwerfer auf dem Dach und Flammensymbole, welche die Beulen an der Karosserie mehr schlecht als recht verdeckten und die von den Vorderreifen bis zum Heck reichten. Darüber pappte ein Aufkleber in altdeutscher Schrift: »www.starkstromexperten.de«. Auch hier ein Nummernschild, das Kula Angst einflößte: C-SS 88. Wie passte das zusammen? Die Vorstellung, dass dieses im Grunde friedliche Mittelaltervölkchen mit Neonazis gemeinsame Sache machen könnte, wollte ihr nicht in den Sinn. Sicher ist sicher, dachte sie, ging zurück zu ihrem Motorrad und öffnete ihr Helmfach. Sie entriegelte dort einen Deckel und holte das Holster samt ihrer

Waffe hervor. Sie schlüpfte in den Gurt und zog den Zipp ihrer Jacke nach oben. Während sie langsam auf das Bauernhaus zuging, raschelte es im Gebüsch. Noch bevor sie nachsehen konnte, was das Geräusch verursacht hatte, spürte sie einen metallischen Gegenstand im Nacken.

Eine Stimme sagte: »Bleib genau so, wie du bist. Her mit der Knarre! Und keine Zicken.«

Kula hörte, wie hinter ihr ein Hahn gespannt wurde, und spürte, wie sich der Lauf einer Waffe stärker gegen ihren Hals drückte. Sie öffnete den Reißverschluss in Zeitlupe und griff behutsam in die Jacke. Dabei checkte sie ihre Möglichkeiten.

Waffe ziehen und blitzartig nach hinten drehen? Dabei seitlich wegducken und wenn nötig schießen?

Oder einfach reden, so wie es in der Ausbildung immer wieder gepredigt wurde? Den Angreifer zulabern, bis der aufgibt oder bis er die Situation nicht mehr unter Kontrolle hat, dann überwältigen.

Sie suchte einen sicheren Stand, spannte die Muskeln und atmete tief nach innen.

»Vergiss es! Das überlebst du nicht. Eine falsche Bewegung, und du bist tot! Selbst wenn du von den Bullen bist.«

»Wie kommen Sie denn auf so eine Idee?«

»Deine Knarre, wer sonst hat schon eine Walther P5.«

Scheiße! Der kennt sich aus. Kula fasste ihre Waffe mit Daumen und Zeigefinger am Griff und streckte den Arm nach rechts zur Seite. »Hören Sie, ich bin privat hier, um Freunde zu –«

»Du redest nur, wenn du gefragt wirst, ist das klar? Ansonsten Klappe halten!« Der Fremde drehte ihr die Waffe aus der Hand und blies ihr dabei seinen Atem in den Nacken. Im nächsten Moment spürte Kula einen Schlag an der Schläfe. Während sie zu Boden sackte, wurde ihr schwarz vor Augen.

ACHTZEHN

Obwohl noch nicht einmal Mittag, war es heiß wie im Hochsommer. Unten steuerte das Mittelalterfest seinem Höhepunkt und Abschluss entgegen. Noch sieben Stunden, dann war Schluss für dieses Jahr. Endlich! Bitterle tigerte zwischen Fenster und Schreibtisch hin und her, zerrte am Kragen und fuhr mit dem Handrücken über die Stirn. Immer wieder sah er nach unten. Horden von Dudelsackspielern kämpften mit Trommlern um die Wette. Wer ist der Lauteste? Wer hat mehr Luft, und wessen Hände halten länger durch? Mägde ließen ihre Röcke kreisen, und deren Kavaliere gingen vor ihnen in die Knie und filmten. Stelzenläufer neigten sich zu Boden und steckten Kindern Gummibärchen in die Münder. Im Gastrobereich drängten sich die Besucher um Feuerpeitschen, gekümmelte Fladenbrote und halbgare Grillhaxen. Der Met wurde knapp, und die Durstigen mussten sich mit nur mäßig kaltem, heimischem Flaschenbier begnügen.

Alle paar Minuten zog Bitterle sein Handy hervor und starrte aufs Display. Warum ruft Kula nicht an?, fragte er sich. Warum kommt keine SMS? Sie hatten ausgemacht, dass sie sich spätestens nach zwei Stunden melden würde. Zwar fehlten bis dahin noch zwanzig Minuten, aber trotzdem. Was, wenn ihr etwas passiert war? Womöglich hatte sie eine Panne oder einen Unfall. Er war kurz davor, die bayerische Bereitschaftspolizei zu informieren und eine Suchmeldung nach seiner Kollegin aufzugeben. Er hielt inne, denn ihm kam eine andere Idee. Fieberhaft wischte er durch sein Verzeichnis auf der Suche nach Groners Nummer. Wenn sein Freund von der Neu-Ulmer Kripo in Hof oder sonst wo in der Gegend Dampf machte, ginge das mit Sicherheit schneller, als wenn er als Württemberger Schwabe sich dort erst legitimieren musste. Nach dem zweiten Läuten meldete sich Reinhold Groner.

Nachdem Bitterle ihm die Sachlage erklärt hatte, sagte dieser nur: »Kein Thema. Ich sage den Kollegen in Hof Bescheid, sie sollen sich der Sache in Selb annehmen.«

***

»Ey, Tom, sach ma, was mach mer denn nu mit der Bullenzecke?«

»Keine Namen, du Idiot!«

»Ich frag ja bloß. Also, wat is nu?«

Tom beugte sich über Kula, die wie ein Sack am Boden lag, fühlte ihren Puls und hob ein Augenlid. Er kratzte sich über die Kinnstoppeln und sagte: »Alles okay so weit, die pennt bloß. Ich frag mich, was die hier rumzuschnüffeln hat, ausgerechnet heute? Und vor allem, woher weiß die von unserem Treffen, noch dazu, wo die aus Ulm kommt.«

»Was is'n das?«

»*Wo* ist das, du Idiot. Ulm ist eine Stadt! Und jetzt beeil dich, kleb dem Weibsstück 's Maul zu und bind sie im Klo ans Wasserrohr.«

Der Kraftprotz rieb sich die Hände, und seine Augen begannen zu leuchten. »Klar doch, wird mir 'n Vergnügen sein. Für so was is Maik immer zu ham.«

»Ich warne dich!« Tom packte Maik am Hals und drückte so zu, dass der nach Luft japste. »Lass bloß die Finger von ihr, hörst du? Wir haben genug andere Probleme. Und danach lässt du ihre Karre verschwinden. Um die Tussi kümmere ich mich später selber. Ist das klar?«

»Is ja gut«, sagte Maik und trottete davon.

Tom zog sein Smartphone hervor, ging nach draußen und lief, während er leise redete, die Stallmauer mit den schmalen Oberlichtern entlang.

Maik kam mit Klebeband und einem Bund Kabelbinder zurück. Er beugte sich über Kula und betrachtete sie. Er fuhr mit der Zunge über seine Lippen, rieb sich den Nacken und sah zum Stalltor. Von Tom war nichts zu sehen und nichts zu hören. Maik kniete sich nieder, legte Klebeband und Kabelbinder beiseite, fasste Kula an der Schulter und rüttelte sie hin und her. Ihr leises

Stöhnen schien ihn anzufeuern. Er strich ihr von der Wange über den Hals und tiefer. Als er ihren Körper spürte, grub er seine Finger in die Brust.

Kulas Knie traf ihn wie ein Blitz. Sie hatte genau zwischen Maiks Beine gezielt. Während er mit weit aufgerissenen Augen nach Luft schnappte und an sein Gemächt griff, sprang Kula in einem Satz auf und legte nach. Ihre Ferse landete mitten auf seiner Kinnspitze. Wie ein gefällter Baum kippte sein Körper zur Seite und landete mit einem dumpfen Schlag auf dem Lehmboden. Wenige Handgriffe genügten Kula, um den Koloss kampfunfähig zu machen, schließlich hatte sie Kabelbinder und Klebeband in greifbarer Nähe.

Kula schmunzelte, als sie ihr Opfer so hilflos daliegen sah, und überlegte, wie sie wieder an ihre Waffe, vor allem aber an ihr Handy kommen sollte, denn so, wie sie Bitterle kannte, war der inzwischen bestimmt kurz davor, Amok zu laufen und womöglich das SEK zu alarmieren.

Tom kam wieder näher und redete aufgeregt, er klang nervös, beinahe panisch. »Verlass dich drauf, es wird keine Spuren geben. – Nein, wir können sie nicht laufen lassen, denk an die Schulung.«

Kula hörte, wie Tom Steinchen vor sich herkickte und immer wieder versuchte, seinen Standpunkt zu erklären, wobei er zunehmend wütender klang.

»Hör auf! Es sind nicht alle so blöd. Es reicht, wenn ein Einziger was mitkriegt. Ich erledige das auf meine Weise und basta. Danach fackeln wir die ganze Bude ab und machen uns aus dem Staub.«

Kulas Gaumen wurde trocken. Wieder wurde ihr klar, dass Tom ein anderes Kaliber war als Maik.

»Lass mich einfach machen! Schluss jetzt! Ich habe keine Zeit mehr.« Toms Schritte entfernten sich.

Kula überlegte, wo sein wunder Punkt sein könnte. Alles an ihm ließ auf eine militärische Ausbildung schließen. Wie er sich benahm, diese Zielstrebigkeit, dieser Befehlston. Sie hatte nur eine Chance: Sie musste seine Schwachstelle finden und ihn dort treffen, ihn mit seinen eigenen Waffen schlagen. Sie fand nur eine Möglichkeit: Befehlsverweigerung!

Viel Zeit blieb ihr nicht. Bald würde Tom kommen, nachsehen und Maik zur Rede stellen. Der lag noch immer leblos am Boden, er atmete – zwar flach, aber er atmete und stöhnte zwischendurch. Sie rieb die Hände an den Jeans trocken, fasste an die schmerzende Stelle am Kopf und befingerte die Beule. Nur ein paar Krümel geronnenes Blut hafteten an den Fingern, sie streifte sie ebenfalls an der Jeans ab und inspizierte den Raum. Die Wände und Ecken waren mit Gerümpel zugestellt. Holzleitern mit fehlenden Sprossen, Traktorreifen und Getriebeteile, morsche Bretter mit rostigen Scharnieren und jede Menge leere Rupfensäcke. Neben einer halbhohen Tür mit Schließriegel lehnten alte Gartengeräte, Spaten, Hacken, Rechen und eine Heugabel mit drei Zinken. Kula zog die Jeans aus und stopfte Lumpen und Stroh in die Beine. Dann schlüpfte sie aus den Schuhen und legte sie dazu.

Maik bewegte sich immer noch nicht. Kula brauchte all ihre Kraft, um den Kerl in die Mitte zu zerren. Sie wuchtete ihn über ihre Jeans und die zusammengerollten Säcke und schob seine Arme darunter. Es sah glaubhaft aus. Sie griff sich die Kabelbinder und band seine Hände unter den Säcken zusammen. Sie winkelte die Hosenbeine an, legte die Schuhe mit den Spitzen nach außen gedreht ans Ende und wartete in einer Ecke.

Endlich hörte Kula Schritte im Kies. Tom kam zurück! Kula musste Geräusche von sich geben, es musste klingen, als wäre sie geknebelt. »Hmmm, mmmaahh, uuii, uuii, hmm-mm!«

Mit einem Knall schlug das Stalltor gegen die Wand. Tom stürmte in den Raum, beugte sich über Maik und begann, ihn zu schütteln. »Hey, du verdammter Wichser, hast du nicht gehört, was ich gesagt habe? Du solltest doch deine Griffel von dieser Griechenschlampe lassen.«

»Wie nennst du mich?« Kula trat aus dem Schatten und drückte Tom die Mittelzinke der Heugabel an den Nacken. »Und jetzt bleibst du genau so, wie du bist. Eine Bewegung, und du siehst die Zinken vorne am Hals. Hände ganz langsam nach oben.«

Toms Rücken straffte sich, und er begann, sich gemächlich aufzurichten. Kula verfolgte jede seiner Bewegungen. Als er im Begriff war, sich umzudrehen, rammte sie ihm die Heugabel tiefer ins Fleisch.

Tom stöhnte nur kurz auf, dann knurrte er: »Nimm das verdammte Ding weg und lass uns reden, hörst du. Ich tu dir nichts. Versprochen!«

»Für wie blöd hältst du mich? Und jetzt nimm endlich deine Pfoten nach oben. Sofort!«

Tom rührte sich nicht.

Kula verstärkte den Druck. Tom beugte sich nach vorne.

»Du sollst so bleiben, wie du bist. Wann kapierst du das endlich?«

Tom schwieg.

»Ob du das kapiert hast?«

Tom schwieg weiter. Seine Wut war spürbar und füllte den gesamten Stall aus.

Kula erhöhte den Druck. Erste Blutstropfen rannen Toms Hals entlang.

»Ja, verdammt noch mal, ich hab's kapiert. Was wird das jetzt? Was hast du vor?«

»Ich hab gar nichts vor, das soll die Polizei erledigen.«

»Polizei?«, fragte Tom und drehte den Kopf ein Stück nach hinten.

Kula drückte noch tiefer.

Tom stöhnte auf. »Ist ja gut, verdammt noch mal. Was willst du?«

»Als Erstes will ich deine Waffe. Aber gaaanz vorsichtig. Ist das klar?«

»Okay, okay.« Tom griff in seine Jacke und zog die Pistole hervor. Ruckartig beugte er sich nach vorne und versuchte dabei, zur Seite auszuweichen. Doch bevor er die Waffe auch nur einen Millimeter in Kulas Richtung drehen konnte, rammte sie ihm die Heugabel in den Rücken. Ein Schrei, Tom zuckte zusammen und ließ die Waffe fallen. Kula kickte sie außer Reichweite und fauchte: »Schluss jetzt! Hände auf den Rücken, du Arschloch. Sofort!«

Tom lag seitlich auf Maik und stöhnte. Er streckte die Arme nach hinten. Als Kula die Kabelbinder festzurrte, schrie er vor Schmerzen auf.

Sie betrachtete die beiden. Maik war ein übergewichtiger Kraftprotz mit Glatze und martialischen, schlampig gestochenen Tätowierungen. Zudem war er ungepflegt. Seine Kleidung spannte und war länger nicht gewaschen worden.

Tom war das genaue Gegenteil. Mit seinem peniblen, dunkelblonden Kurzhaarschnitt und den strahlend blauen Augen weckte er Erinnerungen an den Hoffnungsträger einer liberalen Splitterpartei, der an jeder Ecke von einem gelben Plakat herunterlächelte. Zudem wäre bei Toms Figur jedes männliche Outdoormodel neidisch geworden.

Kula drehte ihn auf den Rücken, die Heugabel hielt sie nur wenige Zentimeter über sein Gesicht. »So! Und jetzt will ich mein Handy und meine Waffe wieder.«

»Sind im Wagen«, presste Tom durch die Zähne, »im BMW.«

»Schlüssel!«

»In der Jacke, linke Innentasche.«

Kula fischte den Schlüssel heraus, dabei bemerkte sie Toms Handy und nahm es an sich. »Ja, da schau her! Ich glaube, darüber wird sich der Staatsschutz sicher freuen.«

Tom presste die Lippen aufeinander und wurde noch eine Spur bleicher.

Kula wählte den Notruf, meldete Ort und Anzahl der Verletzten und legte auf. Dann hastete sie über den Hof und ging zum Haus der Kerzenmacherin. Erst jetzt nahm sie die Waldgeister, Traumfänger und getöpferten Gnome wahr, die rund um den Eingang verteilt an Kettchen und Bändeln hingen, und das Türschild »Hier wohnen Bille und Georg Daun«. An einer Glocke baumelte ein Quast. Kula zog daran, es bimmelte. Nur Augenblicke später wurde die Tür geöffnet, und ein Mann Anfang dreißig mit Rastazöpfen, Wollhosen und ausgeleiertem Batik-Sweatshirt stand vor ihr und musterte sie skeptisch. Er hatte ein weinendes Mädchen auf der Hüfte. Ihre Nase lief, die Augen waren verheult und die Wangen gerötet.

Kula blieb auf der Türschwelle stehen und holte ihren Ausweis aus der Jacke. »Guten Tag, Herr Daun, Skoulatopulos mein Name, Kripo Ulm.«

Der Mann wirkte im ersten Moment ratlos, er schielte hinter sich in Richtung der Zimmer, dann sagte er hastig: »Bis von Ulm? Egal, Hauptsache, Sie sind jetzt da. Sie kommen bestimmt wegen der Nazis. Hätte nicht gedacht, dass sich da noch mal jemand drum kümmert!«

Kula zögerte. »Wie meinen Sie das?«

»Die haben sich vor einer Woche hier breitgemacht. Der Vermieter, dem das ganze Gelände gehört, hat nicht mit sich reden lassen. Er bräuchte das Geld, hat er gesagt, ihm wäre es egal, woher es kommt. Aber wir haben mit denen nichts zu tun. Die haben uns sogar bedroht, haben gesagt, solange wir sie in Ruhe lassen und uns um unseren eigenen Kram kümmern, passiert uns nichts. Falls nicht, sollten wir gut auf unsere Kinder aufpassen.«

»Ich verstehe«, sagte Kula. »Und ich verspreche Ihnen, dass sich jemand darum kümmern wird. Aber ich bin aus einem anderen Grund hier.«

»Aha?«

»Ich bin auf der Suche nach Herrn Hawelka und Gudrun und Pauline Jadewald.«

»Wie kommen Sie darauf, dass die hier sind?«

»Ich bitte Sie!« Kula wies mit dem Daumen zu den Birken. »Aus Chemnitz sind sie Hals über Kopf getürmt, und dort hinten steht Hawelkas Wagen.«

Obwohl das Mädchen nicht aufhörte zu weinen und zudem begonnen hatte, unwillig zu strampeln, machte Herr Daun immer noch keine Anstalten, die Tür freizugeben, sondern sagte schnippisch: »Und selbst wenn sie hier wären – was wollen Sie von ihnen?«

Kula wurde ungeduldig. »Hören Sie, es eilt! Über kurz oder lang wimmelt es hier von Polizei. Wollen Sie da mit reingezogen werden?«

Daun hob die Augenbrauen und schob das Kinn vor. »Äh, wo soll ich mit reingezogen werden?«

»Bitte machen Sie es nicht noch komplizierter, als es eh schon ist! Es hat einen Zwischenfall auf dem Mittelalterfest in Wiblingen bei Ulm gegeben. Deswegen bin ich hier und möchte Herrn Hawelka und Frau Jadewald ein paar Fragen stellen.«

Von drinnen war eine Stimme mit leicht tschechischem Akzent zu hören, die deutlich rief: »Lass gut sein, Georg.«

»Bist du dir sicher?«

»Ja. Pauline meint, du solltest dich um deine Kleine kümmern. Die Polizistin soll reinkommen, wir regeln das.«

Georg trat zur Seite und wies eine Diele entlang und in ein Zimmer. Kula tat einen Schritt nach innen. Kuchenduft schlug ihr entgegen, als ein junger Mann auf sie zukam. Einen Puppenspieler hatte sie sich anders vorgestellt. Daniel Hawelka war ein schlanker, athletisch gebauter Mann mit modischem Kurzhaarschnitt und eindringlich leuchtend blauen Augen. »Bitte kommen Sie mit«, sagte er und ging voraus in einen gemütlich eingerichteten Wohnraum. An den Wänden reihten sich Regale mit Büchern, Keramik und Playmobilfiguren. Neben einem Kachelofen stapelte sich Holz. Auf der einzig freien Fläche daneben hing ein Poster von Bob Marley. Darunter stand ein Bauerntisch mit gedrechselten Beinen. An dem saßen zwei Frauen. Kula erkannte Gudrun Jadewald, die andere musste Pauline sein. Sie blickten hoch und wirkten völlig erschöpft, als Kula direkt vor ihnen stand.

»Guten Abend, Frau Jadewald, hallo, Pauline«, sagte Kula. »Ich freue mich, dass ich Sie endlich gefunden habe. In Chemnitz sind Sie mir ja entwischt.« Sie wandte sich an Hawelka. »Hat Uhlig Sie informiert, dass ich auf dem Weg zu Ihnen bin?«, fragte Kula schließlich, an Hawelka gewandt, der sich neben ein geöffnetes Fenster gestellt hatte.

Er nickte zaghaft.

»Versteh ich nicht! Er hat mir doch Ihre Adresse selbst gegeben.«

»Ja, hat er mir gesagt und dann gefragt, ob das denn in Ordnung gewesen wäre. Er hat gemeint, er hätte ein schlechtes Gewissen bekommen, nachdem Sie weg waren.«

»Und dann sind Sie getürmt.«

Hawelka schielte für einen Augenblick zum Fenster.

»Nach Ihnen wird inzwischen bundesweit gefahndet. Ist Ihnen klar, was das bedeutet?«

Hawelka setzte zu einer Entgegnung an, doch Pauline, die sich erhoben hatte und nun neben ihm stand, strich seinen Arm entlang. »Lass gut sein, Daniel!«, sagte sie. Er blickte in ihre feuchten Augen, legte die Hand auf ihre und seufzte.

Frau Jadewald hingegen hielt Kulas Blick stand, wobei sich Kula fragte, ob sie sich der Tragweite ihrer Worte überhaupt bewusst war. »Haben Sie mich verstanden, Frau Jadewald? Sie müssen mit mir kommen. Sie werden polizeilich gesucht!«

»Wollen Sie die drei etwa verhaften?« Georg klang beinahe panisch. Er stand in der Tür, das Mädchen hatte inzwischen aufgehört zu weinen und brabbelte vor sich hin.

Kula überlegte, wie viel und vor allem was sie Daun sagen sollte. »Noch geht es nur darum, dass die drei schnellstmöglich als Zeugen vernommen werden können, und zwar in Ulm, vor Ort.«

»Das müssen Sie mir schon genauer erklären«, sagte Daun. »Die Jadewalds sind immerhin meine Gäste.«

»Ich muss überhaupt nichts erklären, glauben Sie mir einfach. Es ist wirklich besser, wenn Ihre Gäste von hier verschwinden.«

»Was ist denn überhaupt passiert?«, fragte Pauline.

»Ihr Adoptivvater ist tot, er wurde ermordet. Aber das wissen Sie doch eigentlich schon, nicht wahr, Pauline?«

Paulines Blick wanderte zwischen ihrem Freund und ihrer Mutter hin und her. Doch als diese keine Reaktion zeigten, sagte sie schließlich: »Ich denke, wir sollten der Polizistin vertrauen. Lasst uns mit ihr gehen, ich will nicht mehr weglaufen.«

Kula atmete tief durch. »Das wäre also so weit geklärt. Also, kommen Sie bitte mit nach Ulm.«

»Warum nach Ulm?«, fragte Hawelka.

»Warum? Sie können fragen! Wir sind mit der Angelegenheit vertraut. Bis ein länderübergreifendes Gesuch zwischen Bayern und Baden-Württemberg in die Wege geleitet wird, können Tage vergehen. Das gibt jedes Mal ein heilloses Kompetenzdurcheinander. Und außerdem«, fuhr sie mit Blick auf Pauline deutlich sanfter fort, »ist es besser, wenn wir den Fall zu Ende bringen, und ich will Ihnen helfen!«

»In Ordnung, wir kommen mit Ihnen«, sagte Pauline.

»Gut. Nun zu Ihnen.« Kula wandte sich an Georg Daun. Er wiegte sein Kind auf dem Arm, das im Begriff war, einzuschlafen. Aus dem zuvor ruppigen Mann war ein liebevoller Vater geworden.

»Wie kommen wir so schnell wie möglich zur Autobahn? Aber nicht Richtung Selb, sondern auf Schleichwegen. Sonst werden wir eventuell aufgehalten, und ich möchte mir lange Erklärungen ersparen, warum ich mit den dreien unterwegs bin und sie nicht aufs nächstbeste Revier verfrachtet habe.«

Pauline sah Georg so lange bittend an, bis dieser nachgab.

»Hm, wahrscheinlich haben Sie recht! Ich denke, das Beste wäre, von hier aus weiter den Feldweg an der Eger entlang bis nach Neuhaus. Da im Ort vor der Kirche rechts und weiter nach Birkenbühl. Ist zwar bloß für landwirtschaftlichen Verkehr frei, aber am Sonntag früh hat's da eh keinen. Der Weg führt auf eine Straße, da müsst ihr rechts Richtung Thierstein. Danach kommt ein Autobahnanschluss.«

Kula war froh über Georgs Stimmungswechsel und seine Hilfsbereitschaft. Vielleicht hatte auch er nun die Sachlage begriffen und erkannt, dass die Zeit drängte. »Los jetzt«, sagte sie.

Hawelka biss sich die Lippen. Pauline fasste nun auch seinen Arm und rüttelte ihn. »Mensch, mach schon. Oder hast du eine bessere Idee? Denk dran, was sie gesagt hat! Wir werden gesucht. Lass uns fahren.«

Hawelka gab nach.

»Ich fahre voraus«, sagte Kula, »und Sie folgen mir. Aber versuchen Sie nicht, abzuhauen.«

Von Weitem waren Sirenen zu hören, die näher kamen.

»Beeilung!« Und zu Georg: »Wenn die hiesige Polizei kommt und Fragen stellt, schicken Sie sie einfach nach hinten zu den Baracken, ebenso den Notarzt. Dort liegen zwei Verletzte, einer davon möglicherweise schwer. Und kein Wort über uns. Haben Sie das verstanden?«

»Habe ich.« Georg blickte ihnen nach, während er sein Mädchen weiter auf dem Arm hielt, das inzwischen, trotz des Trubels, fest schlief.

NEUNZEHN

Bitterle blätterte in den Notizen und ging die wichtigsten Stichpunkte durch, die er sich für die auf elf Uhr anberaumte Pressekonferenz gemacht hatte – es war wenig genug –, und hoffte, diese lästige Prozedur schnellstmöglich hinter sich zu bringen und den Fall vorerst beiseitelegen zu können. Sobald Kula aus Chemnitz zurück war, würde er den Deckel schließen – zumindest für heute – und sich den paar verbliebenen Stunden des Wochenendes zuwenden. Vielleicht schaffte er es sogar noch einmal in die Gronne, um nach dem entwischten Karpfen zu sehen.

Zum Glück hatte Iris Mützenrieder den Hausmeister trotz des Sonntags dazu bewegen können, den Bibliothekssaal entsprechend herzurichten und für ausreichend Sitzgelegenheiten und Erfrischungen zu sorgen, denn Bitterle befürchtete einen außergewöhnlich großen Andrang.

Mit einem Knall flog die Tür auf, und Kriminalrat Dr. Hinrich Sprekel stürmte ins Zimmer. Er machte erst vor Bitterles Schreibtisch halt und knallte ihm die Sonntagsausgabe einer Boulevardzeitung auf den Tisch. Die Schlagzeile nahm die komplette Hälfte der Titelseite ein: »Blutbad an Himmelfahrt. Darunter, kaum kleiner: »Chaos im Ulmer Stadtteil Wiblingen«. Von den Tätern fehlt jede Spur. Polizei und Sicherheitskräfte sind überfordert.«

Sprekels Finger stach auf das großformatige Bild! »Hier, das sind Sie! Ist das hier ein Narrenspiel oder was? Wieso haben Sie mich nicht informiert? Überhaupt, was haben Sie hier zu suchen in diesem ganzen Tohuwabohu? Wieso sind Sie nicht im Polizeirevier, wie es sich gehört? Sind Sie denn von allen guten Geistern verlassen? Das wird Folgen haben, verlassen Sie sich darauf!«

Sprekels Gattin steckte den Kopf durch den Türspalt. Bitterle konnte einen Blick auf ihr knielanges schnabelgelbes Kostüm und den hellgrünen Hut mit den aufgestickten Hufeisenmotiven erhaschen, als sie fröhlich verkündete: »Liebling, mach bitte nicht so lang. Wenn du fertig bist, weißt du ja, wo du mich findest. Ich sehe mir einstweilen die Pferde an.« Leise zog sie die Tür hinter sich zu und war verschwunden.

Sprekel war aus dem Konzept geraten, richtete seine Krawatte und blickte sich orientierungslos im Raum um.

Bitterle nutzte den Moment, um seinem Chef in die Parade zu fahren und ihn an seiner Eitelkeit zu packen. »Wie gut, dass Sie kommen konnten, Herr Doktor. Wir hatten schon befürchtet, Sie würden es nicht rechtzeitig schaffen. Aber deswegen hätten Sie doch Ihren Kurzurlaub in Baden-Baden nicht zu unterbrechen brauchen. War Ihnen das Glück wenigstens gewogen?«

»Was geht Sie das an?«, fauchte Sprekel. »Und überhaupt, was hatten Sie befürchtet? Was sollte ich nicht schaffen?«

»In fünf Minuten beginnt die Pressekonferenz. Ich bin froh, dass Sie nun da sind. Ihr Wort gilt doch mehr als meines«, sagte Bitterle und erhob sich.

»Das ist Nötigung! Ich werde Sie dafür suspendieren lassen!«

Bitterle zeigte zum Ausgang und sagte: »Später. Jetzt wartet die Presse. Bitte nach Ihnen, Herr Kriminalrat.«

Als sie den Bibliothekssaal betraten und sich zahlreiche Köpfe nach ihnen umdrehten, wirkte Sprekel vollends verwirrt. Der Hausmeister, der noch dabei war, die Tonanlage zu prüfen, und auf die Mikrofone klopfte, verabschiedete sich, indem er gegen die Schläfe tippte, und räumte das Feld. Noch während Sprekel seine Kompetenz mit »Eins, zwo, Test, Test« unter Beweis stellte, prasselten die Fragen der anwesenden Reporter und Journalisten auf sie ein. Bitterle hob den Arm und bat darum, sich erst einmal vorstellen zu dürfen.

Die Radiotante mit dem Wuschelmikro vom Vortag winkte ab. »Sie sind uns hinreichend bekannt, Herr Bitterle, ebenso der Gentleman neben Ihnen«, was zu launigen Kommentaren in den Reihen führte. Dann plapperte sie weiter darauflos: »Wir kennen Sie! Es wird behauptet, dass es sich sowohl beim Opfer als auch bei den Tätern um Teufelsanbeter handelt. Was sagen Sie dazu?«

»Das ist absoluter Blödsinn«, schmetterte Bitterle sie ab, während Sprekel den Sitz seines Krawattenknotens prüfte. »Nächste Frage.« Dabei wies er auf einen jungen Mann mit Spiralblock und Bleistift, der einen Sticker mit dem »SÜDWEST PRESSE«-Logo ans Hemd geheftet hatte.

»Stimmt es, dass der Trommler von Cantus Ferrum, unseres Wissens ein Gold- und Waffenschmied, immer noch in Lebensgefahr schwebt, und zweitens, was hat dies mit dem Tod Nils Jadewalds zu tun?«

Sprekel sah Bitterle an und machte eine auffordernde Handbewegung, was zu Geflüster unter den Fragestellern führte.

»Über die Beziehung zwischen Wölfle und Jadewald können wir aus ermittlungstaktischen Vorbehalten zum gegenwärtigen Zeitpunkt keine Angaben machen«, sagte Bitterle. »Wir bitten um Verständnis. Und über den Gesundheitszustand Wölfles öffentlich zu spekulieren wäre verfrüht und der Sache nicht dienlich. Aber seien Sie versichert, die Ärzte tun alles in ihrer Macht Stehende, um zur baldigen Genesung ihres Patienten beizutragen. Er ist in guten Händen. Nächste Frage!«

»Warum haben wir so spät von diesem Vorfall erfahren? Ist es nicht üblich, dass –«

Sprekel nahm seinen Blick von der gegenüberliegenden Wand mit den Buchreihen und schaltete sich ein: »*First things first!* In erster Linie musste für die Sicherheit der Besucher und für einen reibungslosen Ablauf des Pferderennens gesorgt werden.« Während Sprekels Antwort im Plenum für Heiterkeit sorgte und getuschelt wurde, der Kriminalrat wäre wohl nicht ganz bei der Sache, warf er einen kalten Blick in Richtung Bitterle, der inzwischen die Gelassenheit in Person war und per Fingerzeig um weitere Fragen bat.

»Es wird behauptet, dass beim Tod Jadewalds illegale Drogen im Spiel waren. Eventuell sogar giftige Substanzen.«

»Das ist völlig aus der Luft gegriffen! Woher haben Sie diesen Unsinn?«, rüffelte Bitterle den Fragesteller, dachte aber gleichzeitig: Pass auf, jetzt könnte es eng werden.

Eine Journalistin erhob sich, zupfte die Bluse zurecht und

richtete ihr Augenmerk auf Sprekel. »Was ist mit den Tätern? Haben Sie schon eine Spur? Wann kann mit Verhaftungen gerechnet werden?«

Sprekel wandte sich wieder an Bitterle, sie flüsterten hinter seiner vorgehaltenen Hand, anschließend wedelte Sprekel mit den Fingern: »Machen Sie sich keine Sorgen, meine verehrten Damen und Herren. Wir haben mehrere Verdächtige gefasst, sie sind bereits in polizeilichem Gewahrsam.« Sprekel legte die Fingerspitzen gegeneinander, blickte in die Runde und war im Begriff, aufzustehen, denn er hatte seine Gemahlin entdeckt, die an der Bibliothekspforte stand und ungeduldige Handzeichen gab.

»Einen Moment bitte noch, Herr Kriminalrat, wenn's recht ist.« Eine Schulterkamera schwenkte in Sprekels Richtung, und ein Tontechniker hielt ihm ein Galgenmikro entgegen. »Wie können Sie die Sicherheit der anwesenden Besucher gewährleisten? Immerhin ist dies eine öffentliche Veranstaltung mit Besuchern aus dem In- und Ausland, und die Bevölkerung hat ein Recht darauf, dieses Festival genießen zu können, ohne in der Angst vor eventuellen weiteren Anschlägen leben zu müssen.«

»Da kann ich Sie beruhigen, meine sehr verehrten Damen und Herren. Wie gesagt, das Fest ist sicher, und wir haben die Lage vollständig im Griff.«

Während Sprekel weiter über die Kompetenz der Ulmer Polizei schwadronierte und deren Einsatzfreude lobte, gönnte sich Bitterle einen Moment der Ruhe, sah nach oben und betrachtete die Deckenmalereien des barocken Bibliothekssaals. Er erinnerte sich an den Prospekt, den ihm Frau Mützenrieder während einer Kaffeepause untergeschoben hatte und den er achtlos in der Innentasche seinen Sakkos verstaut hatte. Er zog ihn heraus und las darin, wobei er ihn unter der Tischkante auseinanderfaltete.

Der Bibliothekssaal von Kloster Wiblingen ist ein Meisterwerk des Rokoko. Die schwingende Raumform, der reiche Figurenschmuck und als Krönung das großartige Decken-

fresko – alles verbindet sich zu einem überwältigenden Eindruck, dem Höhepunkt eines jeden Besuchs in Wiblingen. Maler Franz Martin Kuen schuf 1744 das beeindruckende Deckenfresko. Grundlage dafür war ein ausgeklügeltes, gelehrtes Bilderprogramm: Heidnische und christliche Quellen abendländischen Wissens und klösterlicher Gelehrsamkeit werden den Betrachtern vor Augen geführt. Im Mittelpunkt des Gemäldes steht eine von Engeln umgebene Frauengestalt: die göttliche Weisheit, die über allem herrscht. Die Skulpturen von Dominikus Hermenegild Herberger und Bilderzyklen unterhalb der Galerie ergänzen das große Deckenbild.

Bitterle blickte für einen Moment in Richtung der Journalisten, die an Sprekels Lippen hingen.

»… mit Gewissheit innerhalb weniger Stunden aufgeklärt sein wird. Daher können wir davon ausgehen, dass …«

Das übliche Geschwätz. Bitterle hatte den Faden verloren und las den letzten Abschnitt.

In der Blütezeit umfasste die Bibliothek etwa fünfzehntausend Bände. Das ist mehr, als manche zeitgenössische Universitätsbibliothek besaß. Ungewöhnlich, aber nicht unüblich war es, dass in Wiblingen alle Buchrücken weiß angestrichen oder mit hellem Papier beklebt waren. Damit sollten sich die Bücher optisch in die Raumgestaltung einfügen. Zugleich sparte das Kloster die Kosten für teure Einbände in hellem Schweinsleder. Nach der Säkularisation wurde der reiche Buchbestand in verschiedenen Bibliotheken verstreut.

»Bitte bewahren Sie Ruhe, meine sehr verehrten Damen und Herren. Ich bin mir sicher, unser Kriminalhauptkommissar Konrad Bitterle wird Sie über die laufenden Ermittlungen und deren Ergebnisse rechtzeitig informieren.«

Bitterle schrak hoch und erntete den vorwurfsvollen Blick

seines Vorgesetzten, der sich wortlos erhob und hinter der Reporterschar zu seiner immer noch wartenden Gattin eilte.

***

Nachdem die Aufnahme der Personalien von Daniel Hawelka, Gudrun und Pauline Jadewald beendet und das Prozedere der erkennungsdienstlichen Daten abgeschlossen war, konnten die Befragungen beginnen. Kula hatte beschlossen, zuerst Pauline zu befragen.

Der Vernehmungsraum in Söflingen war stickig. Pauline saß mit hängenden Schultern am Tisch, starrte auf die Kante und hatte die Hände zwischen die Knie geschoben. Sie wirkte noch verletzlicher als am Morgen in Selb und glich einem aus dem Nest gefallenen Vogel. Nachdem Kula sie über ihre Rechte aufgeklärt hatte und Pauline keinen Anwalt wollte, stand Kula auf und öffnete das Fenster. Ein breiter Sonnenstrahl leuchtete in die Ecke neben der Spiegelglasscheibe, und Vogelgezwitscher mischte sich mit dem Dauerrauschen der Blaubeurer Straße, das selbst an Sonntagen nicht verstummte.

Bevor Kula das Aufnahmegerät einschaltete, entschied sie sich dafür, Pauline zu duzen, denn sie war sich sicher, diese vertrauliche Ansprache würde mehr Nähe schaffen. »Also, Pauline, was genau ist in der Nacht vom letzten Donnerstag zum Freitag passiert?«

Pauline sah hoch und zuckte leicht mit den Schultern, in ihren Augen glänzten Tränen. »Wo soll ich denn anfangen?«

»Am besten, du erzählst mir einfach alles, was du über den Tod deines Vaters weißt.«

»Das war nicht mein Vater!«

»Stimmt, das habe ich falsch formuliert. Nils Jadewald war dein Adoptivvater, und Gudrun ist deine Tante. Richtig?«

Pauline nickte.

»Könntest du bitte mit Ja oder Nein antworten?« Kula lächelte Pauline an. »Das Tonband hat leider keine Augen.«

Pauline schielte in Richtung des Aufnahmegerätes und sagte: »Ja, das ist richtig.«

»Warst du bei der Tat anwesend? Deine Tante hat bisher nichts zur Tat ausgesagt. Ich muss dich deshalb darauf aufmerksam machen, dass du sie eventuell belasten würdest.«

»Ja, ich war dabei.«

»Wer war noch dabei?«

»Daniel.« Ein Ruck ging durch Pauline, sie setzte sich aufrecht und begann zu erzählen. »Ich wollte mich von meiner Tante verabschieden. Eigentlich hatte ich vor, nach diesem Himmelfahrtswochenende die Familie und die Gruppe Cantus Ferrum zu verlassen. Daniel und ich wollten nach Chemnitz ziehen, um gemeinsam ein Puppentheater in der ehemaligen Markthalle zu eröffnen. Daniel hatte vor, alle alten Märchen in die heutige Zeit zu übertragen. Sein ›Hans im Glück‹ war gleich von Anfang an ein Mordserfolg, das hat die Premiere auf dem Klosterhof gezeigt. Die Kinder waren begeistert. Das Theater in Chemnitz hätten wir an ein paar Nachmittagen nutzen können.«

»Wer wusste davon?«

»Bis dahin nur Gudrun und natürlich Daniel.«

»Und euer Baby?«

Pauline schrak hoch. »Baby? Woher wissen Sie davon?«

»Uhlig, der Holzschnitzer, hat mir davon erzählt und auch, wie sehr sich Daniel darauf freuen würde. Was ist los? Warum weinst du?«, fragte sie sanft.

»Es gibt kein Baby«, flüsterte Pauline, »ich habe es verloren.«

»Wann?«

»Vor zwei Wochen.«

Kula wurde flau im Magen. »Wie weit warst du denn?«

»Im dritten Monat.«

Kula reichte ihr eine Packung Papiertaschentücher und fragte, ob sie eine Pause machen wolle.

Pauline tupfte über die Augen und schnäuzte sich. »Danke. Geht schon wieder.« Pauline sah zum Fenster, dort raschelten Lindenblätter im Wind. Sie wirkte nachdenklich, dann fing sie sich und sah Kula direkt in die Augen. »Als Nils von der Schwangerschaft erfahren hatte – er muss uns belauscht haben, als ich mit meiner Tante darüber gesprochen habe –, wurde er fuchsteufelswild. Was mir einfiele, ob mir klar wäre, was das für die Band und deren gesamte Karriere bedeuten würde, und so weiter. Dann hat er mich am Arm gepackt, mir erst ins Gesicht geschlagen und mich dann quer durchs Zimmer geschleudert. Ich bin gestolpert und habe mir den Bauch an der Tischkante gestoßen. Dann kam ein Wahnsinnsschmerz. Meine Tante hat nicht viel gesagt, hat mich geschnappt und ins Krankenhaus gefahren. Etwa eine Stunde später setzten Blutungen ein.« Paulines Blick war eiskalt geworden. »Und das war's dann!«

»Das tut mir sehr leid, Pauline. Wie hat Daniel denn reagiert?«

Pauline atmete tief ein. »Ich hab's ihm erst am Mittwoch gesagt. Ich habe mich einfach nicht getraut, ihm alles zu erzählen, ist doch scheiße am Telefon. Oh Mann, dabei hat er sich so auf unser Kind gefreut.«

»Wie hat er es aufgenommen?«

»Wie wohl? Er war stinkwütend und wollte meinen Adoptivvater zur Rede stellen. Aber meine Tante hat ihn davon abgehalten. ›Das bringt nichts‹, hat sie gesagt, und sie würde das anderweitig regeln. Er solle sie einfach machen lassen. Danach haben wir beschlossen, sofort von hier zu verschwinden und nach Chemnitz zu fahren. Ich wollte nach dem Konzert in Wölfles Zelt reinschauen, um noch Tschüss zu sagen, aber als wir vorbeigekommen sind, war dort ein solches Remmidemmi, richtig gestritten haben die.«

»Wer hat dort gestritten?«

»Guido und Nils.«

»Hast du mitbekommen, worum es dabei ging?«

Pauline sah unglücklich auf ihre Hände. »Keine Ahnung.«

»Gut. Und dann?«

»Dann haben wir den Puppenstand zerlegt und alles in Daniels Auto gepackt. Wir sind dann zurück zum Zelt, aber da war inzwischen Ruhe. Es herrschte Chaos, alle waren gegangen, und Guido schlief. Ich wollte mich unbedingt noch von meiner Tante verabschieden, sie war aber nicht auf ihrem Zimmer, darum haben wir sie gesucht. Auf dem Gelände sind wir Lotorius begegnet, der hat gemeint, vielleicht wäre sie im Drachenzuber. Ja, und dort war sie auch, zusammen mit ihrem Mann, der schon im Wasser gelegen hat. Und dann ist etwas ganz Merkwürdiges passiert. Sagte der doch plötzlich: ›So, und jetzt habe ich Lust auf die Pauline. Schaff sie mir her. Sofort!‹« Pauline sah wieder vom Tisch auf. Diesmal war ihr Blick müde, und sie sah verletzt aus.

Na, was da wohl alles hochgekommen ist, fragte sich Kula. »Weißt du was?«, sagte sie. »Ich denke, es ist das Beste, wir machen hier eine Pause. Ruh dich aus. Ich bin bald zurück und lass dir was zu trinken bringen. Was möchtest du denn?«

»Vielleicht eine Cola.«

»Kommt sofort«, sagte Kula und verließ den Raum.

***

Nebenan war Bitterle dabei, Daniel Hawelka zu vernehmen. Kula beobachtete die beiden durch die Scheibe und schaltete den Außenlautsprecher an.

»Gut, Sie sind also mit Pauline Jadewald am Drachenzuber angekommen und haben Nils und Gudrun Jadewald dort angetroffen. Was geschah dann?«

Hawelka senkte das Kinn auf die Brust und begann stockend zu erzählen. »Pauline hat gedacht, sie findet dort ihre Tante, um sich zu verabschieden. Schon von Weitem war zu hören, wie Nils krakeelt hat. Wir sind dann leise weiter bis zum Zuber, und da habe ich mitgekriegt, wie dieser Scheißkerl nach Pauline verlangt hat. Sie solle ihm den Rücken schrubben und ihm im Bad gefällig sein, hat er gesagt. Wortwörtlich! ›Sie soll mir gefällig sein‹, hat er gesagt. Will er jetzt noch die eigene Nichte, seine Adoptivtochter ficken? Da bin ich ausgerastet. In der Ecke stand eine hölzerne Kelle, so eine Art Rührlöffel. Ich habe das Ding geschnappt und ihm eins über den Kopf gezogen.« Hawelka strich sich über die Stirn, sah kurz zum Fenster und zurück zu Bitterle. »Ist doch schon schlimm genug, was er ihr angetan hat. Und das, nachdem er für den Tod unseres Babys verantwortlich war.«

»Wieso das?«

»Na, halb totgeschlagen hat er sie, nachdem er von dem Kind erfahren hatte. Deshalb hat sie doch das Kind verloren.«

Bitterle machte sich ein paar Notizen. »Nun, das ist bislang Ihre Vermutung. Oder gibt es dafür Beweise?«

»Beweise? Keine Ahnung, ich habe ja selbst erst am Mittwoch davon erfahren. Bestimmt wissen die im Krankenhaus mehr. Aber da müssen Sie Paulines Tante fragen. Die war mit ihr dort. Ich weiß nur das, was Pauline mir erzählt hat.«

»Nun gut, gehen wir zunächst davon aus, dass dem so ist. Zurück zu Ihnen. Den Rührlöffel konnten wir sicherstellen. An ihm hat die Kriminaltechnik Blut- und Hautpartikel sowie ein paar von Jadewalds Haaren sichergestellt. Aber an diesem Schlag ist er nicht gestorben. Wenn es stimmt, was Sie sagen, haben Sie sich so weit nur wegen Körperverletzung zu verantworten. Also. Was geschah dann?«

Wieder blickte Hawelka aus dem Fenster, presste die Lippen aufeinander und schwieg.

Bitterle sah auf die Uhr. »Bitte, Herr Hawelka. Was geschah dann? Wir alle wollen doch diese Angelegenheit möglichst schnell hinter uns bringen. Selbstverständlich können Sie dazu schweigen, falls Sie sich selbst belasten sollten, aber das hilft weder uns noch Ihnen. Also, raus mit der Sprache: Haben Sie Nils Jadewald erstochen? Oder haben Sie das Messer Frau Jadewald gegeben und sie aufgefordert, ihren Mann zu töten? So wie Sie den Vorgang schildern, hatte sie ja allen Grund, ihren Mann zu hassen. Das wäre Anstiftung oder zumindest Beihilfe zum Mord.«

Hawelka reagierte schockiert. »Wie? Was sagen Sie da? Das ist doch Unsinn. Natürlich war ich wütend, aber ich wollte doch nicht, dass Jadewald stirbt, und schon gar nicht auf diese bestialische Art.«

»Also waren Sie Zeuge des Tathergangs.«

Hawelka schwieg. Nach einer gefühlten Ewigkeit schüttelte er kaum merklich den Kopf.

»Können Sie bitte mit Ja oder Nein antworten?«

»Nein, ich war nicht Zeuge.«

Der will Gudruns Arsch retten, dachte Kula, als sie Hawelkas Aussage mit anhörte. Sie war gespannt, wie das Verhör weiterlaufen würde.

»Was geschah dann? Herr Hawelka?«

»Pauline und ich sind gegangen. Sie hat gesagt, sie hätte Angst und dass wir besser verschwinden sollten. Sie hat mich nach draußen gezerrt, und wir sind losgefahren.«

Ein Mitarbeiter der Kriminaltechnik kam den Flur entlang, ging auf Kula zu und fragte nach Bitterle. Sie deutete auf die Tür neben der Spiegelscheibe. Der Mann klopfte und bat Bitterle nach draußen. Die beiden wechselten ein paar Worte, und Bitterle klopfte dem Kriminaltechniker auf die Schulter.

Zurück am Vernehmungstisch fuhr er fort: »Herr Hawelka, würden Sie bitte aufhören, mich für dumm verkaufen zu wollen.« Bitterle zog die Plastiktüte mit einem Messer hervor, nahm es heraus und legte es auf den Tisch. Langsam schob er es zu Hawelka hinüber. »Erkennen Sie das hier wieder?«

»Weiß ich nicht. Es gibt viele solcher Messer.«

Kula war baff. Nach dem, wie ihr Hawelka bislang beschrieben worden war und was sie über ihn wusste, hätte sie ihm diese Kaltschnäuzigkeit nicht zugetraut.

»Viele solcher Messer? Wohl kaum. Guido Wölfle war sicher ein sehr produktiver Schmied, aber besonders viele dieser Messer hat er nicht hergestellt. Woher ich weiß, dass er es gefertigt hat? Nun, sehen Sie, am Griffende befindet sich sein Logo.« Bitterle lehnte sich zurück und musterte sein Gegenüber. Als dieser sich nicht dazu äußerte, beugte er sich wieder vor und sagte leise: »Kann es sein, dass Guido Wölfle dieses Messer extra für Sie gefertigt hat? Oder haben Sie es sich am Tatabend einfach … ausgeliehen?«

»Wie kommen Sie denn auf so etwas? Ich habe es Ihnen doch schon gesagt: Ich habe Nils mit dem Löffel geschlagen, ja, aber danach sind Pauline und ich weg«, sagte Hawelka.

Bitterle verschränkte die Arme vor der Brust. Seine Stimme war wieder leise und dazu schneidend geworden. »Herr Hawelka, hören Sie mir gut zu! Auf diesem Griff«, er drehte das Messer in den Händen, »haben wir nicht nur Wölfles Fingerabdrücke gefunden, es wurde auch das Fragment eines Daumenabdrucks festgestellt!« Bitterle ließ sich Zeit, bevor er fortfuhr. Dann sagte er betont langsam: »Dieser Abdruck, Herr Hawelka, stammt von Ihrem Daumen.« Er ließ den Satz wirken. »Eindeutig, ohne Zweifel!«

Hawelka sah ihn an, seine zuvor zur Schau gestellte Selbstsicherheit war wie weggeblasen.

Bitterle wurde laut. »Also reden Sie, verdammt noch mal! Mir reicht es langsam. Ich habe die Schnauze voll.« Er fuhr mit der Hand mehrmals über seine Stirn. »Bis hierhin! Wir können die Vernehmung auch später fortsetzen, dann sind Sie bis Montagabend unser Gast. Und wenn dann ein Haftbefehl vorliegt, kann das dauern. Es liegt ganz bei Ihnen.«

Kula lächelte still vor sich hin. Mensch, Konrad, du lernst ja tatsächlich dazu. Sie sah, wie Hawelka die Hände unter den Tisch schob und den Hals einzog. Dabei hielt er den Oberkörper nach vorne gebeugt und wirkte verkrampft. Gleich hat er ihn, dachte Kula.

»Und das ist noch lange nicht alles! Wölfles Fingerabdrücke auf der Tatwaffe stammen nicht von ihm selbst, sondern sind manipuliert worden.«

Hawelka schien völlig den Halt verloren zu haben. Seine Stimme zitterte, als er fragte: »Wieso das denn? Wie kann man Fingerabdrücke manipulieren? Das geht doch gar nicht!«

»Oh doch, Herr Hawelka, und ich werde Ihnen auch dies beweisen.« Bitterle nahm seinen Kugelschreiber und schob ihn über den Tisch. »Bitte bedienen Sie sich. Angenommen, Sie würden stehend auf jemanden einstechen, der vor Ihnen sitzt. Wie würden Sie das anstellen?«

»Das kann ich nicht. Ich könnte nie einen anderen Menschen töten.«

»Nur einmal angenommen. Wie würden Sie vorgehen, wenn Sie auf jemanden einstechen würden, der vor Ihnen auf einem, sagen wir, auf einem Stuhl sitzt?«

Hawelka nahm den Stift in die rechte Hand, drehte ihn hin und her und betrachtete ihn.

»Ich warte.«

Hawelka wurde schnippisch. »Mein Gott, wie soll das schon gehen?« Er schloss die Faust um den Stift und bewegte ihn in Richtung der Tischplatte. »So vielleicht, was weiß denn ich.«

»Danke, das wollte ich wissen, denn genau so wurde Jadewald erstochen. Das Messer in der Faust mit der Klinge nach unten.«

»Und?«

»Geben Sie acht! Ich war gestern in der Gerichtsmedizin. Dabei sind höchst interessante Erkenntnisse zutage getreten. Es hat sich gezeigt, dass die Fingerabdrücke nicht zu dieser Bewegung, die Sie eben so liebenswürdigerweise demonstriert haben, passen.« Bitterle fixierte sein Gegenüber. »Herr Hawelka, der Täter hat das Messer nach der Tat abgewischt und Wölfle in die Hand gedrückt, um den Verdacht auf ihn zu lenken. Beweisfälschung nennen wir das.«

Hawelka war weiß wie die Wand geworden und krallte die Nägel in die Handflächen.

»Wissen Sie jetzt, was ich meine? Ich würde den Tathergang aber auch noch gerne von Ihnen hören, um mir ein genaues Bild zu machen.«

Hawelka stieß einen tiefen Seufzer aus, starrte auf Bitterles Hemdkragen und begann stockend zu berichten. »Nachdem Gudrun gesehen hatte, wie Nils beinahe leblos in der Wanne lag, hat sie mein Messer aus der Gürtelschlaufe gerissen und wie eine Furie auf Nils eingestochen. Immer wieder, immer wieder. Sie war völlig verändert an diesem Abend, fahrig und irgendwie verwirrt.«

»War Jadewald zu diesem Zeitpunkt bei Bewusstsein?«

»Weiß ich nicht genau, er lag im Wasser und hat gestöhnt.«

»Das deckt sich mit unseren Erkenntnissen«, sagte Bitterle. »Den gerichtsmedizinischen Befunden nach hat Jadewald, wie bereits erwähnt, noch gelebt, als ihm die tödlichen Verletzungen zugefügt worden sind. Also, was genau ist danach passiert?«

Hawelka schluckte trocken. »Nun, Pauline stand daneben, völlig regungslos. Erst als Gudrun anfing zu wimmern, sie hat sich angehört wie ein kleines Kätzchen, ist Pauline zu ihr hingegangen, hat den Arm um sie gelegt und gesagt: ›Komm mit, ich bring dich auf dein Zimmer und ins Bett.‹ Sie sind dann verschwunden.«

»Und das Messer?«

»Das hat sie auf den Boden fallen lassen.«

Bitterle sah Hawelka an. Als der nicht weiterredete, breitete er die Handflächen über dem Tisch aus und sagte leise: »Weiter, was war dann? Was haben Sie gemacht, als Pauline mit ihrer Tante gegangen war?«

Hawelka flüsterte zunächst. »Dieser Scheißkerl von Wölfle ist an allem schuld!« Doch als er weiterredete, wirkte er befreit. »Ich habe ihn gebeten, auf Pauline aufzupassen, da droben auf dem Weidegut Wintrup. Ich weiß, dass sie immer mehr Angst vor Nils hatte, je älter sie wurde; dass er sie ...« Hawelka traten Tränen in die Augen. »Wölfle hat es mir versprochen, er hat gesagt, ich müsse mir keine Sorgen machen, er würde auf Pauline achtgeben. Und dann so was.«

»Und dann wollten Sie sich an ihm rächen und ihm die Schuld in die Schuhe schieben. Ist das richtig?«

»So in etwa. Ich bin dann nochmals zurück zum Zelt und wollte ihn zur Rede stellen, aber da lag er auf der Matratze und hat geschnarcht. Und da hat mich Wut gepackt. Ich habe gedacht, der Arsch schläft da in aller Seelenruhe seinen Rausch aus, und Pauline hat wegen ihm unser Kind verloren.«

»Und da haben Sie geglaubt, Sie können es Wölfle heimzahlen, indem Sie ihm die Tat anlasten. Richtig?«

Wieder nickte Hawelka wortlos.

Bitterle zeigte auf das Aufnahmegerät.

»Ja, das ist richtig. Ich wollte, dass er dafür büßt. Zumindest gewaltigen Ärger kriegt.«

»Den hat er auch so schon, glauben Sie mir.«

»Wieso, was ist mit Guido Wölfle?«

»Wollen Sie behaupten, das nicht zu wissen?«

»Nein, woher auch? Was sollte ich wissen?«

»Wölfle liegt nach einer schweren Vergiftung immer noch

im Koma und wird in der Uniklinik versorgt. Sein Zustand ist unverändert kritisch.«

»Wieso Vergiftung? Das war ich nicht. Das war ich wirklich nicht, das müssen Sie mir glauben!«

»Wir werden sehen.«

Einen Moment herrschte Stille im Raum.

»Wie geht es jetzt weiter? Ich meine, mit mir und Pauline und Gudrun? Sind wir verhaftet?«

»Den Haftantrag müsste der Staatsanwalt stellen. Ich kann das nicht entscheiden. Aber was Sie anbetrifft, werden Sie höchstens wegen Körperverletzung in einem minderschweren Fall, Manipulation von Beweismitteln und Behinderung der Ermittlungen belangt werden können. Allerdings muss ich Sie bitten, bis zur endgültigen Klärung unsere Gastfreundschaft in Anspruch zu nehmen.«

»Das heißt? Muss ich ins Gefängnis?«

»Zunächst nur bis morgen. Dann sehen wir weiter. Und das ist auch kein Gefängnis. Unsere U-Haft-Räume sind zwar nicht das Ritz, aber für eine Nacht ausreichend komfortabel, denke ich. Es gibt Schlimmeres.« Und zum ersten Mal seit dem ganzen Verhör huschte ein Lächeln über Bitterles Gesicht.

Bitterle begleitete Hawelka aus dem Vernehmungszimmer und übergab ihn an einen Beamten. Als er Kula sah, ging er auf sie zu.

»Ganz schön harter Brocken. Hätte ich im ersten Moment nicht geglaubt«, sagte sie.

»Geht so. Was war mit Pauline?«

»Mein Gott, die habe ich ganz vergessen. Was machen wir mit ihr? Sie hat ja offensichtlich nichts getan, und dass sie ihrer Adoptivmutter hilft, ist ja wohl kein Straftatbestand, oder?«

Bitterle rieb sich die Nase und überlegte. »Frag sie, ob sie ihrem Freund für eine Nacht Gesellschaft leisten würde.«

»Meinst du das im Ernst?«

»Ich denke, das krieg ich hin.«

Kula lächelte, dabei zeigten sich wieder ihre Wangengrübchen. »Bin gleich zurück.«

»Mach das. Und danach verhörst du Gudrun Jadewald. Ich glaube, es ist besser, wenn sie mit einer Frau spricht.«

»Und du?«

»Ich knöpfe mir unseren Freiherrn vor. Bin gespannt, wie der reagiert.«

ZWANZIG

Kula führte Gudrun Jadewald in den Raum, nachdem sie die Vernehmung Paulines beendet hatte. Als die ihre Tante sah, hellten sich ihre Gesichtszüge auf, sie erhob sich und fiel in ihre Arme. Die beiden hielten sich fest. Kula nutzte den intimen Moment der beiden und stellte zwei Fenster auf Kipp, denn die Luft war noch stickiger geworden.

Es klopfte, ein Beamter betrat den Raum und sagte: »Herr Bitterle schickt mich, ich soll Pauline Jadewald holen.«

Pauline sah Kula entsetzt an.

»Keine Sorge, wir bringen dich zu Daniel. Leider müsst ihr alle bis morgen in Ulm auf dem Revier bleiben, und deshalb dachten wir, etwas Nähe täte euch nach der ganzen Aufregung ganz gut.«

Pauline machte große Augen. Kula lächelte und winkte ihr hinterher.

»Nun zu Ihnen, Frau Jadewald. Es tut mir leid, dass ich Sie so lange habe warten lassen, aber manches dauert eben seine Zeit.«

Gudrun Jadewald sah hoch. Sie war bleich, ihre Augen waren verweint und lagen tief in den Höhlen. Ihre Hände ruhten auf dem Tisch, und um das Zittern zu verbergen, hielt sie die Finger ineinander verknotet. »Was wird jetzt aus Pauline?«, fragte sie.

»Im Moment geht es ihr gut«, sagte Kula, da ihr keine bessere Antwort einfiel. »Was sonst geschehen wird, kann ich nicht sagen. Wir müssen abwarten. Doch nun zu Ihnen. Inwieweit können Sie sich an den Ablauf des Abends am Donnerstag erinnern? Beginnen wir einfach nach dem Ende des Konzerts.«

»Es war wie immer, wir haben unsere Instrumente zusammengepackt und sind in Guidos Zelt, um den Auftritt zu besprechen. Das Übliche – was war gut gelaufen, was nicht, wo müssen wir was ändern und so weiter.«

»Bis dahin war also alles normal, oder?«, fragte Kula.

»Ja, schon. Aber dann, als Balthasar weg war, hat Guido angedeutet, dass er mit Nils reden wollte, es würde um einen Termin gehen und ob man den nicht verschieben könnte. Nils hat dann gleich nachgehakt, und ab da war eine komische Stimmung. Während des Konzerts war schon irgendwas vor der Bühne, zwei Typen sind am Rand gestanden – Guido hat dabei komplett den Takt verhauen, ist sonst überhaupt nicht seine Art.«

Edinburgh gegen Wacken, dachte Kula, Kunst gegen Krawall. »Und?«

»So habe ich die zwei noch nie streiten gehört. Die haben sich fast geprügelt. ›Jahrelang habe ich auf so eine Chance gewartet‹, hat Nils gebrüllt, doch Guido ist stur geblieben. Er hat gemeint, ihm ginge es genauso und er könne ihn mit seinem Scheiß-Cantus Ferrum am Arsch lecken. Doch dann kam unser Baron daher –«

»Moment«, unterbrach Kula sie, »wie lange kennen Sie ihn schon?«

»Den Lichtenrade, wie er sich inzwischen nennt? Mein Gott, das müssen schon bald zwanzig Jahre sein. Er und Nils haben schon vor meiner Zeit in Berlin zusammen Musik gemacht, so irisches Zeug. Das war, lange bevor wir uns kannten. Ich weiß, seit Neuestem hat der sich so einen großspurigen adligen Namen zugelegt und macht auf Berliner Original.«

»Kennen Sie denn seinen früheren Namen?«

»Ja, schon, aber er bestand darauf, nicht mehr so genannt zu werden.«

Kula ließ es fürs Erste darauf beruhen und fuhr fort: »Zurück zum Streit. Was geschah, als von Lichtenrade dazukam?«

»Der Lotorius hat eine große Flasche aus seinem Beutel gezogen und damit gewedelt. Er hat gesagt, sie sollten die Klappe halten und erst mal mit ihm einen trinken. Er hat jedem eingeschenkt.« Frau Jadewald mühte sich, zu lächeln. »Das Zeug war gut und stark, richtig fruchtig, und ich habe mir mehrmals nachgießen lassen.«

»Sie wussten nicht, was es war?«

»Keine Ahnung, aber es hat gleich nach dem ersten Schluck gewirkt. Keine fünf Minuten später.«

»Sie trinken öfter?«, fragte Kula.

»Ja, und auch schon länger. Anders hätte ich es mit Nils wohl nicht so lange ausgehalten.«

Vorsicht, dünnes Eis, dachte Kula, denn Jadewald sah sie mit unendlich traurigen Augen an. »Möchten Sie darüber reden?«

»Weiß nicht, vielleicht. Macht es Ihnen was aus, wenn Sie mich einfach Gudrun nennen?«

Kula lächelte, beugte sich über den Tisch und streckte die Hand aus. »Keineswegs, im Gegenteil. Ich bin die Kula.«

Gudrun nahm kurz ihre Hand, dann drückte sie den Rücken gegen die Lehne und begann stockend und leise. »Das mit Nils – die erste Zeit ging es gut. Ich habe ihn beim Folkfestival in Ingelheim kennengelernt, er hat mich da sozusagen aufgegabelt. Ich war mit meiner Freundin da, ein Typ hat Sitar gespielt, ein anderer auf Tablas getrommelt, und wir haben dazu getanzt und gesungen. Auf einmal stand Nils neben mir, hat uns eine Weile zugesehen und mich dann gefragt, ob ich mit ihm ein Duo gründen wollte. Deutscher Folk mit kritischen Texten. So Wader-Kram, Elster Silberflug oder Lilienthal. Er Gitarre und Gesang, ich konnte ein bisschen Flöte. Ich habe ganz spontan Ja gesagt, und ab da gab es das Duo Jadewald. Klang irgendwie romantisch, und wir hatten auch gleich Konzerte. Es war eine tolle Zeit.«

Zum ersten Mal stahl sich ein Lächeln auf Gudruns Gesicht. »Aber irgendwann war ich nicht mehr die Einzige. Ich habe mir anfangs nicht viel dabei gedacht, fand es sogar toll, denn die Zeiten waren damals so. Alle wollten wir wie die Hippies sein; frei, ungezwungen, ohne feste Bindung und nur unseren Spaß haben. Ganz nach dem Motto: Wenn du nicht mit dem zusammen sein kannst, den du liebst, dann liebe den, mit dem du zusammen bist. *Love the one you're with!* Und Gelegenheiten gab es en masse. Alles lief prima, bis zu dem Unfall meiner Schwester.«

»Ich habe davon gehört. Die belgische Wollfärberin hat es mir erzählt.«

»Japke«, sagte Gudrun, »Pauline war verrückt nach ihrem Hund, und sie haben sich angefreundet.«

»Der Tod Ihrer Schwester muss schrecklich gewesen sein.«

Gudrun schluckte. »Furchtbar! Meine Schwester und ihr Mann waren gerade dabei, sich fest einzurichten, nachdem er eine sichere Stelle als Ingenieur in einem Maschinenbaubetrieb bekommen hatte. Und trotzdem nahm er sich immer noch Zeit für seine Tochter. Die zwei waren ein Herz und eine Seele, Pauline war ein richtiges Papakind. Für mich war nach dem tragischen Unfall klar, dass sie zu uns kommen würde, ich hatte es auch meiner Schwester versprochen. Also nur für den Fall, dass etwas passieren sollte. Aber Nils war strikt dagegen. War das ein Kampf. Bis er bemerkt hat, dass man mit Pauline Geld verdienen kann.«

»Wie das? Sie war doch noch so klein.«

»Gerade deshalb, ist doch logisch. Was glaubst du, was los war, wenn Pauline im weißen Kleidchen mit einem Blumenkranz im Haar über die Bühne gehoppelt ist und Purzelbäume geschlagen hat.«

Kula runzelte die Stirn. »Kinderarbeit? Aufsichtspflichtverletzung?«

»Pah, das hat doch niemand interessiert. Zu Beginn kam mal ein Schrieb vom Jugendamt. Familienangelegenheiten, hat Nils gekontert. Niemand käme dabei zu Schaden, und Pauline wäre in Obhut ihrer Adoptiveltern und müsste nicht in fremde Hände gegeben werden. Danach war Ruhe.«

»Und Pauline, was hat die davon gehalten?«

»Begeistert war sie. Ist doch toll für ein Kind, wenn es viel Anerkennung und Zuwendung bekommt. Bei Michael Jackson oder den Kellys war's doch nicht anders. Vor allem dachte ich, das würde ihr über den Verlust ihrer Eltern hinweghelfen.«

»Das klingt ja alles ganz plausibel, aber ich habe das Gefühl, da kommt noch was.«

»Allerdings. Die Sache wurde kritisch, als Pauline so etwa neun oder zehn Jahre alt war. Nils hat angefangen, ein Auge auf sie zu werfen und sie mit besonderer Zuwendung zu bedenken – so hat er sich ausgedrückt. Die Musik- und Tanzstunden waren ja eigentlich okay, wenn er nicht angefangen hätte, sie dabei zu betatschen. Er hat ihr die Finger auf die Flötenlöcher gelegt, sie an den Hintern gefasst und sie im Takt zur Musik gedreht und hochgehoben. Wenn die Umstände anders gewesen wären, hätte ich ab dem Zeitpunkt längst meine Koffer gepackt und Pauline mitgenommen. Aber zum einen hatte ich kein eigenes Geld und keinen Job, und zum anderen hätte das Jugendamt da vermutlich nicht mitgespielt.«

»Hast du es nicht wenigstens versucht? Was dein Mann da abgezogen hat, ist nah dran an Kindesmissbrauch, Missbrauch von Schutzbefohlenen. Da kommt einiges zusammen. Die hätten nicht lange gefackelt.«

Gudrun runzelte die Stirn. »Ich habe mich einfach nicht getraut. Kannst du das verstehen?«

»Puh …« Kula zuckte mit den Schultern. »Weiß nicht.«

»Nils war einfach zu stark. Und ab da habe ich nur noch aufgepasst, dass er sich nicht an Pauline ranmacht. Wenigstens das konnte ich verhindern.«

»Was meinst du mit ›wenigstens das‹?«

»Wen der alles angeschleppt hat. Blutjunge Dinger zum Probesingen. Und die waren so naiv und dachten, sie würden bald als Frontfrau auf der Bühne stehen. Ich weiß nicht, wie oft er denen weisgemacht hat, ihre Stimme wäre einzigartig und so was hätte er noch nie gehört. Und dann hat er sie rangenommen. Ich habe ihre Jubelschreie mit anhören müssen. Eine Scheiße war das vielleicht. Aber immerhin hat er die Finger von Pauline gelassen.«

»Bis letzten Donnerstag«, sagte Kula, und kniff die Lippen zusammen.

»Wieso letzten Donnerstag? Was meinst du damit?«

Ein Ruck ging durch Kula, und sie setzte sich aufrecht. »Du kannst dich nicht erinnern?«

»Woran sollte ich mich erinnern?«

Kula zögerte, sie nagte an der Oberlippe, rieb sich Kinn und Nase, dann sagte sie: »Also gut, zurück zu dem Zeitpunkt, als es den Streit gab und Lotorius aufgetaucht ist und diesen Likör ausgegeben hat. Wie ging das weiter?«

»Tss. Da war nicht mehr viel danach. Mir wurde zuerst

schwummrig und dann ganz leicht, als ob ich schweben würde, wie in einem Traum.«

»Ist das nicht normal, wenn man Alkohol trinkt? Also, ich meine, ab einer bestimmten Menge?« Und dazu noch Tabletten.

»Nein, das war anders.«

»Lag es vielleicht an der Wechselwirkung mit Medikamenten?«

»Was meinst du?«

Kula lächelte mild. »Ich bitte dich, Gudrun, die Medikamente, die auf deinem Nachttisch im Gästehaus des Klosters lagen, sind bestimmt nicht ohne.«

»Daran bin ich gewöhnt. Doch nach dem Likör war es anders. Das Seltsamste war, daran erinnere ich mich als Letztes, dass es nach und nach immer heller wurde im Zelt und ich nicht mehr deutlich sehen konnte. Alles war verschwommen und unscharf.«

Typisch Belladonna, dachte Kula, sie hatte ähnliche Sehprobleme bekommen, als sie einmal wegen einer Netzhautuntersuchung zum Augenarzt musste. Stundenlang war sie geblendet und konnte nichts mehr erkennen.

»Ich weiß, was ich getan hab«, unterbrach Gudrun Kulas Überlegungen. »Allerdings weiß ich es eben nur aus Erzählungen, verstehst du? Ich habe keine eigenen Erinnerungen an die Tat.«

Kula glaubte ihr. Wenn es stimmte, was man über die Nebenwirkungen von Atropin sagte und sie bei ihr zutrafen, wären sämtliche Erinnerungen an den Ablauf des Abends und die Tat tatsächlich aus ihrem Erinnerungsvermögen gelöscht worden. Es macht wenig Sinn, überlegte sie weiter, Gudrun mit dem genauen Tathergang zu konfrontieren.

»Was wird jetzt?«, fragte Gudrun.

Kula kratzte sich am Ohr, trommelte mit den Fingern auf die Tischplatte und sah ihr Gegenüber nachdenklich an. »Ich glaube dir. Aber das ist nicht das Entscheidende. Das Entscheidende ist, dass dir Staatsanwalt und Untersuchungsrichter glauben. Immerhin stehst du unter Mordverdacht, zumindest Totschlag. Damit ist nicht zu spaßen! Deshalb gibt es nur eine Möglichkeit, wie du halbwegs heil aus der Sache rauskommen könntest.«

»Und die wäre?«

»Du musst nachweisen beziehungsweise wir müssen nachweisen, dass du zum Tatzeitpunkt nicht zurechnungsfähig warst.«

»Und wie soll das gehen?«

»Wir brauchen ein psychiatrisches Gutachten. Aber hau nicht wieder ab, hörst du!«

***

Bitterles Tablet lag vor ihm. Er stöberte durch die Rechercheergebnisse, die Lukas übertragen hatte, und das Aufnahmegerät war bereits eingeschaltet, als ein Beamter Herrn von Lichtenrade in den Vernehmungsraum brachte, ihm die Handschellen abnahm und ihn zum Tisch führte. Er ließ sich auf den Stuhl fallen und blickte mürrisch drein. Noch bevor Bitterle ihn über seine Rechte aufklären konnte, legte von Lichtenrade ungefragt los:

»Wat solln dit nu schon wieder? Wat soll ick hier? Ick will weiterschlafen, ick bin hundemüde und jerädert von der Nacht inner Zelle. Dit wird Se teuer zu stehen kommen, dit könn' Se mir glooben, wa. Außerdem bin ick noch immer voll wie'n Schichtbus.«

Bitterle hatte vor, ihn schmoren zu lassen. »Immer mit der Ruhe, Herr von Lichtenrade. Wenn ich die Sachlage richtig einschätze, werden Sie noch alle Zeit der Welt haben, sich auszuruhen.«

»Aha?«

»Sie wissen, wieso Sie hier sind?«

»Ick? Pff, keene Ahnung.«

»Gut, wie Sie wollen. Doch zuerst muss ich Sie darauf hinweisen, dass Sie das Recht haben, zu schweigen. Ebenso steht es Ihnen frei, einen Anwalt hinzuzuziehen. Des Weiteren weise ich Sie darauf hin, dass diese Befragung aufgezeichnet wird.«

Von Lichtenrade warf einen Blick auf das Tonband und sagte: »Wees ick bereits. Wie jesacht, ick ha' nüscht zu verberjen.«

»Warum haben Sie sich am Samstag der Befragung entzogen und das Gelände verlassen?«

»Keene Ahnung, muss ick wohl vajessn ham. Also wat wolln Se von mir?«

Bitterle schürzte die Lippen und spreizte die Finger. »Herr von Lichtenrade, Ihnen werden folgende Straftaten zur Last gelegt: Erstens: Schwere Körperverletzung im Falle Guido Wölfle, wobei offen ist, ob daraus ein Tötungsdelikt werden wird. Wölfle ist noch immer nicht über den Berg. Zweitens: Im Fall Jadewald stehen Sie ebenfalls unter Mordverdacht, da eine Kette mit einem Triskel-Anhänger, die mit größter Wahrscheinlichkeit Ihnen zugeordnet werden kann, vor dem Bad gefunden wurde. Es handelt sich dabei um das gleiche Motiv wie das eines Aufklebers an Ihrem Fahrzeug, welches die gleichen Initialen, SnD, aufweist. Ich denke, das sagt Ihnen etwas. Auf diesem Anhänger konnten wir Spuren von Jadewalds Blut nachweisen. Drittens: Körperverletzung in mehreren Fällen, hervorgerufen durch die heimliche Verabreichung von halluzinogenen Substanzen, die zu schweren gesundheitlichen Schäden führen können.«

»Wie jetz? Wat mein' Se denn mit halluzinojen' Substanzen?«

»Atropa belladonna zum Beispiel, zu Deutsch Schwarze Tollkirsche, dieses Gift führt zu Bewusstseinsstörungen, beeinträchtigt das Erinnerungsvermögen und löst Wutanfälle aus und kann – bei Überdosierung – zum Tode führen.«

Von Lichtenrade hob die Hand, spreizte die Finger und sagte: »Moment! Dit is nüscht Illejalet, wa! Dit wächst überall rings um Berlin. Een Jang durch'n Tejeler Forst bei Heilijensee, un Se ham 'ne janze Kiste voll von. Allet lejal.« Lotorius von Lichtenrade schob das Kinn vor. »So nich, Herr Kommissar, so nich!«

Bitterle war sich nicht sicher, ob dieses Gehabe nur Schau war oder ob es sich um die Nachwirkungen des Alkoholmissbrauchs handeln könnte. Wir werden ja sehen, dachte er. »Mag ja sein«, sagte er, »dennoch werden wir genau prüfen, inwieweit die Folgen dieser Verabreichung einen Straftatbestand erfüllen. Unseres Wissens haben zumindest Gudrun und Nils Jadewald sowie Guido Wölfle bei der Feier in Wölfles Zelt von Ihnen Tollkirschlikör bekommen.«

»Wie bitte? Also dit müssen Se mir erst mal beweisen!«

»Nichts leichter als das, Herr von Lichtenrade.« Bitterle stand auf und klopfte gegen die Spiegelscheibe. Im nächsten Augenblick ging die Tür auf, und ein Beamter schob einen Servierwagen herein, auf dem Flaschen und benutzte Gläser klirrten. Auf der unteren Ablage lag ein zerknüllter blauer Müllsack.

Von Lichtenrade starrte darauf und wirkte für den Moment verunsichert, sagte jedoch: »Un dit solln Beweise sein? Dat ick nich lache! Woher ham Se'n dit Jerümpel überhaupt?«

»Es gibt immer noch aufmerksame Mitbürger. Um präzise zu sein, dieser Müllsack samt Inhalt wurde unweit Ihres Stellplatzes hinter der Klostermauer am Ufer der Weihung, unter Schwemmholz versteckt, gefunden. Unsere Kriminaltechniker haben Sonderschichten eingelegt und Spuren des zuvor erwähnten Atropins sichergestellt, und zwar in einer beachtlich hohen Dosierung, sowie jede Menge Fingerabdrücke. Und nun dürfen Sie raten, von wem die stammen!«

Lichtenrade quälte sich ein Lächeln ins Gesicht. »Na, Se wer'n mir dit bestimmt nich vorenthalten wollen, wa?«

Bitterle lehnte sich zurück und verschränkte die Finger hinter dem Kopf. »Exakt! Es sind die Fingerabdrücke von Ihnen, von Guido Wölfle und den Jadewalds. Und um das Ganze abzukürzen, sollten Sie Ihre Karten endlich auf den Tisch legen.« Bitterle tippte sich auf die Lippen und legte eine Pause ein, bevor er betont langsam sagte: »Herr Safranek!«

Bitterles Gegenüber zuckte zusammen, und seine Selbstsicherheit stob auseinander wie ein Laubhaufen im Wind. Dennoch versuchte er, sich zu retten. »Wen mein' Se denn? Für Sie immer noch Lotorius Freiherr von Lichtenrade, und ick will ooch so anjeredet wer'n, wa.«

»Nun hören Sie endlich mit diesen Märchen auf! Wir wissen Bescheid. Von wegen Barde mit Festanstellung und so weiter.« Bitterle zog das Tablet heran und wischte übers Display. »Hier! Sie waren ein hohes Tier im Berliner Senat in der Abteilung für

Bauwesen und haben sich dabei jede Menge Verfehlungen bei der Planung und Ausführungskontrolle des Berliner Großflughafens geleistet.« Bitterle stach mit dem Finger in Safraneks Richtung. »Sie erinnern sich bestimmt an das Desaster bei den Bodengutachten im Bereich der Startbahn, als während der Asphaltierung der komplette Untergrund abgesackt ist, weswegen es dort zu weiteren beachtlichen Verzögerungen gekommen ist. Ganz zu schweigen von den Kosten.«

Safranek saß da wie ein Eisklotz und redete auch so. Die robuste Berliner Schnauze hatte sich in Luft aufgelöst. »Woher haben Sie das? Das sind Senatsinterna, die mit einem Sperrvermerk versehen worden sind. Was Sie da machen, ist illegal. Wie kommen Sie an diese Daten?«

»Illegal? Das müssen ausgerechnet Sie sagen, Herr Safranek. Aber ich bin noch nicht fertig. Man hat die Angelegenheit auf Anordnung von oben unter den Tisch gekehrt und Ihnen zu einer Stelle im Neuköllner Katasteramt verholfen, wo Sie sich mit Kleingartenstreitereien im Grenzgebiet zum ehemaligen Osten herumplagen mussten, dritte Regionalliga sozusagen. Aber dort wurden Ihnen ebenfalls Schlampereien nachgewiesen, und Ihnen wurde endgültig gekündigt. Und zwar mit Streichung sämtlicher Pensionsansprüche. Sie können von Glück sagen, dass Sie nicht in Tegel in einem Mehrbettzimmer mit Vollverpflegung gelandet sind.«

Safranek saß versteinert da, schluckte und nagte an der Unterlippe. Sein Blick irrte umher. Er schien nach einem Schlupfloch zu suchen, in das er sich verkriechen konnte.

»Ach so, noch was. Wir haben Wölfles Schwert in Ihrem Wohnmobil gefunden. Es lag sorgfältig eingewickelt unter Ihrer Matratze. Das kann ja wohl nicht von selbst dorthin gekommen sein. Unseren Erkenntnissen nach stellt es einen Wert von mindestens fünfzigtausend Euro dar. Kommt also noch Raub hinzu. Also, was ist?«

»Hatten Sie dafür einen Durchsuchungsbeschluss?«

»Machen Sie sich nicht lächerlich!«

»Ich will einen Anwalt!«

»Selbstverständlich, das ist Ihr gutes Recht. Wir sehen uns dann übermorgen wieder, gegen Mittag. Aber wir können die Sache auch abkürzen. Das, was wir über Sie herausgefunden haben, lässt sich lückenlos nachweisen.«

Safranek setzte eine betont desinteressierte Miene auf und lehnte sich zurück. »Da bin ich aber mal gespannt!«

Bitterle sah auf die Uhr und sagte: »In unser beider Interesse fasse ich mich kurz. Wir haben herausgefunden, dass Sie mit Nils Jadewald schon Ende der Siebziger zu tun hatten, und zwar in einer gemeinsamen Folk-Punk-Band namens Stout n' Dedalus. Einer Gruppe, die seinerzeit reichlich Verwirrung stiftete und nach dem tragischen Tod Ihres Sängers Pinky sang- und klanglos wieder in der Versenkung verschwand. Sie kannten sich also von früher. Ferner wussten Sie, dass sich Jadewald über die Jahre in der Szene einen Namen gemacht hatte, und baten ihn deswegen um Hilfe. Jadewald hat Ihnen sofort angeboten, eine frei gewordene Stelle als Unterhaltungskünstler in einer Potsdamer Mittelalterschenke, der Speiserey, zu besetzen und dort drei- bis viermal als Barde aufzutreten. Was Sie aber zum damaligen Zeitpunkt offensichtlich übersehen hatten, waren die Bedingungen. Sie hatten Jadewald blind vertraut, vielleicht der alten Zeiten wegen, doch der hat Sie mit einem Knebelvertrag an sich gebunden, und Sie bekamen nur einen Teil der mit dem Betreiber vereinbarten Gage. Der Rest verschwand in Jadewalds Tasche als Provision. Und Ihnen war klar, dass Sie keinerlei Chance hatten, sich dagegen zu wehren. Jadewald hatte Sie in der Hand, denn er wusste von Ihren Drogenpanschereien. Für uns ist das ein eindeutiges Motiv!«

»So war das nicht! Das eine hat mit dem anderen nichts zu tun«, flüsterte Safranek.

»Ach nein? Und wie kommt Ihre Halskette mit dem Triskel-Anhänger auf den Platz vor dem Bad?«

Safranek atmete tief aus. »Es war früh am Freitagmorgen, ich musste dringend zur Toilette, habe es aber nur bis zum Zaun geschafft und mich dabei benässt. Da ich wusste, dass Breitinger das Wasser nach dem letzten Badegast über Nacht stehen lässt und immer erst am nächsten Tag wechselt, dachte ich, ich könnte mich dort reinigen. Nun, ich bin in den Zuber gestiegen und habe dabei Jadewalds Leiche entdeckt, die in einer Art Blutbad schwamm. Ich habe Panik bekommen, bin sofort aus der Wanne gesprungen, über den Boden gerannt, bei den Planen gestolpert und rückwärts nach unten gefallen. Dabei muss ich den Anhänger verloren haben. Es war ein Zufall. Ein dämlicher Zufall, der Sie und Ihre Truppe auf meine Spur geführt hat.« Er lachte freudlos auf.

Bitterle war zufrieden. »So könnte es sich tatsächlich zugetragen haben. Aber eines ist damit immer noch nicht geklärt: Wieso hatten Sie bei der Feier Ihren selbst gemachten Tollkirschlikör verabreicht?«

»Mein Gott, es war ein Scherz, nennen Sie es meinetwegen Gaudi.«

»Scherz? Gaudi? Sie haben vielleicht Nerven. Wir gehen davon aus, dass die Verabreichung ihrer Panschereien der Auslöser für den ganzen Schlamassel war. Da kommt ganz gewaltig was zusammen.«

»Und was heißt das genau?«

»Das wird sich zeigen! Vorerst bleiben Sie hier.« Bitterle stand auf. »Herr Safranek, ich verhafte Sie wegen schwerer Körperverletzung in Tateinheit mit Raub und Behinderung behördlicher Ermittlungen. Am Montag sehen wir uns wieder.« Er schaltete das Aufnahmegerät aus und ging zum Ausgang. Zum wachhabenden Beamten sagte er: »Abführen!«

EINUNDZWANZIG

Es gab ein großes Hallo, als Bitterle und Kula an ihrem alten Arbeitsplatz im Neuen Bau am Münsterplatz auftauchten, nachdem sie Gudrun Jadewald in die Psychiatrie der Ulmer Uniklinik verfrachtet hatten. Während sich Vollzugsbeamte um Manfred Safranek, Daniel Hawelka und Pauline kümmerten, wurden ein paar Stockwerke weiter oben Hände geschüttelt, auf Schultern geklopft und Kaffeebecher weitergereicht. Ein fröhlicher Moment des Wiedersehens, auch deshalb, weil die tagelange Anspannung von allen abgefallen war und man ab morgen wieder zur Tagesordnung übergehen konnte. Fast. Sprekel hatte Bitterle für morgen eine Standpauke angekündigt, aber der sah er gelassen entgegen.

Fehlte nur noch ein abschließendes Gespräch mit seinen beiden Kollegen, und deshalb lud Bitterle sie noch auf einen Absacker ins Wirtshaus am Fischerplätzle ein – eines seiner Stammlokale nach gelösten Fällen. Die Bedienungen waren wie üblich in rotweiße Trachtendirndl gekleidet und damit fröhliche Farbtupfer im sonstigen Frühlingsgrün der Bäume. Die Getränke wurden gebracht. Bitterle hatte wie immer ein Weizen, Kula eine Apfelschorle und Lukas einen Energiedrink bestellt.

Bitterle wischte den Schaum von den Lippen. »Das habt ihr gut gemacht. Danke für eure Geduld und das geopferte Wochenende.«

Kula verdrehte die Augen. »Ich bitte dich. Erstens ist das unser Job, und zweitens fand ich's echt interessant.«

»So mal kurz nach Sachsen während der Dienstzeit, da hätte ich auch nichts dagegen«, lästerte Lukas. »Meinst du das?«

»Blödmann!«

»Bleibt sachlich, nur noch ein paar Minuten. Bitte!« Bitterle hatte die volle Aufmerksamkeit seines Teams. »Was meint ihr zu dem Fall? Zu den Anschuldigungen? Wie würdet ihr anstelle der Staatsanwaltschaft entscheiden?«

»Also dieser Safranek gehört aus dem Verkehr gezogen«, sagte Kula. »Was der mit seinen Tollkirschpanschereien angerichtet hat, ist nicht zu fassen. Das ist lebensgefährlich, vor allem bei Wölfle, wobei er doch gewusst haben sollte, dass es bei seinen Medikamenten zu Komplikationen kommen würde. Wie geht's ihm denn? Gibt's schon Neuigkeiten?«

»Er wird wohl wieder«, sagte Bitterle. »Der Chefarzt meint sogar, dass keine bleibenden Schäden zu erwarten wären. Aber warten wir's ab.«

»Also das mit Safranek seh ich auch so«, sagte Lukas. »Der Kerl ist doch nicht bescheuert, wenn er auch so tut.«

»Ob Absicht dahintersteckte, den Wölfle außer Gefecht zu setzen, um an das Schwert zu kommen, glaub ich jetzt nicht unbedingt, aber was die Jadewald und ihren Filmriss angeht, hat er auf jeden Fall Schuld«, sagte Kula und nippte an ihrer Apfelschorle.

Bitterle griff ebenfalls nach seinem Glas, während sich ein Trupp Chinesen vor die Stadtmauer stellte, alle die Selfiestick-Handys in die Höhe hielten und danach laut plappernd durch den Torbogen Richtung Donauufer verschwanden. Als wieder Ruhe herrschte, sagte er: »Ob ihm eine Mitschuld an Jadewalds Tod nachgewiesen werden kann, ist noch zu klären, wobei das zum Glück nicht unsere Aufgabe ist.«

»Um Gudrun mach ich mir echt Sorgen«, sagte Kula. »Die steht vor dem Nichts. Ich hoffe, sie kommt heil aus der Sache raus. Im Grunde genommen trifft sie überhaupt keine Schuld. So wie ich das interpretiere, wurde durch diese Tollkirschmixtur eine Wut freigelegt, die sich über viele Jahre aufgestaut hatte.«

»Klar«, sagte Lukas, »deswegen heißt sie ja auch Wutbeere. Wie schmeckt das Zeug eigentlich? Ob das auch bei uns wächst?«

»Untersteh dich!«, sagte Bitterle und hob dabei das Kinn, wobei ihm anzusehen war, dass diese Belehrung eher rhetorisch gemeint war.

»He, ich meine das ernst!«, meckerte Kula. »Was die all die Jahre mitgemacht hat mit ihrem Mann. Sie musste mit ansehen, wie er sich fröhlich durch die weibliche Fanschar gevögelt hat, und konnte nicht weg, da sie völlig von ihm abhängig war. Oder zumindest hat sie es so empfunden. Außerdem hat sie sich für Pauline verantwortlich gefühlt, vor allem, nachdem Jadewald ein Auge auf sie geworfen hatte. Ich glaube, der Sack war die ganze Zeit scharf auf seine Adoptivtochter.«

»Das deckt sich mit dem, was Hawelka ausgesagt hat«, bestätigte Bitterle. »Dass Jadewald nach Pauline verlangt hat. Sie soll ihm ›zu Diensten sein‹, hat er wohl gesagt. Danach ist Hawelka ausgerastet.«

»Kein Wunder, nachdem Jadewald wohl für die Fehlgeburt verantwortlich war. Was meint ihr, was passiert mit Hawelka?«, fragte Kula. »Er hat keine Vorstrafen und soll sonst ein ganz friedlicher Kerl sein, was ich so gehört habe.«

Bitterle runzelte die Stirn. »Ganz ehrlich? Ich habe keine Ahnung.« Er rief nach der Bedienung und zog den Geldbeutel hervor. »So, ich pack's. Feierabend. Was habt ihr noch vor?«

»Ich treff mich mit einer Bekannten«, sagte Kula, »wir haben was zu bereden.«

»Verstehe«, sagte Bitterle. »Und du, Lukas, was machst du?«

»Ich fahr noch raus aufs Land und besuche einen Instrumentenbauer.«

»Heute? Am Sonntag?«, wunderte sich Bitterle.

»Balthasar meinte, der wäre immer da.«

»Okay«, sagte Kula. »Und was willst du da?«

»Ich will mir eine Drehleier bauen lassen.«

»Bist du wahnsinnig?«

***

Kula stierte auf den Teller, zog das Fleisch der Dorade von den Gräten und legte das Besteck beiseite.

»Schmeckt es dir nicht?«, fragte Svenja, wischte sich die Lippen und trank den Rest des Rotweins aus. Sie wedelte mit dem Glas in Richtung Theke.

»Ich weiß nicht«, sagte Kula, »es war einfach alles zu viel in den letzten Tagen. Zuerst das Durcheinander in Wiblingen, die überstürzte Fahrt nach Chemnitz, die Verhöre, das ganze Drama mit den dreien.« Sie schob ein Stückchen Fisch auf die Gabel.

»Ich bitte dich! Das wäre mir neu, dass dich so was aus dem Takt bringt. Da steckt doch mehr dahinter. Los, raus mit der Sprache.« Svenjas Barolo wurde gebracht. Der Kellner, er roch nach Küche und Armani, verneigte sich schweigend.

Kula dachte an Japke de Fries und an ihren Verdacht. »Du hast dich verändert. Ich weiß nicht, wohin das führen wird. Wo liegt unsere Zukunft? Haben wir überhaupt noch eine?«

»Wovon redest du?«

»Dein ganzes Gehabe in letzter Zeit, deine Kleidung – Kostüm, Pumps und Make-up, das bist doch nicht mehr du, nicht mehr die Svenja, die ich in Basel kennengelernt habe.«

Svenja tupfte sich die Lippen, richtete sich auf und musterte Kula. »Und wo ist jetzt da das Problem? Nur weil ich meinen Job mache, bin ich doch keine andere geworden. Aber ich kann dich beruhigen. Das Ganze wird bald ein Ende haben. Das Forschungszentrum macht demnächst in Ulm dicht und wird nach Esslingen in die Zentrale verlagert.«

»Wie bitte? Woher weißt du das?«, fragte Kula und lehnte sich an die Tischkante.

Svenja schmunzelte. »Du glaubst ja nicht, was diese Typen alles versuchen, um mich in die Falle zu kriegen.«

»Soso, Typen, das ist ja ganz was Neues!«

»Hallo! Spinnst du jetzt komplett?« Svenja beugte sich vor. »Was – ist – los?«

»Okay. Ich dachte, du hättest was mit dieser rothaarigen Belgierin gehabt, so wie die geschwärmt hat, dass du ihr eine Extra-Führung geben würdest.«

»Aha, daher weht der Wind.« Svenja kicherte. »Du bist doch nicht etwa eifersüchtig?« Dann wurde ihre Miene ernst. »Oder sollte ich …? Hoppla, jetzt kapier ich, was los ist.«

Kula wurde rot. »Du siehst das falsch! Ich dachte nur, na ja, du hast sie selbst gesehen und – ich geb's ja zu, sie hat mir einfach gefallen, und –«

»Und dann dachtest du, ich hätte so nebenbei mal kurz … Kula, geht's noch? Ich dachte, du kennst mich.«

»Okay, vergiss es, sorry.«

Der Kellner kam und fragte, ob er abräumen könnte und ob die Damen noch Wünsche hätten.

»Nachtisch?«, fragte Svenja.

»Auf keinen Fall!«, sagte Kula. »Aber einen Calvados und einen Espresso hätte ich gerne.«

»Also bitte zweimal«, sagte Svenja und schenkte dem Kellner ein Lächeln.

»Kommt sofort.«

»Zurück zu meinem Job. Einer dieser«, Svenja hob die Hände und deutete mit den Fingern Gänsefüßchen an, »*Manager* hat mich nach einem Seminar an der Bar angemacht und Interna ausgeplaudert, hat damit angegeben, dass er demnächst eine leitende Position übernehmen würde, und ob ich nicht Lust hätte, dabei hat er seinen Zimmerschlüssel aus der Tasche gezogen und mit der Nummer gewedelt.« Svenja zupfte an ihrer Unterlippe und rückte noch näher zur Tischmitte. »Du hättest sein Gesicht sehen sollen, als ich ihm sagte, ich müsse nur noch schnell die Babysitterin anrufen und fragen, ob mit den Zwillingen alles in Ordnung wäre, sie wären noch so klein. Dann habe ich mich hinter eine Dekosäule verdrückt. Als ich zurückkam, war er verschwunden. Nicht mal meinen Drink hat dieser Arsch bezahlt.«

Endlich lächelte Kula und griff nach Svenjas Hand. »Aber was ist mit Esslingen? Was passiert mit deinem Job?«

»Mal sehen. Wahrscheinlich gibt es eine Abfindung.«

»Und dann?«, fragte Kula.

Svenja ließ sich Zeit mit der Antwort.

»Nun sag schon!«

»Ich habe in Karlsruhe nachgefragt, und die haben mir meinen alten Job angeboten.«

»Bei diesem Teilchenforschungsdings? Wie soll das funktionieren? Ich hier, du in Karlsruhe. Wir hatten doch andere Pläne.«

»Mach mal halblang, Liebes. Nichts wird sich ändern. Du machst deinen Job bei der Kripo, und ich bleibe hier und arbeite online oder per Skype. Sie hatten vor Kurzem die ersten Testläufe mit KATRIN, alles läuft top. Es müsste mit dem Teufel zugehen, wenn wir mit dieser Maschine auf der Suche nach Gott nicht ein Stückchen weiterkommen würden. Im Sommer 2018 soll sie in Betrieb gehen.«

»Freust du dich?«

»Ob ich mich freue? Was für eine Frage! Ich habe KATRIN schließlich mitentwickelt und ich bin so was von happy, dass die mich wieder im Team haben wollen. Nach einer neuen Wohnung habe ich mich auch schon umgesehen. Ein renovierter Altbau in Söflingen mit Gärtchen. Dann hast du es nicht mehr so weit zur Arbeit. Und wenn die geplante Gesetzesänderung durch ist, werden wir heiraten und ein Kind adoptieren.« Svenja schlüpfte aus einem Schuh. Sie schob ihren Fuß an Kulas Wade entlang zum Knie und weiter hoch. »Alles wieder gut?«

Kula rutschte ein Stückchen vor bis zur Stuhlkante, atmete tief ein und sagte: »Ich glaube, wir sollten besser gehen.«

***

»When you're smiling – the whole world smiles with you.«

Von wegen, dachte Bitterle, klappte die Hülle seiner Jazz-Legenden-Sammlung zu und legte sie beiseite. Niemand wusste, wie es hinter der Stirn dieses Dauerlächlers mit den Kugelaugen wirklich aussah, wenn er in seine Trompete blies. Er stand auf und zog die CD aus der Lade, denn ihm war jetzt nicht nach Jive und lustig und »Hello Dolly« zumute. Dann schon eher nach einem »Wanderer« mit Michael Wollny.

Sphärisch perlten die Töne aus den Boxen. Seine Mollsequenzen hatte dieser junge Ausnahmepianist mit melancholischen Clustern mit an- und abschwellenden Rhythmen garniert.

Bin ich nicht selbst so ein Wanderer?, fragte sich Bitterle. Einer, der verloren durch die Nacht streift, einem ungewissen Leuchten entgegen, das nie ganz verschwindet und dennoch unerreichbar bleibt. Bitterle verschränkte die Arme hinter dem Kopf und lehnte sich zurück in seinem Sessel, an dem noch ein Hauch von

Kulas Duft hing. Ihm war, als wäre es schon ewig her, dass sie sich ihm anvertraut hatte, dabei war es erst gestern Nacht gewesen. Dieses Mädchen! Nicht zu bändigen. Hockt sich auf ihre Ninja, fährt wie der Teufel nach Chemnitz und kommt tags darauf mit den Verdächtigen wieder; den Tätern, die gleichzeitig Opfer waren. Opfer eines skrupellosen, selbstverliebten und machtbesessenen Egomanen, der nie davor zurückgeschreckt war, aus jeder Gutgläubigkeit seinen Nutzen zu ziehen und langjährige Freunde über den Tisch zu ziehen; ja nicht einmal vor seiner eigenen Frau und seiner Adoptivtochter hatte er haltgemacht. Hatte ihnen die Luft zum Atmen genommen. Welt, was ist aus dir geworden? Selbst hier bei uns geht es keinen Deut besser zu als sonst wo. Hinter fröhlich und unbekümmert scheinenden Fassaden lauern die gleichen hässlichen Fratzen wie überall.

Du wirst unpräzise, schalt er sich, unpräzise und mähst mit deinen Vorurteilen alles nieder. Pestizidgedanken sind das, nichts anderes – alles über einen Kamm. Am Ende bleibt nichts übrig, die Guten schon gar nicht. Bitterle schloss das Fenster, denn die leichte Brise, die aufgezogen war und den Vorhang bauschte, ließ ihn frösteln. Die Straßenlampen warfen ihr spärliches Neonlicht in die Vorgärten der Nachbarn und mischten sich mit dem Violett des Sonnenuntergangs, das einen Wetterwechsel ankündigte. Er holte den Calvados und goss sich den Rest ins Glas. Einen Finger breit hatte Kula übrig gelassen, aber vielleicht hat's bei der Suche nach ihrer Orientierung geholfen. Wir sind ein gutes Team geworden, wobei ... Vielleicht hat sie auch mich wie alle ein wenig um den Finger gewickelt, mit ihrer Spontaneität und ihrem verflixten Wangengrübchenlächeln.

Er starrte die Decke an und grübelte vor sich hin.

Ich sollte mein Aquarium putzen, die Algen abkratzen, die Pflanzen zurückschneiden und das Wasser wechseln.

Ich sollte nach den Blumen sehen, trockene Stängel entfernen, sie gießen und düngen. Ich sollte den Rasen mähen.

Ich sollte Linda zum Teufel jagen und mir eine neue Haushaltshilfe suchen. Hat sie doch tatsächlich noch mal um zwei Wochen verlängert, mindestens. Aber es wäre wunderwunderschön, meinte sie auf dieser Karte mit den unzähligen Briefmarken und den tausend Stempeln.

Jetzt wirst du auch noch weinerlich. Heb deinen Hintern und mach was! Er zog ein Kärtchen aus der Tasche und griff zum Telefon. Wählte und legte noch vor dem ersten Klingelton wieder auf. Er ging in die Küche und öffnete den Kühlschrank, ihm strömte ein säuerlicher Geruch entgegen. Außer einer halben, an den Rändern angetrockneten Paprikaschote, einem Zipfel Salami und einem Butterrest war nichts Essbares im Haus. Die Deckel der beiden Joghurtbecher wölbten sich, und das Brot hatte schon seit vorgestern erste Schimmelflecken. Er warf alles in den Müll.

Wollny war inzwischen bei »White Moon« angelangt, wobei ihm Bass und Schlagzeug zur Seite standen. Wieder diese Einsamkeitsgefühle, die dabei in Bitterle wachgerufen wurden und sein Hungergefühl noch verschlimmerten. Schon wieder Wurstsalat? Pizza beim Italiener am Illerkanal? Wieder nahm er das Telefon zur Hand und drückte die Wahlwiederholung. Und wieder legte er noch vor dem ersten Klingeln auf.

Bitterle hatte mehrfach versucht, die Gedanken an den morgigen Tag beiseitezuschieben. Doch sie waren stärker als er und drängten sich mit zunehmender Vehemenz in den Vordergrund. Die Haftprüfungen Hawelkas, Gudrun Jadewalds und ihrer Nichte Pauline durch die Justiz standen an. Die Hoffnung auf das Verständnis der Staatsanwaltschaft, das Kula ihnen in Aussicht gestellt hatte. Trotz der heimlichen Verabreichungen von emotionslösenden Drogen, Mord war Mord, zumindest Totschlag. Tollkirsche hin – Tollkirsche her. Was geschieht mit Pauline, die keine rechte Ausbildung und dazu noch ihr Kind verloren hat? Haben sie und der Puppenspieler überhaupt eine Chance? Ein Puppentheater in Chemnitz, einer Industriestadt, die ja seines Wissens von jeher eher für Kunststoff und Metallbau stand. Andererseits, das musizierende Vorzeigepüppchen bei Cantus Ferrum, das Jadewald in ihr gesehen hatte, bot ihr ebenso wenig eine Zukunft. Zumindest Gudrun Jadewald schien froh darüber zu sein, reinen Tisch gemacht zu haben. Kula meinte, sie hätte regelrecht erleichtert gewirkt.

Wenn da nur nicht der Kriminalrat Dr. Hinrich Sprekel wäre, der ihm für morgen ein Donnerwetter angekündigt hatte. Wie lange er wohl noch in Ulm bleiben wird? Womöglich wird er bald ins Justizministerium hochgelobt, Staatssekretär vielleicht, ein paar Jahre später eventuell sogar Justizminister. Und was passiert dann mit der frei gewordenen Stelle? Ich als Kriminalrat? Akten, Protokollanalysen und Rechenschaftsberichte und immer wieder den Bückling vor Höherrangigen. Unvorstellbar! Darüber konnten auch Wollnys »Nachtfahrten« mit Schaefers rumpelnden Trommeln nicht hinweghelfen.

Vorzeitige Pensionierung? Vier Jahre wären mit schmerzlichen Einbußen verbunden. Er hätte Tag für Tag ein schlechtes Gewissen, hätte das Gefühl, sich aus dem Staub gemacht und sich seiner Verantwortung entzogen zu haben, denn Lukas war noch nicht so weit, er brauchte noch eine führende Hand. Vor allem aber wollte er Kula nicht alleinlassen. Sie hatte im Moment genug andere Sorgen, als dass er ihr die Verantwortung für das Dezernat hätte überlassen wollen.

Und zum dritten Mal griff Bitterle zum Telefon und drückte die Wahlwiederholungstaste. Diesmal wartete er, bis sich am anderen Ende der Leitung jemand meldete.

»Mützenrieder.«

Mein Dank

Knapp zwei Jahre hat es gedauert, bis aus einer Idee ein Buch geworden ist. Allein hätte ich das nie geschafft, deshalb möchte ich an dieser Stelle meinen Helferinnen und Helfern ganz herzlich danken.

Allen voran meiner Frau, die sich geduldig meine immer neuen Ideen und Spleens angehört, mich bestärkt oder gebremst hat oder auch einfach mal ihre Ruhe haben wollte.

Meiner Schreibkollegin Marita Ruess, die als Testleserin Denkfehler aufgezeigt und Holperiges geglättet hat, sowie meinem Schwiegersohn Florian Korff und meiner alten Jugendfreundin Uschi Weber von der Buchhandlung Pfister in Bad Krozingen. Alle zusammen haben mit ihren kritischen Anmerkungen zum Gelingen beigetragen.

Meinen Freunden und einstigen Weggefährten Klaus Stamner aus Berlin, dem Nürnberger Andreas Hunger und Wolfgang Weichselbaumer aus Wien, die sich um die Dialekte gekümmert haben, wobei Wolfgangs wienerische Sprachkapriolen leider meiner Mutlosigkeit zum Opfer gefallen sind – sorry, Wolfgang.

Peter Obrist, der mir detaillierte Informationen über Polizeiarbeit, Rangordnung und Zuständigkeitsbereiche gegeben hat.

Meinem alten Freund Albert Dannenmann und Ida Elena da Razza, bekannt als musikalisches Duo Fairy Dream, die ich im Roman deutlich erkennbar als Barde Balthasar und Elena Pescatori darstellen durfte, wobei ich auch Bemerkenswertes über Ritchie Blackmore erfahren habe, in dessen Gruppe Blackmore's Night Dannenmann jahrelang festes Ensemblemitglied war.

Dem gesamten Team des Emons Verlages, ohne dessen Engagement aus meiner anfänglichen Idee kein Buch geworden wäre.

Ein großes Dankeschön schließlich an meine Lektorin Saskia Römer, die den Text mit kriminalistischem Spürsinn überarbeitet, manche Träumereien entrümpelt und mich dabei mit unendlicher Geduld zurück auf die Spur gebracht hat.

Und natürlich allen Lesern, die Bitterle und Kula auch diesmal die Treue gehalten haben.

Auf ein Neues!

Helmut Gotschy im März 2019

Quellen

Der Prolog sowie die Zitate von Arthurs Tafelrunde stammen aus »Das Narrenschiff« von Sebastian Brant (1457–1521), dessen spätmittelalterliche Moralsatire zeitlos ist.

Auszüge aus einem Artikel über Ritchie Blackmore wurden mit freundlicher Genehmigung der Südwest-Presse Ulm übernommen.

Die Ausführungen über den Bibliothekssaal entstammen dem Prospekt des Klosters Wiblingen.

Die Nennung der Rockband Kraan erfolgt mit freundlicher Genehmigung des damaligen Bandgründers Hellmut Hattler.

Der fiktive Bandname Cantus Ferrum ist nicht identisch mit dem Mittelalter-Verein Cantus-Ferrum, darf aber mit dessen Genehmigung verkauft werden.

Helmut Gotschy

DIE TOTE IN DER BLAU

Broschur, 224 Seiten

ISBN 978-3-7408-0054-3

Eine bekannte Ulmer Kulturschaffende wird tot zwischen den Zillen in der Blau entdeckt – und das ausgerechnet unmittelbar vor dem Schwörmontag, dem wichtigsten Ulmer Stadtfest, zu dem die Touristen zu Tausenden in die Stadt strömen. Kommissar Bitterle bleiben nur wenige Tage, um den Fall aufzuklären. Die Lösung scheint zum Greifen nah – da geschieht ein weiterer Mord.

»Dieser Bitterle hat das Zeug, der Ulmer Bienzle zu werden.«

Helmut Pusch, Südwest Presse Ulm

www.emons-verlag.de